誤国

Gokoku

〝辺野古〟に至る琉球・沖縄の事件史

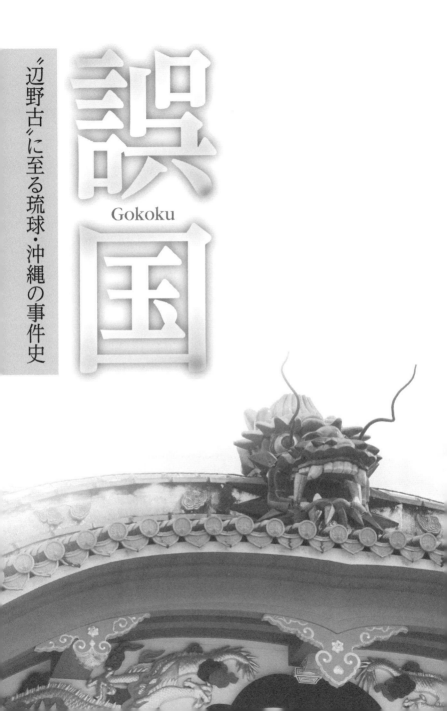

誤国

〝辺野古〟に至る琉球・沖縄の事件史

高江洲 歳満

はじめに

二〇一四年、沖縄県知事選で翁長《おなが》雄志が当選した。

日本政府は喜ばなかった。喜ばなかっただけでなく、翁長に敵意さえ持った。

沖縄県知事選挙で自由民主党に敵対する候補として翁長の名が出てきたとき、政府は、以前自民党沖縄県支部の幹事長を務めた、いってみれば仲間であり、その間に党、政府から多くの支援を受けた恩が翁長にはあるから、恩に背いて候補者となることはないと考えていた。ところが政府、自民党の期待を裏切って、翁長は候補者となり、普天間《ふてんま》基地の辺野古《へのこ》移設反対を主張し当選した。それも大差で――。

翁長は恩を仇で返した。下剋上の態度を取った。政府、自民党は、「そこへ直れ、刀の錆にしてくれる」と怒った。成敗して当然と思ったからだ。この怒りは大方の日本人には理解できるところだろう。

政府は、翁長との面会拒否、無視の態度を取った。大人げない態度だが、その裏には、翁長は日本国中から非難を浴びる、国の力を借りなければ何もできない、金で頬を叩けば妥協するに違いないという読みがあった。

ところが翁長は、非難を気にすることも、政府に頭を下げることもなかった。逆に仲井眞《なかいま》弘多前知事の辺野古移設許可の取り消しに固執し、許可に際しての瑕疵を見つけ出すための第三者委員会を設置した。辺野古移設反対、新基地建設反対の大衆運動に勢いを与え、対決姿勢を鮮明にした。翁長は反政府勢力やマスコミに辺野古移設反対を訴えた。運動を日本国内へと広げただけでなく、米政府に、沖縄の意思として辺野古移設反対を伝え、国連にも日本政府の人権侵害、差別を訴えた。

沖縄県議会も埋め立て土の土質検査を行う条例を可決して、翁長の対決姿勢を援護した。この条例の結果、埋め立て工事の難航が予想された。

翁長を無視することはできなくなった。政府は対応を変更し、菅義偉官房長官を沖縄に派遣した。官房長官は、国会出席などで多忙を極め、会う時間がなかったと弁明、その後、安倍晋太郎総理大臣をはじめ関係閣僚が翁長と面会した。そして対話を進めた。

そんななか、官房長官の記者会見で、時事通信記者が官房長官に対し、「国としてもある意味見限ってもいいのでは」「そんな連中は放っておいてもいいと思う」と発言、また沖縄の新聞社の報道が気に食わないとして、「沖縄の新聞社をつぶせ」と公言する作家まで出現した。そうした発言は沖縄人への怒りを代弁した。

翁長は政府の態度を「上から目線」と非難する。だが、日本人にはこの言葉が理解できない。法的には日本政府は沖縄県の上位機関であり、国が県を下位と見るのは当然と考えている。

翁長は「沖縄は『自らの意思』で基地を提供したことはない」とも繰り返し述べている。「基地」という言葉には、沖縄の歴史、民族、国家、そして戦争、基地による被害が込められている。

日本帝国は米英に宣戦布告し、攻撃を仕掛けたが撃退された。米国の反撃から国を守らなければならない事態となり、防衛圏を設定した。この方針の立案に際し、国民の生命・財産などの防衛は考えなかった。誤った方針を立てた結果、沖縄をはじめとして日本本土が攻撃を受け、多くの人命が失われ、国土を荒廃させた。まさに「誤国害民」を地で行った。翁長の言葉にはそれに対する非難が入っている。

沖縄の日本復帰後、西銘順治知事が貧困対策に努め、一定の成果を上げた。だが、基地対策はいまひとつだった。次いで大田昌秀知事が選ばれ、日米安保と基地の問題に取り組み、県民の恐怖の軽減に努めた。

同時期、米国は軍備の整理、縮小に動き出した。その流れの中で、普天間飛行場移設が決定された。

大田知事は、移設先を県外へと主張した。その根拠に「反戦」「平和」と言わずに、「等しくない」と、日本国民にわかりやすい言葉を使った。

大田が去り、稲嶺恵一が知事となり、政府と共同して貧困の解決を図ると同時に、予算という武器を使って辺野古移設を推進した。この状況を前知事・仲井眞が引き継ぎ、県民の辺野古反対運動をなんとか抑えながら辺野古移設を目指した。

そんななか、民主党連立政権が生まれ、鳩山由紀夫が普天間飛行場の移設先を、国外、悪くても県外にすると表明した。辺野古移設は消えたかに見えた。が、鳩山は成果を残さず退陣、後を継いだ野田佳彦も辺野古移設問題を解決しないまま、自民党政権が誕生し、辺野古移設がよみがえった。猛烈な反対運動が起きた。燃え盛る反対運動の真っただ中で仲井眞は辺野古移設工事を許可し、去った。

翁長の公約は、辺野古に基地を造らせない、つまり仲井眞の許可を取り消すことである。

翁長は「反戦」「反基地」とは言っていない。日米安全保障条約も容認している。これらの点では、彼は政府自民党と同じ意見なのである。ただ、辺野古だけは我々の言い分を聞いてくれと言っているにすぎない。

争点は実に小さい。すぐにでも妥協案は作れるはずだ。けれども、それができない。相互に自分の主張が正しいと言い、争いは法廷に持ち込まれた。「どうしてそうしてまで」と、考えてしまう。いろいろ考えた末、こうまでことをこじらせたのは、日本人側にある憎悪と、沖縄人側の遺恨にあるとしか思えない。

そこで見えてくるのは、日本人と沖縄人の正しい歴史認識の欠如である。「同じ日本人なのに」との相互の認識は、生まれ、育ちが同じだから同じ価値観を持っているはずとの短絡につながり、本来存在する相互の大きな違いを気づかせないのだろう。

日本人も憎悪の前に、沖縄人も遺恨を言う前に、もう一度、感情を歴史のフィルターに通してみてはどうだろうか。

そうすれば辺野古の生む憎悪、遺恨も消えると考えるのだが。

歴史を知る――そのためには琉球・沖縄の事件史を見ていただくしかない。それが本書を世に出す理由、動機である。

もし、辺野古が話し合いによって解決できなければ、反体制、反基地、反戦の島に嫌気がさした多くの者が沖縄を棄て、外国へ移住するだろう。すでに愛想を尽かし、沖縄を売った琉球人女性もいる。その話も紹介しよう。

第二章　アメリカ兵の結婚詐欺事件

カバー・本文デザイン／鹿嶋貴彦
カバー写真／©Mitsushi Okada/orion/amanaimages

第一章 沖縄人と日本人は同人種ではない

縄文人

中国人が留まって貝を求めた

沖縄人は日本国の領土・沖縄県に住み、日本国憲法の権利を享受し、義務を履行している。選挙権・被選挙権も持ち、日本国の政治にも参加している。誰の目にも沖縄人は日本国民だと映る。

しかし外国人の多くは沖縄人を日本人とは見ない。法的には沖縄人が日本国民であることを知っていても、彼らは違うと見る。

たしかに、日本国に併呑された約一〇〇年前までは琉球王国があり、日本人とは違う国の人と目されていた。

外国人は、琉球王国の記憶、琉球人の文化、生活様式を知って、違うと見るのだろう。あるいは琉球人の出自について古くて深い知識を持っているのかもしれない（以降、この稿では「沖縄人」を長年慣用されていた「琉球人」と表記する）。

琉球の宮古《みやこ》島以南は熱帯に属し、その他は亜熱帯である。

琉球の中心、沖縄本島の年間の平均気温は二二度くらいで湿度は高い。海に囲まれ、海洋性気候のため風がある。夏の陽射しは強いが、気温が三五度を超える日はほとんどなく、長い夏もなんとか過ごせる。一過性の台風がときどきやってくるが、地震は少ない。地味は肥えていない。だが、多い雨量に助けられて、植物の生育は早い。周辺の海には豊富な魚介類がいる。

琉球はのんびりと暮らせる気候風土の島々といえる。しかし外寇《がいこう》による被害を受け続けたところである。

地図を見ると、琉球は九州と台湾の間の洋上にある。その中心が沖縄本島である。沖縄本島は細長い島なので、中心といっても点ではない。

沖縄本島と九州の間には、与論島、沖永良部島、徳之島、奄美大島、喜界島、吐噶喇《とから》列島、屋久島、それに種子島などの小さな島々がまるで踏み石を置いたように存在する。このような配列から、島々は古くから「道の島」と呼ばれていた。九州、沖縄を行き来する道だったのである。

沖縄本島と台湾の間には、慶良間《けらま》諸島と久米《くめ》島、宮古島、八重山《やえやま》諸島、それに与那国《よなぐに》島がある。久米島から南の宮古島まではかなりの距離があるが、宮古島まで辿り着けば、その先は多良間《たらま》、八重山、西表《いりおもて》島を経て西端の与那国島には島伝いに行ける。与那国まで行けば台湾は肉眼でも見える距離にある。

九州から台湾までの島々は弓の形に見え、その一帯は琉球弧と呼ばれる。台湾から南へも小さな島々を経てルソン島、カリマンタン島、ニューギニア島を経てオーストラリア大陸へと島々が続く。もちろん中国大陸との接点も多い。こうした位置関係が他地域から琉球への人の往来を容易にした。

この地域を琉球と呼び始めたのは中国だった。中国の歴史書では「流求」「流球」「流虬」「竜虬」「瑠（角のあるさま）球」などと表記された。

これらは音を文字にしたものという。その音が、何を意味するのかわからないらしい。これらの文字のうち、「流」は文字どおり流れる、水上を移動することである。「虬」は「みずち」（蛇に似た想像上の動物で毒を吐いて人を傷つける）を意味し、「球」は円形であり、瑠と琉は同義で、瑠は宝石の瑠璃《るり》の瑠である。球には円形のほか角のある形の意味もある。たしかに琉球弧の形は竜、蛇、虬が洋上に横たわっている形に見えなくもない。

中国大陸と琉球弧の島嶼《とうしょ》とのかかわりは古くからあった。

中国・殷《いん》時代以前の通貨「宝貝」は琉球全域、特に宮古島沖の八重干瀬《ヤエビシ》で多く産している。八重干瀬は宮古、池間《いけま》島の北約一六キロにある干潟で、周囲二キロの広さで、水深一メートルくらいだ。大潮のときには潟が姿を現す。その日に潮干狩りが行われる。

歴史家・江上波夫博士は、「宝貝は沖縄産である可能性が高い。三〇〇〇年前中国人が宝貝を取りに来て住み着いていたこともあり得る」と述べている。

その言葉を裏づけるように、宮古島市久松にミヤカー、八重山島にカザリ墓という巨石墓がある。その起源は華南（中国南部）で、新石器、金属器時代初期に造られた形式の墓と、金子エリカ博士は述べている。

古くから宮古島市では、久松と下地の人は中国系といわれてきた。巨石墓やこの言い伝えから、通貨だった宝貝を取りに来た中国人が、その地に住み着いたこともあっただろう。中国人が留まって貝を求めたことから「留求」の字が当てられたのではないか。

沖縄本島南部の具志頭《ぐしかみ》村、那覇《なは》市の二ヵ所から古い燕《えん》代の通貨の明刀銭が出ている。沖縄本島中部のうるま市で二〇〇〇年前の中国銅鐘が出たし、久米島では八〇〇年前、漢の武帝の時代に鋳造された五銖銭が九枚発掘されている。

中国人がかなりの頻度で琉球弧の島嶼に来て、そこを「りゅうきゅう」と呼び、音に字を当てた。明代には現在使われている「琉球」の字が当てられ、それが琉球王国の国名となり、使用されるようになった。このように「りゅうきゅう」は中国人が琉球弧の島嶼を指して使っていた名称である。

日本では琉球を沖縄と呼んだ。八世紀の日本の文献には、沖縄島を「阿児奈波島《アジナハ》」と表記したのがある。しかしその阿児奈波島は、安里川河口にあった島の呼称だったという。そのころ安里川河口には多くの浮島があって、この阿児奈波島はそのうちの一つだった。阿児《アジ》は領主を意味し、奈波《ナバ》は浮島を意味する。それで阿児奈波は領主の浮島の意味だった。それが転じて沖那波、悪鬼納から沖縄になった。

「沖縄」と最初に表記したのは一七世紀の薩摩藩の文書である。後に明治時代に沖縄県が生まれて、沖縄本島に県庁を置いた。そして島を県下の他島と区別するため沖縄本島というようになった。琉球弧の島嶼を他国が「琉球」「沖縄」と命名したことに、この島の宿命が見て取れる。

縄文人の渡来

琉球の原住民はオセアニア、フィリピン、マレー半島、中国の南から移り住んだ。那覇市山下町で発見された三万五〇〇〇年前にいたとされる山下洞人を、東京大学の鈴木尚教授は中国の柳江人に近いという。宮古島では二万五〇〇〇年前にいたとされるピンザアブ人、カマアラブ人が発見されている。東京大学の埴原和郎名誉教授は、沖縄南部港川から出た港川人が縄文人の先祖だとする。これらが沖縄人の先祖である。

先祖がどんな経路でここに来たのかを見てみたい。

海底地図によると、琉球列島を含む南の島には何度か地殻変動があって、ある時期には中国大陸と陸続きになっていた部分があることがわかっている。氷河期とされる一万五〇〇〇年前は海面が凍っていて、その上を歩くこともできた。この陸路、氷上を歩いて、縄文人は南方から琉球弧へ渡って来たと考えられる。

陸路がなくなり、氷上を渡れなくなって、今度は海を渡って琉球弧に来た。今のように立派な船も、羅針盤、レーダーもない。三〇〇〇キロ以上も離れた南方から沖縄本島に、どうやって広い海を渡って来たのだろうか。

それに引っ越しとなれば、衣服、家財道具は？　これらは我々現代人の誰もが抱く疑問である。移動するのに運ぶ鍋などの炊事道具、皿、茶碗もない。衣服も着の身着のままである。現代人が持つ引っ越しの常識はまったく当てはまらない。

フィリピン東方で発生する黒潮は、沖縄本島西方を東シナ海の大陸棚に沿って北上している。この大河、黒潮は秒速約二メートルで台湾南で二手に分かれ、支流はバシー海峡を流れ、本流は久米島西三〇キロくらいの沖合を北上、奄美大島沖で日本海と太平洋側の二手に分かれ、それぞれ北へ向かう。日本海側を北上する黒潮は対馬海流と呼ばれ、北海道へ至る。

沖縄本島は強い季節風の通り道でもある。夏は南から北へ向けて、冬には逆に北から南へ向けて風が吹く。風速は平均して地上では秒速七、八メートルくらいだが、海上では秒速一五メートルくらいにもなる。

潮流、季節風のエネルギーは、太古から魚、鳥に利用され、魚、鳥の状況を学習した人間の利用するところともなった。鳥の列の乱れるのを見て伏兵がいることを知ったと古い中国兵法書にはあるから、人は風と鳥を観察し情報を得ていたことがわかる。鳥が羽を休めて、風に流されるのを見た人間が、風のエネルギーを知った。自ら潮に流されて潮のエネルギーを経験した。

先祖は北にどんな島があるか知らなかったはずで、一路沖縄本島を目指したのではなかった。夫と妻それに子供といった少人数が、手製の帆舟に乗って北へ向かう航海に出た。まず島を見つけないといけない。古代人は島を見つけるのに鳥を使った。鳥には陸地を目指す習性がある。夜は星を目印にして舟を走らせた。

辿り着いた島々にはほとんど人は住んでいなかった。島で羅針盤の役目をする鳥を捕獲し、ウミガメを捕らえて肉を干した。水の代わりとなるヤシの実を集めた。そしてまた北へ向かった。このようなことを繰り返しながら、先祖は琉球へやって来た。

古代航海術の証明実験

一九七五年、日本復帰を記念して、沖縄本島北部の本部町《もとぶ》で海洋博覧会が開かれた。そのとき、ミクロネシアのサタワル島から沖縄本島まで、古代人と同じ方法での航海が行われた。サタワル島から沖縄本島まで距離は約三〇〇〇キロ、航海は、長さ八メートル、幅八〇センチ、釘をまったく使わず組み立てた木造の帆船で、原始的なカヌー「チェチェメニ号」。羅針盤、レーダーはなく目視だけの航海である。昼は雲の流れ、波の形を見、夜は星を頼りに黒潮の流れと風を利用した。乗組員は六人、食料は島の食料・パン餅とヤシの実、昔と違っていたのは、水を入れる容器を使ったことだけだった。

サタワル島を出たのが一〇月二七日、海洋博会場に到着したのが一二月一三日、四七日の航海だった。単純に計算すると一日に六四キロの速度で航行したことになる。

この実験によって、東南アジアから沖縄へ、古くから伝わる星術航法で、木造の原始的な船に五、六人が乗って海流と風を利用すれば五〇日もあれば到達できることが実証された。

琉球弧の海域に着いた先祖は、まず小さい島を選んだ。大きな島には大きな危険があると考えたからであろう。海上から臆病に島の様子をうかがい、危険がないことを確認して上陸した。到着後、海岸近くの洞窟を住居にした。海から貝、魚を捕り、陸からは植物、木の実を採って食べた。鹿や猪などもタンパク源にした。

食物の煮炊きに使っていた土で鼎《かなえ》を作り、これを日に干した土器、石製の農具、さらには木を組み立てて作った船の残骸が八重山島から出た。いずれも南方系の種族が使っていたものである。フィリピンのシャコガイの貝斧も出た。沖縄本島国頭《くにがみ》村からも、東南アジアの石斧が出ている。

沖縄本島の東側、太平洋上に浮かぶ久高島《くだか》に先祖が渡って来た。久高島は沖縄本島南東端の東の沖合に浮かぶ小さな島である。久高島は古く蒲葵島《くばしま》（方音フボーシマ）とも呼ばれ、知念《ちねん》半島の東南端の知念岬から約五二五〇メートルの東方海上に位置する。東北部のカーベル（神谷原、ハビャーンとも）から南西端の徳仁港西側のイラブーガマの岩礁まで約三二五〇メートルと細長く、最大幅も六二〇メートル、最高標高一七・一メートル、総面積一・三八平方キロという隆起サンゴ礁の島である。島の東方は島影一つない大海原、太平洋が広がる。先祖はアマミキヨと呼ばれた。「アマ」は島のあちらのほう、遠いほうの意の転訛で、「キヨ」は人の意。アマミキヨとは東南からやって来た人ということである。

母系社会

二〇〇〇年以上も昔、久高島の北部に先祖が住んだ痕跡が残っている。痕跡は当初、彼らが島の東南側の礁湖《しょうこ》で魚介類を捕り、島の内部から野草を採取して暮らしていたことを示すものである。このような生活状況の中で男女間に主従の関係はない。しかし男は、女が子に生を与えることに畏れを抱いた。この畏れが女性を神格化した。女性が優越的なものと先祖は考えた。これが神事を生み、変化を経て、島に続いている。

久高島には、女性が「ニライカナイ」の神と一体化して神となる「イザイホウ」の神事が残っている。ニライカナイとは海の向こうの空間で、そこに人間界と対比される他界、神域がある。

神事は、二つあるノロの家が主宰する。両家の下に、島の三一歳以上の女性が会員となる祭祀集団がある。集団はシジ、またはセジと呼ばれる祖霊神（ニライカナイの神々）と同じ世界に入るのだが、この祭祀集団に加入する儀式が、イザイホウなのである。加入候補者（イザイネガヤーという）は、島で生まれた三〇歳（丑《うし》年）から四一歳（寅《とら》年）の女性。神事は一二年に一度、午《うま》の年の陰暦一一月一五日から一九日までの五日間にわたって行われる。

イザイホーの朝、島の男たちと神女らが主祭場の神殿（ハンアシャギ）の壁にクバ（ビロー）を張り、神殿の前に七つの橋を架ける。この橋は現世と来世とをつなぐとされている。橋といっても下に川が流れているわけではなく、地面に階段状の木が置かれただけのものである。神殿の背後の神域イザイ山に、小さな草葺《ぶ》きの小屋、七つ屋を建てる。この七つ屋にイザイネガヤーはこもる。

儀式初日の一五日の子《ね》の刻（午前零時前後）、イザイネガヤーは白衣に洗い髪をなびかせ、「エーファイ、エーファイ」と発声し、素足で小走りに橋を渡ってハンアシャギに入る。ハンアシャギの中でティルル（神謡）を唱える。一部を引くと、

ヒーウスマーヤ
ナマイガーヤ
ムムトゥマール
ティントゥマール
イザイホーヨ
（中略）
ヒャクゥニジューガ
タキブゥクイ
ムイブゥクイ
フサティブゥクイ
ウンジブゥクイ
（中略）
ニシハイ
ハイニシラ
フボヨリーガ
アイジュハタ

久しかった
今日のよき日は
十二年目ごとに
めぐってくる
イザイホーよ

百二十歳までも
嶽《タキ》が栄え
森が栄え
夫が栄え
息子が栄え

北に行く
北に行く
久高人が
行くところ

イトゥハキィティ　絹のように波静かに
タビミソーリ　させて下さい
（中略）
ウガマビィラ　お拝みます
ハミヤビィラ　たてまつります

神謡はかなり長い。それをお経のような調子で唱える。神謡が終わるとイザイネガヤーはハンアシャギを出て山に入る。この一連の行為が、漆黒の闇の中で行われるのだから、幽霊のお出ましのようにさえ見える。

小屋に入ったイザイネガヤーは、三日間小屋にこもる。小屋の中には誰も入れない。三日間の祖霊神との交流を終えて、イザイネガヤーは洗い髪を結い上げ、同じ装束でイザイの花を頭に飾り、ノロ家によって頬に朱印を押され、その後、祖霊神をニライカナイへ帰す儀式を行い、島の男たちと杯を交わして、「兄（男のこと）の守護神」となることを誓う。

天照大神《あまてらすおおみかみ》もこれと同じことをしていたのではないかと思う。

久高島の神事は天岩戸神事に似ている。天照大神は女性であったし、イザイニガヤーもそうで、共に「こもる」。この共通点から、七つ屋は天岩戸を連想させる。ことによると久高島でも、古い時代、七つ屋は造られず、洞窟がこもる場所として使われていたのではなかろうか。かつて日本本土で行っていた神事の原形のように思える。

天照大神の神事を史書は、

「岩戸の前で天宇受売命《あめのうずめ》が日影蔓《ひかげのかづら》を襷《たすき》がけに、真拆《まさき》の蔓を髪飾りとし、小竹《ささ》の葉を束ねて手に持った扮装で、伏せた桶の上に立った。そして神懸かりしながら桶を踏み鳴らし、胸乳《むなち》を見せ、裳《も》を押し下げて女陰を露わにしつつ踊った。周囲で見守っていた神々はこのしぐさに笑い、一斉にどよめいた」

と描写する。

このアメノウズメのダンスは南方的である。北から来た弥生人はこんな開放的な踊りはしない。天照大神は太陽神である。世界から光を奪うためこもったというが、それは違うだろう。

スサノオは、小さな田の農耕を妨害したり、新嘗祭を行う神殿に大便をしたり、屋根に穴をあけ機織りを妨げた。スサノオは、家庭菜園のような田で米を作り、古い方式で布を織り、神事は時代遅れであり、渡来した弥生人の進んだ文化の採用を求めた。大規模農業は重労働で男子にしかできない。男子優位の社会にすべきと主張し、女系社会を廃そうとした。

天照大神がこもったのは、それに対する抵抗だったに違いない。天照大神が出てきたので、男たちはスサノオの非礼を詫び、女系社会継続を約束、今後ともご協力をとお願いした。

久高島に古い神事が残っているのは島特有の事情があった。

農業が島に入ってきたが、島は狭いうえ、耕地に適した場所は少なく、男は海に乗り出して、漁労や船乗りになった。一六歳以上五一歳までの男子島民には農地が割り当てられるが、耕作はほとんど女手《ユンナリー》にゆだねられていた。男子の多くは「楷船《ケーシン》」（首里《しゅり》王府から薩摩琉球館に派遣される正式の官船。大阪方面へ売り捌《さば》く黒糖、ウッチンなども積んだ）の乗組員となった。一九世紀に入ると、先島《さきしま》や中国との私貿易や、先島からの貢納物を運送する「馬艦船《まーらんせん》」（馬のように軽快に走るという船の中国名。中国のジャンク船の改良型で、一八世紀ごろから民間商船として活躍した）の船主や船頭、水主《かこ》（乗組員）、または各地の「地船《じせん》」（地下船《じげぶね》の略。近世における間切《まぎり》や村の公用船で、和船型も馬艦型もある）の雇われ船頭にも進出した。こうした状況が、女が男の航海安全を祈る必要性を生み、古い神事を必要なものとしたのだろう。

先祖は久高島から知念岬の斎場御嶽《セーファウタキ》へ移動、沖縄本島の各地から北、日本本土へ広がっていった。ティルルの中で「北へ行く」と繰り返されているのは、この移動のことである。斎場御嶽はニライカナイの信仰の場である。今でも御嶽を拝み、浜に降りて東方の神域に向けて祈願する人が絶えない。

天照大神がいた

先祖が着いたころの沖縄本島は無人島に近かった。島の探検は海から行った。船に家族が乗り、魚を追いながら島を巡った。手ごろな浜を見つけると、そこへ船を揚げ、洞窟を探し宿とした。

彼らは沖縄本島の東海岸から西海岸へと居を移した。西海岸沖合には南から北へ流れる暖流があり、それに乗って多種類の魚が群れていて、生活資源が豊かだっただけでなく、北へ向かうのにエスカレーターのように使える暖流があったからである。もっと住みやすいところを求めて彼らは北へ向かう潮流に乗った。

那覇市北方一一七キロの海上に伊平屋《いへや》島がある。この島は北へ向かう琉球人が経由した島だ。近くに六つの島がある。沖縄本島北部からも近い。

伊平屋諸島（伊平屋、伊是名《いぜな》）では、縄文前期の終わりころの伊是名貝塚をはじめとする七ヵ所の貝塚が発見されている。伊是名島と伊平屋島の間に周囲四キロの具志川島がある。そこから縄文時代前期の腕輪をはめたままの人骨が出土した。人骨の頭や顔の形から、九州の縄文人と同人種だということがわかった。南から辿り着いた琉球人は、この小さな島を経由して九州へ渡った。

もっと古い話もある。

諸島の中に降神《うるがみ》島と名づけられた小さな島がある。天地創造の折、神が降り立った島だからその名がついたとの言い伝えが残っている。

弥生時代の北九州の豪族の遺跡から、琉球伊江《いえ》島ナガラ原のゴボウラ貝で作った腕輪が見つかり、北海道伊達市有珠島の二三〇〇年前の遺跡から、琉球産のイモ貝の腕輪が出ている。ゴボウラ貝もイモ貝も沖縄近海以南でしか採れないものである。

これらを運んだのは、伊平屋諸島から海流に乗ってその地へ辿り着いた縄文人たちに違いない。伊平屋島は、島を日本皇統のルーツと紹介している。天岩戸（クマヤ洞窟）もある。日本皇統の島と言わせているのは、江戸時代の学者・藤貞幹《とうていかん》の書いた『衝口発《しょうこうはつ》』である。

『衝口発』によると、恵平也島（現在の伊平屋島）に中国・福建省泉州から周の太伯の子孫・海宮豊玉彦が来た。玉依姫と結婚して神武帝が生まれた。島の東北に山があって天孫嶽《てんそんだけ》という（これが天岩戸）。土地の者は、昔この山に神人が降臨したと言っている。神人は『日本書紀』の則彦火々出見尊（天照大神）のことで、天孫といわれているとも書く。

太伯は周の開祖の長男で、父が自分に王位を譲ろうとしていることを知り、弟李歴に王位を譲るため国を離れ呉に移り住んだとされる人である。藤は、神武皇統は仲哀天皇をもって終わり、その年数は従来の歴史より六〇〇年を減じなければ中国、朝鮮の歴史と符合しないと説く。

藤説に反論するのは申し訳ないが、神武天皇は周の末裔ではなく、南方から来た縄文人だった。仲哀天皇が最後の縄文人で、その後の皇統は渡来弥生人と考えられる。藤の主張は国際的感覚が豊かで、日本史と中国、朝鮮史との対比という斬新な手法を江戸時代に取った勇気には敬意を表したいが、本居宣長たちは彼を狂人扱いし『鉗狂人《けんきょうじん》』で藤に反論した。

まず反論の冒頭で、

「かけまくもいともかしこき皇統をさへに、はばかりもなくあらぬすぢに論じ奉れるなど、ひとへに狂人の言。故今これを辨じて、名づくることかくの如し」

と書き、

「そはみは漢籍意《からぶみごころ》に惑ひたる私ごと也。おのが心をもて、思ふかたにいひまげば、もろもろのことといかやうにもいひ曲げらるべし。…まことの理といふものは、はなはだ霊異《あや》しく、妙《たへ》なる物にして、さらに人の小《ちひさ》き智をもて、測識《はかりしる》べきところにあらず。…漢国のならひとして、…おのが心をもてよろづを思ひはかりて、かくあるべき理ぞ、かくはあるまじき理ぞと定めて、その己が定めたるところを、理の至極と思ひ、此理の外はなきことと心得めり」

と藤説を攻撃した。

藤、本居たちの議論の黒白はついていないのか、現在もたびたび国学関連の研究機関や史跡研究者が伊平屋島を調査に訪れていて、昭和四三年には東京から大勢の人たちが来て、クマヤ洞窟の前で神代神楽の天岩戸開き神事を行ったこともあるとか。

紀元前一世紀以前、琉球弧と日本列島は縄文人の住む平和な天地だった。彼らは自然と共生した。

財を蓄え、富を築く術を知らなかった。そのころ、まだ朝鮮半島を経由して伝わる弥生文化、弥生人の流入は少なく、縄文文化が壊されることはなかった。

縄文人と弥生人の戦い

この状況を変えたのは朝鮮半島からの弥生人の流入だった。彼らは森を開き、田畑を作り、農産物を大量に作り、蓄えた。

紀元前一〇八年、漢の武帝は朝鮮半島で衛氏朝鮮を滅ぼし四郡を置いた。漢に対し、韓民族の抵抗が生まれ、紀元前三七年には高句麗《こうくり》が成立、韓民族と漢民族との間で抗争が起きていた。高句麗はしばしば中国へ攻勢をかけた。日本への進攻も視野に入れていた。情勢不安定な朝鮮半島を逃れ、韓民族が海を渡って日本へ来て、国を築き始めた。

前漢が滅び、五七年には倭奴国王が後漢に使いを出した。倭は縄文人国家である。国王が後漢に使いを出したのは、高句麗に備え、後漢と安全保障条約を結び、日本進攻を牽制するためだった。使者は光武帝から金印「倭奴国王」を与えられ、その金印は福岡県で出土している。

日本では弥生人政権が強大となった。二三九年、倭女王卑弥呼《ひみこ》が魏《ぎ》王に贈り物をした。魏は倭女王卑弥呼を親魏倭王に封じ、金印と紫綬を授けた。

『魏史』に倭王卑弥呼が狗奴国王卑弥弓呼《ひみここ》と争ったとの記述が見える。

卑弥呼や卑弥弓呼は、当時の言葉で前者は女王を、後者は皇太后を意味したと読む。ところが卑弥弓呼の「コ」が二つ続くことが嫌われ「コ」が一つ消え、卑弥呼と卑弥弓呼の音が同じになり、同一人物だとされたためにヤマタイ国論争が起きた。

『日本書紀』の神功皇后の段に、

「皇后は天皇が神のお教えに従わないために早く崩御されたことを悲しくお思いになって、祟りの神を知って、その上で財宝の国を求めようと考えられた。そこで、群臣及び百官に命じて、罪を祓い過ちを改めて、さらに斎宮《いつきのみや》（神託を受ける御殿）を小山田邑《おやまだのむら》に造らせられた」

そしてその神が伊勢神宮ほか、神代の代に開かれた神社であることを知った。

「そこで皇后は神のお言葉を受けて、教えのままに祭られた。そうして後に、吉備臣《きびのおみ》の祖鴨別《かもわけ》を派遣して、熊襲国《くまそのくに》を討伐させせられた。幾日もたたないうちに、熊襲は自ら服従した」

との記述がある。これは『魏史』の倭国と狗奴国が争った記述と一致する。

縄文人と弥生人との確執は、このころから始まったといってよい。

神功皇后は熊襲征伐の神託を福岡の筑紫で受けた。その後、彼女はまず佐賀県の松浦に至り、そこから福岡県筑紫郡那珂川、福岡市東区に移動、それから朝鮮半島に出兵した。凱旋して筑紫に戻り、そこで応神天皇を産み、下関豊浦町に移り、その後、奈良県で応神天皇を皇太子に立て、その地で没している。

熊襲は九州一円に住んでいた。卑弥呼もそこに住んでいた。他方、卑弥呼はそこで戦い、奈良に移り住んだ。このことが邪馬台国九州説、近畿説の議論を起こした。

ヤマタイコクの国名は中国の史書に現れたものである。三世紀ごろ、日本では漢字は常用されていなかった。そのため『魏史』の邪馬台国の表示は倭国人が書いたものでなく、音を字に当てたものである。国名を聞かれて、卑弥呼は「ヤマトタイ」と九州弁で答えたのを、「ト」という破裂音が中国人の耳に残らず「ヤマタイ」と聞こえて、それが国名となった可能性もある。

卑弥弓呼がヤマタイ国を滅ぼした後、自国を狗奴国とせずに「ヤマタイ」としたのは、卑弥呼からヤマタイを禅譲されたことにしたからである。

これらの神々の神託を受けて、吉備臣の祖・鴨別を派遣して、熊襲国を討伐した。幾日もたたないうちに、熊襲は自ら服従した。ここでも神功皇后は譲り受けて国を開いた形をとっている。

五世紀ころの中国の『宋書』倭国伝によると、応神天皇ら五人の天皇が毛人（蝦夷《えみし》、衆夷、熊襲ら）を征服したとある。蝦夷、熊襲は縄文人国家であった。

現在その子孫の多くは、北海道と沖縄だけに残っている。

縄文人は山野から食を得ていたから、当然、自分たちの縄張りに他者が入り込むのを好まない排他意識の強い人たちだ。

この古い排他意識が、現在でもまだ琉球人の中に残っている気がする。自らを「ウチナーンチュ」と呼び、日本人を「ヤマトンチュ」と区別する心根には、やはり古くから琉球人の心のコアに染みついた排他意識がある。

日本人から見ると、琉球人の言動は常識を逸脱したもので、とうてい同人種、同国民と思えなくなる。しかし日本人のステレオタイプに当てはめないで琉球人を見ると、それほど非常識でも非日本人的でもない。

「温和・怠惰・お人よし」

一八一六年、砲艦ライラ号の艦長として琉球を訪問したイギリス海軍将校で作家のバジル・ホール（Basil Hall）は『大琉球島航海記』に次の言葉を残している。

「吾々は海に浮び出た。追手の南風が吹いていたので、この幸《さち》多い島は、暫時にして視野から沈んだ。しかし、アルセスト、ライラ両艦の士官も水兵も、決してこの島のことを忘れないだろう。なぜなら、この島の人々の親切と歓待とは、吾々の胸に消すことのできないほど深い感謝と尊敬の念とを焼きつけてしまったからである」

琉球人は御用聞きのようにほとんど毎日船を訪ねた。用を受けるとすぐ対応した。水や食料を切らさず、病気の船員を看病し、亡くなった船員を手厚く葬った。親切や歓待は「形」ではなく、泥臭いけど真心が伝わる「実」だった。

『南島探験』の著者・笹森儀助は、平和ボケした琉球の支配層士族は、名前だけは士族だが士風はなかった、間抜けで、お人好しだったとして次のように書いている。

「(琉球では)中古いらい一切の武備を廃し、教育はもっぱら文弱になるように導き、敵愾心とか仕返しをしてやるといった気風をなくさせ、何でも柔順にうけたまわるというのを、もっとも重要な政略上の秘訣としてきた。そのため習い性となって、名前だけは士族というけれども、まるで士族らしい気風がない。ただ違うところといえば、平民にたいして、これを奴隷視する悪習があるだけだ。

(琉球は弱小の島国で)日支両国の歓心をなくさず、一時のがれにその場をとりつくろって安易をむさぼるという方針を、もっとも当を得た国策としてきた。もともと、武勇の点で大いに争いあうなどということはできない。こういう習性が長く続いたため、たとえ当方に十二分の理屈の拠り所があるときでも、他人にたいして正しいことを言いたてて抗議することができない。もっぱら実情を訴え苦しさを訴えて、懇願し哀訴するだけである」

謝花《じゃはな》昇は琉球人の国民性を、「一言で言えば怠惰である」と言っている。彼は沖縄本島南部東風平《こちんだ》村出身の農民で、廃藩置県後、留学生として上京、学習院から東京山林学校を経て帝国農科大学卒業後、沖縄県技師、高等官となった。留学時代、「人に負けない」「人に先んずる」ことの重要性を知り、だから「アヌヒャー　メーナイナイシー（あいつ前へ出ようとしやがる）」と人に先んずることを嫌う琉球人の特質を捉えて「怠惰」と評したのだろう。

彼は沖縄県知事の施策に反対し、官を辞して自らがリーダーになって農民の幸福を実現しようと社会運動を展開した。文字どおり粉骨砕身の働きをしたが、琉球人の持つのんびりした争いを好まない性格を忘れてしまった。農民の怠惰を勘定に入れず、協力が得られるものと信じたが、孤軍奮闘する結果となって挫折、失意のうちに狂死した。

山之口貘は、

お国は？　と女が言つた
さて、僕の国はどこなんだか、とにかく僕は煙草に火をつけるんだが、刺青と蛇皮線などの聯想を染めて、図案のやうな風俗をしてゐるあの僕の国か！
ずつとむかふ

ずつとむかふとは？　と女が言つた
それはずつとむかふ、日本列島の南端の一寸手前なんだが、頭上に豚をのせる女がゐるとか素
足で歩くとかいふやうな、憂鬱な方角を習慣してゐるあの僕の国か！
南方
南方とは？　と女が言つた
南方は南方、濃藍の海に住んでゐるあの常夏の地帯、竜舌蘭と梯梧と阿旦とパパイヤなどの植
物達が、白い季節を被つて寄り添ふてゐるんだが、あれは日本人ではないとか日本語は通じる
かなど、談し合ひながら、世間の既成概念達が寄留するあの僕の国か！
亜熱帯
アネツタイ！　と女が言つた
亜熱帯なんだが、僕の女よ、目の前に見える亜熱帯が見えないのか！　この僕のやうに、日本
語の通じる日本人が、即ち亜熱帯に生れた僕らなんだと僕はおもふんだが、酋長だの土人だの
唐手だの泡盛だの、同義語でも眺めるかのやうに、世間の偏見達が眺めるあの僕の国か！
赤道直下のあの近所

と詩っている。

詩は、勝者が敗者を見る目、文明人が野蛮人を見る目を通して琉球人を見ている。勝者に見えたのは、怠惰、無気力、そして劣等感である。しかしそこに見えているのは、ゆったり、穏やかに時空を超えた生きざまである。

琉球人はのんびり、ゆったりすることを好む。物事を形にはめるのを好まない。七世紀ころ、京方言が琉球に入った。それらは「五言」「七言」を基にした韻律のメリハリをつけた話し方である。琉球人は京言葉とは違う独自の言葉を使っていた。「ウチナーグチ」（沖縄口）は八・八・八・六の偶数律の柔らかなもので、のどかな、のんびりとしたものである。その抑揚は今の琉歌の韻律や琉球音階の中に残っている。「ウチナーヤマトグチ」（沖縄大和口）も日本人のそれと違っている。NHKや民放の沖縄出身アナウンサーの言葉の抑揚、周波数は、日本人のそれと違う。琉球人は柔らかいのに対し、日本人のは固い感じがする。

これが琉球という「お国」、琉球人という「人」の生きざまである。

建国以前

隋の侵攻を受け荒廃

琉球国の正史『中山世鑑《ちゅうざんせいかん》』が書かれたのは一六五〇年のことである。それより一〇世紀も前の『隋書』流求国伝に琉球人とその国の記録が残っている。それは琉球国侵略の記録である。

隋は五八一年に成立し、六一九年に滅びた短命王朝である。日本と国交はあったが、琉球とはなかった。隋は琉球に軍を送り、一人の琉球人をかすめて連れ帰った。

日本は隋に小野妹子ほかの使節を派遣した。小野妹子がその捕虜を見て、「ヤクの人」と言ったと伝えられている。ヤクは現在の屋久島だが、当時、日本では屋久島以南の南西諸島をヤクと言っていた。

『日本書紀』にヤク人の来日が六一九年にあったと記録されている。その後六二〇年、六二九年にもヤク来日の記録がある。これらの時期は隋の琉球侵攻の後だが、学者は推古朝初年五九三年からヤク人の渡来はあったとしている。これらの史実から、日本では古くから琉球人の身体的特徴、装いが知られていた。小野妹子が琉球人の身体的特徴、着衣を知っていたのは当然といえる。

『隋書』琉球国伝には、そのころ琉球には王がいて、その下に四〜五の郡があった。それぞれに按司《アジ》（首長）がいた。郡の中には村があった。そこに刀、弓、鉾などの武器があった。琉求国は税金がなく、軍備は村の酋長が持っているとある。刑罰もまず酋長が決め、その裁定に不服なものは王に上訴する道が開かれていた。部落間の争いは部落軍が罵り合いながら対峙し、代表三人くらいを出して戦わせ、敗れた部落軍は退却し、敗北を認め謝罪して和解する方法が取られた。「赤や黒の布の服を着ていた」「頭を鳥の羽などで飾った」「死者の霊を祀る風習も生まれていた」「葬式は遺体を布で覆い、草で包んで風葬にした」「文字はなかった」などと書かれている。

琉求国の所在はわからない。おそらく沖縄本島のどこかだろうが、これまでにその国の遺跡は見つかっていない。村に行政権があったのは意外である。住民との接点の下部組織に地域の行政、防衛を任せていたのは、現在のアメリカ合衆国連邦と州の関係に少し似ている。

部落間の抗争が戦争によらず決闘によって解決されていたのは、住民の知恵と見る。このことに琉球人の争いを好まない性向が見える。オシャレだったのも気に入る。色とりどりの鳥の羽を帽子代わりに使っていただけでなく、南の強烈な原色の花も載せていたのではないか。その香りが伝わってくる。鉄の武器があったというから、鉄のある国との交流があり、色物を着ていたことは、布を織る術、染色技術を持っていた。鳥の羽で頭を飾るのは南太平洋諸島の風習に似て興味深い。

小野妹子が隋に出した国書に、「日出ずる処の天子、書を日没する処の天子に致す。恙なきや」と書かれていた。これを見て隋の煬帝《ようだい》は喜ばなかったという。五九八年、隋は高句麗討伐軍を派遣した。この討伐に協力したのが朝鮮半島のもう一つの王国、百済《くだら》だった。百済は日本との関係が深かった。隋は百済の支援を必要としたので、同国と関係の深い日本の非礼を煬帝はとがめなかった。

琉球侵攻に際しても、朝鮮半島、日本とのかかわりの情報を取り、琉球を外交的に利用する価値はないことを悟った煬帝は、琉球から得られるものは労働力、今ふうにいえばエネルギーだけと結論づけ、人さらいの侵攻を断行した。

煬帝は首都のほかに副都・洛陽の建設にかかり、同時に黄河と淮河《わいが》間の大運河に揚子江を結ぶ運河の拡張建設をした。この大土木工事のために数百万人の人民が動員されている。こんな天文学的工事をしているのだから、隋では労働力の需要が高かった。エネルギー争奪は、倭寇《わこう》の古典的なものから、太平洋戦争、最近は海底深く眠るエネルギーをめぐって緊張が生まれていることからもわかるとおり、争いのもとになるのは昔も今も変わりはない。

煬帝は、琉球に、先に渡琉した朱寛と武将の除稜を派遣した。隋軍は船を停泊させ、代表と通事が王に会って隋への入貢を勧めた。その軍艦に琉球人が物を売りに来た。それ以前にも大船が立ち寄り、それに物を売った経験があった。軍艦に警戒心を持たなかったのは、それまで外国による侵略の経験がなかった故であろう。

『中山沿革史』には「往きて撫す、服せず」「終に服せず、逆に戦う」とある。『中山沿革史』は、明国の冊封《さくほう》正使・汪楫《おうしゅう》が一六八七年に書いた琉球の歴史書である。琉球側からの資料蒐集に難渋し、資料の多くは中国側のものだったといわれている。その資料には「撫す」と簡単な記述だけで、前後の事情については何も書かれていない。「撫」はなでる、落ち着かせるのが字義だから、琉球側に「移民を出さないか」と提案したが、「いや、移民など出せない」「それなら力づくでも人をさらう」「そんなことはさせない」という交渉の後、戦となった。

隋軍に対し琉球軍は死を恐れず、勇敢に戦った。隋軍はようやく首都に到達した。その首都がどこにあったかの記録はない。宮殿は一六間というから相当大きな建物である。内部の壁に鳥や獣の彫刻があった。屋敷は濠と柵で三重に囲まれていた。隋軍は数千人の琉球軍と戦い、撃破、王を斬った。そして男女数千人の捕虜を連れて、隋に戻った。捕虜の数は二〇〇〇ともあるが、判然としない。

当時の琉球国の人口は数万だったと考えられるから、人口の一〇％くらいの者が捕らえられたのではないか。殺され、傷を負った者の数はさらに多かったに違いない。それらを合わせると人的被害は人口の三〇％を下らなかったのではないか。そのうえ村々が焼き払われた。戦いが終わったとき、琉球は完全に荒廃した。生き残った者には、近親者を殺され、拉致され、家を失った悲しみ、戦の非情、残酷さ、酸鼻な結果などの記憶が残った。

この被害の大きさから、琉球人は国をつくって軍を備えるのは無駄、入って来る者がいたら抵抗せずに入れればよい、国をつくる必要はないと、考えたのではないか。琉球に国らしきものができるのには、それから数世紀を要した。

唐との経済交流と元の侵攻

六一八年、唐が興った。二八九年間続いた王朝で、その長い治政の間、唐の文化が琉球に伝わっていた。多くの人の交流があった。

唐で鋳造された通貨・開元通宝は沖縄本島の六ヵ所で二七枚、久米島で二ヵ所、一四枚が出ている。これらの通貨は中国商人が購入した物品の対価として支払ったものと考えられる。当時、沖縄本島には通貨はなく、物々交換の時代だったから、受けた開元通宝は琉球人が唐から品物を購入するときの決済手段に使ったと考えられる。

唐は貿易国家だった。首都の長安は国際色豊かな経済都市、文化の中心地だった。世界各国から商人、官僚などが集まった。日本の遣唐使も長安を訪れていた。揚州、広州に港を開いた。そこへアラブ、イラン、日本、琉球からの船が入った。唐と琉球間の尖閣《せんかく》、久米島を通る海路が頻繁に使われたのものこの時期だった。
沖縄方言（琉球語）には唐船《トーシン》、唐旅《トゥタビ》、唐鍬《トウゲー》（唐製のクワ）、唐船《トーシン》ドーイ（唐から船が来た）など多くの唐に関係する言葉が残っている。言葉には実体があった。唐から船が来たので唐船、唐へ旅をしたから唐旅、唐の鍬を使っていたから唐鍬であろう。琉球人に商才に長けた者がいて、唐商人と経済、文化の面で交流していた。

一三世紀、ユーラシア中央に大帝国モンゴルが誕生する。大帝国の第五代ハンのフビライは、自分の勢力の強い東方《とうほう》、すなわち中国に支配の重心を移し、大都《だいと》（現在の北京）を都とした。さらに国名を中国ふうに元《げん》と称し、南宋を滅ぼして中国全土を支配した。

元は高麗軍を含めた三万五〇〇〇人の兵を送って日本の壱岐・対馬を落とし、九州を攻める文永の役（一二七四年）を起こしている。その七年後には弘安の役を起こした。

元は琉球へ興味を示した。元が琉球（元は「瑠求」の字を当てている）に最初に兵を送ったのは一二九二年だった。楊祥《ようしょう》に兵六〇〇〇をつけて琉球に開国を迫った。ところがこの交渉は失敗に終わった。言葉が通じなかったことが原因とされている。このときの来琉目的は偵察のためだったと考えてよい。隋が最初、琉球から一人の捕虜を連れ帰り、情報を得て二度目に軍を派遣して戦いを挑んだのと同じである。一二九七年、元はまた派兵した。張浩に軍をつけて琉球に開国を迫ったが拒否された。

フビライの時代、チベットや高麗《こうらい》を属国とし、日本・琉球・ベトナム・チャンパー・ビルマ・ジャワにも遠征軍を送った。この経過を見ると、文永、弘安の両役を含め、モンゴル王朝は領土を広げ、現地人と共同してチンギス＝ハンの子孫を王とする王朝をつくることが目的だったと考えてよい。彼らは遊牧民だから、移動が生活の一部で、もともと土地に執着はない。領土欲からというより、権力欲からの侵攻だった。

元は、東アジアからヨーロッパに至る交易路（道路）を開設していた。また広州、福州、泉州などの港を利用して、首都・大都へ至る海路も開いている。そして牌子《パイシ》（通行証）と名づけたパスポートを発行し、所持者が自由に旅行する方法を講じている。この経済政策が功を奏して貿易が発展した。琉球偵察、琉球侵攻の目的は、琉球に共同の王国を建て、貿易の拠点、日本侵攻の基地とするためだったのではないか。

このころ琉球は英祖《えいそ》の時代だった。「元兵の来侵を見、国人力を合わせて防ぎ、降らず、張浩施すべき計なく一三〇人を擒《とりこ》にして帰る」と『中山世鑑』にある。

現在の浦添《うらそえ》市に一三世紀の英祖王の伊祖城《いそグスク》が残っている。グスクからの眺望はよく、眼下に貿易港として栄えた牧港《まきみなと》を、北のほうには広く中部一円を望み、南側には慶良間諸島や首里・那覇をはじめ、南部のグスクのある丘陵地帯が展望できる。

元軍の偵察を受け、英祖は元の侵攻を予見、それに備えて城をやや東の浦添城に移した。浦添城跡は、浦添市字仲間の小字城原にある。市の中央よりやや北側、字仲間から牧港を通る琉球石灰岩の丘陵が伸びる東側の先端部に位置する。標高一三〇～一四〇メートルの要害の地に築かれた城である。南北に一・七キロと細長く、北側が断層、南側は比較的緩やかな斜面となっている。

案の定、元軍は琉球に侵攻した。上陸地点は牧港ではなかった。港のすぐ上の高台から船への攻撃が予想されたことと、そこへ上陸すれば崖の上の浦添城を攻めなくてはならない。崖は一四〇メートルの高さがある。その崖の真下までは一キロ余の低地になっている。進軍中、上から矢を撃たれ、石を落とされる危険もある。仮に牧港川北岸を通り、矢や石を避けても、行軍の状況が浦添城から丸見えになる。そのうえ遠回りをしなくてはならない。

元軍はやや南寄りの小湾《こわん》の浜から上陸した。そこは砂浜である。港ではない。浜の先はなだらかな丘陵地帯となっている。その浜に島の東部、茶山に源を持つ小湾川が流れ着いている。茶山まで行けば城は近い。川の全長は数キロと短い。川幅も浜の近くで一〇メートルもない。水深も浅い。河川敷川は小湾、仲西、宮城、沢岻、大平の部落、そして経塚と安波茶の台地の下を流れている。河川敷というほどのものでもないが、川の両岸には人の通れる程度の道があった。砂浜から緩やかな登りをしばらく登ると、平坦な地形に出る。進路右、南の方角は開けた平地、左、北は仲西の高台となる。それほどの高さはなく、河川から登る細い獣道がある。さらに進むと左に大平の台地と上の部落へ至る獣道がある。その左、南東側には沢岻の台地がある。

元軍は河川を源流に向かった。仲西の台地へ進路をとったところ、石、矢が飛んで来た。それらは灌木の茂みから来た。人影は見えない。細い道を縦隊で登るしかないので、石、矢は避けられない。元軍は、さらに東へ進み、大平台地への侵入を試みたが、石つぶて、石矢の攻撃に道を阻まれた。やむなく、さらに直進、茶山の下まで辿り着いた。そこを登れば浦添城はもう目と鼻の先である。しかしそこは高さ数十メートルの安波茶、経塚の台地が二メートルくらいの川幅に鋭く落ち込み、周囲は灌木に覆われている。そこにも伏兵がいた。川の中を進む元軍に、上から矢を撃ち、石が落とされた。やむなく元軍は進軍を断念、小湾へ戻った。元軍は多くの死者・負傷者を出し侵攻は失敗した。

『中山世鑑』が「国人力を合わせ」と書いたのは、これら各部落の協力があったことを意味している。英祖軍だけで元を撃退したのなら「国人力を合わせ」とは書かない。

余談になるが、元軍の進軍経路は、沖縄戦で米軍が二六六二人の死傷者を出したシュガーローフの戦場のすぐ近くだ。シュガーローフの戦いは七日間にわたって、日に四度も高地を奪い合う激しい戦闘であった。元と琉球の戦いもこれに似た激戦だったたか?

琉球人王朝

浦添王統

琉球王国の正史『中山世鑑』には、初めて琉球に国を開いたのは源為朝（鎮西八郎）の子だと書いてある。これを舜天《しゅんてん》王統（一一八七～一二五九）という。

舜天系統の三代目・義本《ぎほん》に代替わりすると、すぐ旱魃《かんばつ》が続き、不作のため飢饉が起きた。悪いことに疫病が流行り、人口が半減した。義本は原因を身の不徳とした。そして有徳の士を募った。英祖が衆に推されて義本を補佐する摂政《せっしょう》となった。英祖が就任すると雨が降り、疫病が消え、国が治まり、英祖は七年間義本を補佐した。つまりその間王位に就かなかった。この遠慮というか消極性というか、いかにも琉球人らしい。

英祖は久高島の出で温厚、信心深い性格だった。寺を建てた。保守的性格が強く、制度の変革は行わず、平穏無事に統治した。その風評が伝わり、久米島、慶良間島、伊平屋島および奄美大島諸島が入貢した。史書には、入貢した島々の司は、「あなたが主となって以来、私どもの島でも天災地変がなくなり、豊作で平和に暮らせるようになりました。これはみなあなた様の徳によるものです」と述べたとある。

那覇市泊《とまり》には大島倉の地名もあり、オモロ（琉球の古謡）の中に、「大島七間切、喜界五間切、徳永良部、与論、那覇の内」との歌も残っている。攻め取らずに領土を得た。これも琉球人好みである。

一三五〇年、英祖王統の後を受け、察度《さっと》が国王となった。察度は貿易で国を富ませ、明国文明を移入し、王国の領土を広げ、琉球中山国を創設した。といっても、その王国は小さなもので、史家は王統を琉球とせず浦添王朝と呼んでいる。察度は百姓から身を起こした、民への気配りを忘れない人だった。彼も英祖と同じ琉球人だった。

明の使者・楊載は、陶器、磁器、鉄具などを手土産に察度に入貢を勧めた。楊載は日本国懐良親王に倭寇討伐を求めて断られ、拘束されたあの楊載と同一人物である。楊載来琉の目的は倭寇討伐の協力だったが、それだけでなく、琉球を明国の貿易拠点とすることへの協力依頼だった。倭寇の跳梁に手を焼いて、明国は海禁政策をとり、私人による貿易を禁止した。そして貿易は国が行う公的なものだけにした。そこで明国は琉球に楊載を送り、琉球に中国公的貿易の中継地点となるよう説得した。

楊載の土産はどれも琉球にはない先進文化で、国の発展に不可欠なものだった。楊載の説得も理に適《かな》っていた。感銘を受け、察度は、実弟泰期《たいき》に馬、硫黄を持たせ明に入貢した。馬は軍事用のもので、硫黄は火薬の原材料として貴重なものだった。

明の太祖はこれを受けて察度に王服、金印と共に「琉球中山王」の位を与えた。

「琉球」の字が史書に現れるようになったのはこれ以降のことである。これを機に明からの貿易船が琉球に来るようになると同時に、琉球からも明への貿易船が派遣された。中国からの貿易品を日本へ売り、日本の品を中国へ送った。日本だけでなく南方も貿易の相手国とした。

貿易によって琉球に入る陶器、磁器、鉄製農具は、琉球の生活様式の変化をもたらした。察度は明国に対し、琉球人留学生の受け入れ、明国人の派遣を要請した。

留学生には貴族、上級士族の子弟の官生《かんしょう》と、出自に関係なく自費で明国へ留学する勤学《きんがく》の二つがあった。官生の場合、琉球国王から明国皇帝に留学生受け入れの要請を行い、皇帝が承認する形がとられた。官生の旅費は琉球側の負担、明国到着後の費用は明国の負担とした。彼らは明国の最高学府の国子監《こくしかん》で四年から五年、就学した。

国子監には世界各国からの留学生がいたが、すべて男性で、青年、中年とまちまちだった。察度は女性官生を派遣した。唯一の女性官生だった。彼女は当時の明都・南京の国子監で、明国の風俗、習慣、行事および料理などの知識を吸収した。彼女の持ち帰った知識がその後の琉球各王統に伝わり、それを一般人が模倣し琉球に広まっていった。

勤学の場合、費用は自費とされ、その就学場所もまちまちだった。勤学には中国語の知識に程度の差があった。中国語の知識の少ない者は、米国にあるランゲージスクールのような言語修得のための施設で、まず言葉を修めた。中国語の知識のある者はすぐに著名な先生の弟子となった。

察度王統から日本の藩となってしまう間に、琉球王国から明、清国に渡った官生は合計八七人、勤学は一二〇〇人を超えていた。これらの留学生が帰国後、琉球国の指導者となって中国文化を広めたのはいうまでもない。同じ期間に明、清国へ渡った琉球国の役人、船員、商人らの合計は二〇万人を超えている。これらの人々が琉球社会にもたらした中国文化の量も相当なものであった。

それだけでなく、察度は明国から船員、船大工、通訳、気象学者、音楽家、さらには儒学者などを招き入れて帰化させた。察度はこれら明国人を那覇市久米に住まわせ、衣食の面倒を見て住居を与え厚遇した。帰化明国人も琉球に中国文化を広めていった。

中国の多大な影響

沖縄の道の突き当たりや曲がり角に建てられている「石敢當《いしがんとう》」は、中国福建省甫田《ほでん》知事が除災、繁栄のために建てることを勧めた中国のものである。建物、墓の建築時に、沖縄で現在も行われている方位や配置を決める風水《フーシー》も福建から伝えられてきた。それらはいずれも道教から生まれた習俗の一つである。方位、配置を見るのは道士である。現在、沖縄にはまだかなりの数の道士がいるという。彼らが参考にしているのは江右禅師が書いた『青鳥経《セイフキョウ》』で、その写しが浦添市立図書館に残っている。

那覇市内に残る天妃《てんぴ》の地名は、明国人の建てた天妃宮に由来する。天妃は航海の安全を守る媽祖《まそ》を祀ったものである。媽祖は一〇世紀後半に現存した巫女《ふじょ》で、よく禍福を予見したことで死後その霊力を恐れられ、神として彼女を祀るようになったといわれている。

帰化明国人は那覇市久米に孔子廟《こうしびょう》を建てた。そこに安置された孔子、顔子《がんし》、曽子《そうし》、子思《しし》および孟子《もうし》の画像は進貢使として明国に渡った蔡堅が持ち帰り、村人の家で安置していたものである。特に那覇、首里の、明国人でない人たちも三〇〇年近く天妃宮を拝み、孔子廟に足を運んだ。

現在、石敢當を建てる人はいなくなったが、ユタ（霊媒師）に風水を見てもらう人は今でも絶えない。よく当たるユタの家には行列ができるほどである（謝礼、鑑定料は二万円を下らない）。

沖縄の亀甲墓も起源は中国・福建である。福建ではその形は椅子に似せたというが、琉球では亀の形と見て、亀甲墓と呼んでいる。琉球の葬式法事で焼くカビジン（紙銭）も福建から来た。沖縄のカビジンは必ず焼くが、あちらでは焼かないこともあるそうだ。カビジンは今でも沖縄で使われている。

中国ふうの大袖のウッチャキー（打掛）、中着、下着《カカン》も琉球庶民の間に広がった。福建料理の影響も琉球庶民の間に広まった。調理に油を使って炒め、調味に砂糖を加える味つけも福建から来たものとされている。

食材に豚を多く使うのも福建から伝わってきた。福建では正月や行事には豚は欠かせない。肉を食するだけでなく、頭は天の神様、孔子様などにお供えしている。頭をお供えする風習は琉球に伝えられ、現在でも那覇の公設市場で売られている。木綿で濾し、木の台の上に乗せて売られている豆腐も福建から伝わってきた食材である。

かまどに火の神を祀る風習も中国から伝えられたものである。中国ではこの神様は人を監視するため天から遣わされ、天に戻ってその家のことを神様に報告するといわれている。神様に知られたくないので、かまどの前では夫婦喧嘩をしない風習が生まれた。まったく同じことが琉球にも伝えられ、広まっている。

歌と舞を中心とした中国の梨園戯《りえんぎ》が琉球で上演された記録がある。これは明代よりさらに古い時代のこととされている。また琉球の三線《サンシン》（三味線）は他国のものに比べて棹《さお》が短い。この短い棹の三線は中国・泉州のものとよく似ていて、これも泉州から伝わったと考えられる。

これら庶民の間に伝わっているもののほかに、中国皇帝から琉球国王に直接伝えられたものがある。国王をはじめ琉球王府の大臣役人の着衣はすべて中国式丈袖のものであった。婦人の衣装もおおおむね中国ふうのものであった。これらの衣は中国皇帝から贈り物として下付された衣装を模して、琉球で仕立てられた。

琉球王府の宮廷料理も中国の宮廷のそれを模したものだった。中国皇帝から琉球王には多くの青磁器、陶器などと共に料理のレシピも伝えられた。

琉球王府は歳時、節日の儀礼を中国の暦に従って行っていた。暦は中国王朝が毎年頒発していたもので、王府は暦を受け取るために福建に人を送っていた。

琉球人が友好的で、礼を守ることを知った明国は琉球に気を許した。この信頼の下に琉球王国と明、清国の関係はその後五世紀余にわたって続いた。

察度が入貢した当時、琉球には大きな船はなかった。「今後の交流のために船をいただきたい」との申し入れを受けた明国は、琉球に長さ約三〇メートルの船四〇〇隻を贈った。その後も三〇隻余りの船を琉球に下賜している。

明、清両王朝とも領土的野心はなかった。琉球が、対日関係上必要と認識していたこと、先進国文化を琉球に広める喜びなどから宗主国となっていた。

察度は明に入貢したものの、冊封は受けていなかった。そのため明国を頂点とするアジアの国際社会では王としては認められていなかった。冊封を受けていなかったのは、受けなかったのではなく、受けることができなかったからだろう。

冊封の儀式はまず冊封使列席のうえ、寺で先王の鎮魂を行い、その後王位授与の儀式が行われる。琉球にはこれら儀式を行う場所がなかった。察度は居城を浦添から首里に移した。そして城に儀式を行う設備を造った。

冊封が終わるまで長い時間がかかる。その間、琉球には冊封正副使をはじめとする随員数百人が滞在する。その滞在の設備も整っていなかったし、それらの食事の用意もなかった。食材を揃え、中国人の口に合う料理を作れる料理人の教育にも時間がかかった。察度を継いだ武寧《ぶねい》のとき、初めて明国の冊封使が琉球に来た。察度が明に入貢して三〇年余の時が経過していた。

察度を継いだ武寧は、尚巴志《しょうはし》に攻められて国を失い、察度の血統は二代六〇年で滅びた。英祖から察度に至る琉球人王国は一五〇年余で潰《つい》えた。

日本人王朝

倭寇の王統

第一尚氏《しょうし》は琉球に誕生した最初の国家らしい国家である。それは倭寇の建てた国である。倭寇は倭賊ともいわれ、朝鮮半島・中国大陸に侵入し、食料を奪い、人を攫《さら》って恐れられた集団である。倭寇の構成員の多くは平戸島の松浦水軍、壱岐・対馬の住民だった。

『中山世鑑』によると、第一尚氏の祖は、琉球国北端の伊平屋島に住んでいた鮫川、屋号は屋蔵《やくら》大主《ウフヌシ》という。伊平屋島の出と書かれているが、この屋号と姓は琉球のものではない。日本の姓の中に鮫川はあり、多い順でいうと一五〇〇番台になる。姓は「職名」から来ているものもあるので、鮫とかかわりの古い官職を調べてみたけれど、該当するものは見当たらなかった。「屋蔵」という屋号を調べてみた。すると「矢倉」という姓が五島列島にあった。この矢倉姓が倭寇で、伊平屋島に来て屋蔵となったとも思えるが確証はない。倭寇は賊といわれたくらいだから、実名を隠して偽名を使ったとも考えられる。

鮫川は第一尚氏三代前の人となっている。初代尚思紹《しょうししょう》が王となったのは一四〇六年、一代三〇年として単純に計算すると、彼が島にいたのは一三七一年ごろだったと考えられる。大主と呼ばれるくらいだから仕えていた者もいた。集団だったのだろうが、部下についての話は残っていない。

さらに鮫川の先祖の足跡も伊平屋島にはない。鮫川の墓はある。それは伊是名島を望む海岸にあって、海面からわずかに高くなったところに十数個の石を積んだだけのものである。村が建てた立て札「屋蔵大主の墓」がなければ、それが墓だとは誰も思わない。葬られているのは彼一人だけで先祖は葬られていない。彼が英祖王の末裔との話もあるが、それは第一尚氏が後に作った歴史だったと考えて差し支えないだろう。確実にいえることは、鮫川は伊平屋出身者ではない。

鮫川が伊平屋島に辿り着いたのは、高麗が倭寇取り締まりを行い、日本も取り締まりに本腰を入れ始めた一三八〇年ころの少し前のこと。倭寇としての活動が難しくなり、琉球に活路を見出そうとしての渡来と考えられる。そのころ、琉球中山王・察度が貿易を朝鮮、東南アジアへと広げ、明との公的貿易によって利を上げていた。それを知って鮫川一族は察度を倒し、その国を奪う計画も立てた。

台風と長雨のため、米が実らず島民に餓死者が出たが、鮫川の田はいつも豊作で蔵に米があり、それを知った島民が鮫川襲撃計画を立てた。この計画を神が夢に現れて伝え、米を島の人に分け与え、鮫川は命からがら島を逃げ出したという話が残っている。

鮫川の屋敷跡は伊平屋島の我喜屋部落北の高台にある。現在そこは畑となっている。田は、その高台の下にあり、屋敷跡は田から距離がある。米作りをしていたのなら、当然下の我喜屋部落内に屋敷を置くのが便利である。

鮫川が高台に築いたのは城だろう。これは鮫川が隣の伊是名島の仲田部落に伊是名城を築いたことからも推測される。その城は仲田部落南方に突出した岩山の上で、そこからは沖縄本島が望観できる。

鮫川は琉球奪取を企図して伊平屋に至り、そこから伊是名を経て沖縄本島の動静をうかがった。佐敷の大城按司の目に留まり、その娘の婿になったとの言い伝えもあるが、どうも腑に落ちない。こんなうまい話はないからである。

鮫川一族が貿易港の馬天に至り、そこで佐敷の大城按司の下で貿易を始めた。日本人だから日本語ができる。日本との人脈もある。それらを利用して多量に鉄を輸入、農具に加工・販売して利益を上げた。琉球には鉄がなく、農具も少ない時代である。徐々に力をつけた。

鮫川の子が思紹である。この思紹が後に中山王となり第一尚氏の開祖となった。思紹の子巴志についてこんな話がある。

与那原（沖縄本島南の東海岸にある町）の鍛冶屋に三年をかけて剣を作らせた。それを身に帯びていたところ、日本商人の目に留まり、ぜひ譲ってくれと言われた。巴志は船一隻の鉄と剣の物々交換をした。そしてその鉄で農具を作り、農民に配り人気を得た。とうてい信じがたい話であるが、巴志に知恵があったことを強調し、知恵を使って鉄貿易を成功させ、鉄製農具を配り、人気を得て、王の地位に上り詰めたことを強調するための作り話だろう。

こんな話を作らなくとも、巴志には北山、南山を滅ぼし、国内を安定させ琉球を統一国家につくり上げ、国の形を固め、領土を広げた知力と勇気があった。巴志に限らず、日本人の第一尚氏は、琉球人にない「知」と「意」に長けていた。彼ら一族が存在しなければ琉球王国はなく、大きな功績を残したといえる。

思紹が中山王となったころ、沖縄本島には南山、北山の二つの王国があった。巴志は、代々武将を務め琉球人の家に生まれた護佐丸《ごさまる》を重用した。護佐丸に北山攻撃の先陣を命じ成功、北山は落ちた。次いで南山攻撃を命じた。護佐丸はよく任務を果たし、南山を廃した。護佐丸の協力なくして巴志の三山統一の偉業はなかったといってもよい。

護佐丸は琉球中に武将としての名声を広げた。彼と民衆との結託を恐れて、巴志は、護佐丸の娘を息子・泰久《たいきゅう》の嫁とし閨閥を作り、護佐丸との関係を深くした。護佐丸は豪傑だったが、野心家ではなく、実直な人で王位を簒奪《さんだつ》する気がなかった。後に彼が泰久の攻撃を受けたとき、王に抵抗すべきでないと判断、自害したと伝えられる忠義の人だった。

巴志は父・思紹を中山王にした後、首里、那覇港を整備する首都建設、港建設の大工事を行った。

それまで明国と日本との国交は途絶えていた。巴志は明皇帝に足利義教将軍宛てに入貢を促す国書を出させた。この国書を受けた足利義教は明国との国交を再開した。足利将軍は尚巴志の仲介に感謝して、彼に、「今後とも日本、琉球は友好国としての関係を続けよう」という趣旨の国書を出している。

琉球中山国は、中国、南方から輸入した商品を日本へ転売し、日本の商品を明国、南方へ転売していた。それを可能にしていたのは、日本と明国間の貿易がなかったからだった。この貿易の利益を捨てて、日本と明国の貿易を再開させるのだから、一見すると琉球の利益にはならない。しかし、実際には琉球に大きな利益をもたらした。

巴志は足利幕府に琉球貿易の拡大を求め、それを承認させた。足利幕府との関係を密にし、大和商人を優遇した。足利幕府は琉球貿易を管理する奉行を置いて、貿易の管理に当たった。琉球船は日本の坊津、博多、堺などへ立ち寄り、また日本船も那覇へ入った。また明国にも同じことを求めた。日本入貢のお礼として、明皇帝は巴志に礼服を送り、船を授け、中国との貿易回数を増やし、福州に一五〇人を収容できる琉球館を建て、貿易の便宜を図った。このことから琉明貿易は飛躍的に伸びた。

巴志は里程を定めた。駅を設け、そこに馬を置いた。これは中央の命令を早く地方へ伝えるためであった。また地方の情報を中央に集める目的もあった。

察度王統を倒し、北山、南山を倒し、琉球人王統に取って代わったヤマト人王統に国民は好意的ではない。沖縄本島内には、多くの琉球人勢力がいて、第一尚氏の基盤は決して盤石ではなかった。起こり得る反乱に備えて、道路を整備し、早馬の制度を設けることは不可欠だった。

琉球人との確執

巴志は王権基盤の強化、貿易の拡大を政策の中心に据え、ハード面として、道路網の整備、那覇港の築港、中国からの接待に備えた設備、首里城の拡張、迎恩亭、天妃宮、安国寺庭園、龍潭（池）などの多くの土木工事を行った。

巴志は琉球の歴史の中で最も多くの仕事をした猛烈王だった。巴志が逝き、後を巴志の第二子・忠《ちゅう》が三代目の王となった。忠は在位五年で逝き、そのあとを思達《したつ》が継いだ。思達も在位五年で逝き、その後を巴志の第五王子・金福《きんぷく》が襲った。

金福も父・巴志に負けない猛烈王だった。那覇に土手や堤防を築き、橋を架けて、離れ小島と陸続きにした。架けた橋の数は七つ。これらの工事のために沖縄本島の按司、その家臣、老幼男女の区別なく数万人の人を集め、昼夜兼行で工事を行った。工事を急いだのは、明国の冊封使来琉に間に合わせるためだった。天照大神に、三日三晩、工事の完成を祈願した。工事は冊封使の来琉に間に合った。金福は後にそのことに感謝して那覇市に天照大神を祀る長寿神社を建て、和歌山県熊野権現の神を招いて沖縄本島に多くの神社を建てた。琉球は古来からのニライカナイの神々を信仰するところだった。そこへ新しくヤマトから神が入ってきた。

金福も在位四年で逝った。その後王位をめぐって金福の世子・志魯《しろ》と金福の弟・布里《ふり》との間で争いが起きた。戦いは首里城の中で行われ、城が焼け、志魯と布里の二人が共に死亡する結果となった。骨肉の争いで城を焼く重大事件が住民に与えた衝撃は大きかった。金福の後を泰久が襲った。当時の民情は、第一尚氏の急激な社会改革、ヤマト神の導入、強引な住民の徴用、強制労働などから生じた不満があった。加えて琉球人の護佐丸、阿麻和利《あまわり》の人気が向上し、政権基盤を弱体化させる原因があった。

護佐丸は、本人の望むところではなかったが、政権の転覆の期待を担う一大勢力となっていた。阿麻和利は沖縄本島中部の勝連《かつれん》半島を領していた。阿麻和利は沖縄本島中部の北谷《ちゃたん》の出とされている。彼は長じて勝連半島に移り住み、そこの住民と共に領主モチヅキを倒し、推されて勝連按司となった。

茂知附（望月、モチヅキ）按司はその名のとおり日本人であった。阿麻和利は領民に生活具を供し、税負担を軽くするなどの善政を敷いたので人望は高かった。頭のよい人だったともいわれている。勝連半島には平敷屋という良港があり、そこを利用して日本との交易も盛んに行った。阿麻和利が徐々に力を蓄え、大きい勢力となっていた。

当時の俗謡オモロによると、民は阿麻和利を子供が母を慕うように慕い、慈父に対するように畏敬の念を示したとあり、また勝連の賑やかさは京都（首里）の鎌倉（勝連）に対するようだと謡われている。

亡くなった巴志は、阿麻和利がいずれ政権基盤を弱体化させる勢力になると読んでいた。それに備えるため護佐丸を座喜味城から中城城へ移した。反乱への備えだった。中城城は阿麻和利の住む勝連半島を望む位置にあった。泰久も阿麻和利を畏れた。それで娘のモモトフミアガリを阿麻和利に嫁がせ閨閥を作り、反乱を防ぐ方策を講じていた。他方、泰久には、阿麻和利を使って護佐丸を倒し、その後、阿麻和利を倒す計画があったと考えられる。

史書によると、阿麻和利が護佐丸を討ち、尚泰久王が阿麻和利を討つ事件が一四五八年六月一八日に起きた。その詳細は、

(1)阿麻和利が尚泰久王（以下「王」という）に護佐丸に謀反の動きありと通報

(2)驚いた王が阿麻和利を総大将、鬼大城《おにウフグスク》を副大将にして護佐丸討伐を下命出陣

(3)護佐丸は王軍には反抗できないとして自刃

⑷阿麻和利の讒言《ざんげん》を知った王は、阿麻和利を奸臣として鬼大城に討たせたとなっている。

この経過は、王が阿麻和利に騙されて忠臣・護佐丸を殺してしまったことを悔い、奸臣・阿麻和利を討ったこととなる。けれども泰久は聡明な王で、権謀術策を弄する人でもあった。泰久が騙されるとは考えられない。

しかも六月一八日一日で、阿麻和利が勝連から首里へ、首里から中城へ行って護佐丸を討ち、中城から首里に戻って結果報告し、首里から勝連に戻り、逃げ出した嫁モモトフミアガリを追って首里へと移動したことになる。動いた距離は五〇キロ弱はある。ヘリコプターも車もない当時、一日にこれだけの移動は不可能である。それに阿麻和利は首里近郊で討たれたとされるが、なぜか墓は読谷《よみたん》村古堅にある。

真実は、阿麻和利、護佐丸らを討たなくてはならないと考えた泰久は、鬼大城に護佐丸、阿麻和利を殺せと指示した。一四五八年陰暦六月一八日、この計画は実行に移された。

六月一八日は熊野那智大社で行われる扇祭（扇会式法会）の日であった。扇祭は、別名「那智の火祭り」として、現在、和歌山県無形文化財にも指定されている。この熊野権現の御神体を普天満《ふてんま》宮《ぐう》が祀っている。この権現の御神体は尚金福が祀った。普天満宮は護佐丸の領内にあった。

泰久は、按司、王府の高官と共に普天満宮（現在の宜野湾市、昔の中城間切）に参詣した。その席に護佐丸、阿麻和利とも列席していた。二人は参詣だから丸腰で、供の者も数人しか連れていなかった。日中の参詣が終わり、計画どおり王は首里へ戻った。鬼大城軍は近くに潜んでいた。日が暮れて火祭りが始まった。その火祭りを護佐丸、阿麻和利は見物していた。そのとき、鬼大城軍が護佐丸、阿麻和利に襲いかかった。抗戦があったが、護佐丸、阿麻和利側は少人数でとても防げない。阿麻和利は読谷のほうへ逃げた。鬼大城軍は一隊を阿麻和利追討に向けた。そして読谷村で鬼大城軍に捕らえられ、殺害された。阿麻和利の墓が読谷にあるのはそこで殺されたからである。一方、城に逃げ帰った護佐丸を鬼大城軍の本隊が追った。護佐丸は抗戦したが敗れた。

普天満宮に残っている言い伝えに、護佐丸が死んだ後、中城城内の建物が解体され、その木材が普天満宮に持ってこられ、それで普天満宮の建物の破損修理をした。持ってきた木材はすでに使われ、細工がなされていたので寸法が合わず、使用するのに苦労したというのがある。このことは、六月一八日夜、普天満宮内で護佐丸、阿麻和利と鬼大城軍との間に交戦があり、その際、建物が壊れたことを示唆している。阿麻和利の生年は不明だが、没したのは一四五八年六月一八日、護佐丸の没したのも同じ日である。

泰久は梵鐘を鋳造し、それに気宇壮大、かつ勇壮な銘を刻んでいる。銘はまったく琉球人的ではない。

鎮魂の鐘の鋳造

琉球国は南海の勝地にして
三韓の秀を鍾《あつ》め、大明を以て輔車《ほしゃ》となし、
日域を以て唇歯《しんし》となす。
此の二つの中間にありて湧出せる蓬莱《ほうらい》島なり。
舟楫《しゅうしゅう》を以て万国の津梁《しんりょう》となし、
異産至宝は十方刹《さつ》に充満し、
地霊人物は遠く和夏の仁風を扇ぐ。
故に吾が王、大世《おおよ》の主、庚寅《かのえのとら》に慶生せる尚泰久《しょうたいきゅう》、茲《ここ》に、宝位を高天に承《う》け、蒼生《そうせい》を厚地に育む。
三宝を興隆し、四恩に報酬せんがために、
新たに巨鐘を鋳《い》て、以て本州中山国王殿の前に就《つ》け、これを掛着《かいちゃく》す。
憲章を三代《さんだい》ののちにさだめ

文武《ぶんぶ》を百王《ひゃくおう》の前におさめ
下は三界《さんがい》の群生《ぐんしょう》をすくい、上は万歳《まんざい》の宝位《ほうい》を祝《しゅく》す。（後略）

その意味は次のとおりである。

琉球国は南海にある素晴らしいところで、いろいろの国の逸品を集める。
大明国を支えにし、日本と兄弟のよしみを結び、
この二つの国の間にある豊かな国である。
船を世界を結ぶ懸け橋にして貿易を行っているので、
異国の名産、至宝が集まってくる。
このことが国を豊かにし、立派な人を生む。
中国、日本の文化を取り入れて盛んな国になった。
わが王、世の主尚泰久は天から位を受け、人民を立派に育てている。
仏教を盛んにし、仏、親、国、天地の四つの恩に報いるために、
あらたに大きな鐘を造り、これを中山王城の聖殿の前に掛ける。
昔の偉大な王たちの教えと政治を明らかにして

子々孫々の王につたえ
下は仏の道で民衆をすくい、上は王位が永久につづくよう祝い、祈った。

泰久がこの鐘の鋳造を命じたのが一四五八年六月一九日とされている。その日は護佐丸、阿麻和利を討った翌日で、両者の死と鐘の鋳造命令との間に密接なかかわりがある。

泰久は護佐丸、阿麻和利を討ったことでようやく強固な王統を構築した実感を持った。と同時に、その実現に多くの血を流したことへの心の痛みを覚えていた。実績を誇り、護佐丸、阿麻和利の鎮魂のため、鐘の鋳造を決意した。この鐘は「万国津梁《しんりょう》の鐘」と呼ばれている。その構成をみると、「起」の部分は琉球の地理的位置、「承」は繁栄の現状、「転」は王位のよって来るところと王の義務、そして鐘を鋳造する目的、「結」は王の決意となっている。

構成からみる限り、鐘は民を救い、王統の永続を祈念して鋳造したこととなり、「済民、万世の鐘」というべきである。しかしその核は、「宝位を高天に承け、蒼生を厚地に育む」「天から王位を受け、人民を与えられた」ことにある。つまり護佐丸、阿麻和利討伐を天の所為とし正当化していることにある。泰久の両雄への鎮魂の気持ちがみてとれる。

泰久の後をその子・徳《とく》が襲った。徳二一歳のときである。徳の王位継承権は三位だったが、一位と二位が泰久と護佐丸の娘との間に生まれた子だったことで王位から外されたための昇格だった。

徳は文武に秀でた男だったといわれている。

彼が引き継いだものは、対抗する勢力のない強い王権と富んだ国だった。しかし同時に、琉球人のホープ護佐丸、阿麻和利の殺害、神道と古来宗教との間の軋轢《あつれき》、日本商人優遇による琉球人の不満も引き継いだ。徳もこの政情を知らぬはずはない。ところが若さゆえに力を過信し、民情への配慮を欠いた。若い徳はこのマイナスの部分に意を払わなかった。

後に第二尚氏の始祖となる金丸《かなまる》は徳に仕えた。ところが徳は、琉球のヤマト化に力を注ぎ、足利幕府との関係を深め、琉球人の意向を無視し、自らを八幡大菩薩按司と称するまでヤマト化、倭寇化した。倭寇の船は八幡船と呼ばれていたが、徳は自らを八幡按司として倭寇とのかかわりを明白にしていた。金丸はこのままでは倭寇が勢力を伸ばし、明国のためにならないと懸念した。金丸は徳の下を離れ、沖縄本島の西原間切に隠居した。

一二六〇年に大島が、一三九〇年に宮古が入貢していて、当時の琉球王国の領土は北は奄美大島から南は宮古島までとなっていた。ところが大島の一部、喜界島が入貢を怠っていた。徳は遠征した。遠征には次のような言い伝えが残っている。

徳は兵二〇〇〇人を率い首里城を出発した。軍勢が安里付近を通過しようとしたとき、頭上高く飛ぶ鳥を見て馬上から弓に矢をつがえ、武勇の神八幡大菩薩に、「わたしが喜界島を平らげることができるならば、一矢であの鳥を射落とさせ給え」と祈って、矢を放ったところ、見事に命中、鳥は地に落ちたので、全軍これは吉兆と喜び、勇んで軍船五〇隻に分乗、那覇港を出発した。喜界島への航海中、不思議なことに巨鐘が波の合間に浮き沈みしているのを発見、これもまた八幡大菩薩のたまものだと喜び、船に乗せた。凱旋した徳は、出発前、飛鳥を落としたところに八幡宮を建て、戦勝を感謝した。

この言い伝えで気になることは、護佐丸の弟・安里大親《あさとウフヤ》が住んでいたとされる安里で徳が八幡大菩薩に戦勝祈願していること、そして鐘が海中に浮いていることである。ニライカナイの神を信ずる呪術師・安里大親が住んでいた安里で、ヤマトの神八幡大菩薩に祈ったことは、徳の琉球人に対する挑戦であり、さらに海に浮かんだ大鐘は、泰久の造った万国津梁の鐘（済民・万世の鐘）である。第一尚氏の行く末を暗示しているようだ。

第一尚氏王統は七代六三年（一四〇六〜六九）で絶えたが、この王朝がなければ琉球王国は生まれていない。そういえるほどの実績を残した。

中国人王朝

平和国家

琉球史には、世界の歴史の中で唯一、武器を棄て、軍備を廃し、平和に徹した輝かしい時期があった。しかし無防備を突かれ、国を滅ぼす悲劇につながった。

前に引いたバジル・ホールが、琉球からの帰途セントヘレナ島へ寄り、そこに幽閉されていたナポレオンに琉球訪問の土産話をした。それが以下の記述である。

ナポレオンとの談話の中で、特に彼を驚かしたのは、琉球には武器がないと私が話したときで、これればかりはさすがのナポレオンも、理解に苦しんでいるようであった。ナポレオンは「武器とは大砲のことで小銃はあるだろう」と言った。「いや、それもない」と答えると、「では投槍のようなものはあるだろう」「いや、それもない」と言うと、「弓矢はあるだろう、小刀ならあるに違いない」と畳みこんで訊いた。「皆ないんだ」と答えると、ナポレオンは拳を固めて震わしながら、大きな声で、「では、武器がなければ、いったい何で戦争をするのか」とたずねた。私は答えて、「いや、戦争をしたこともないようで、内憂外患といったものは殆んどないように見受けられた」と言うと、彼は冷笑して眉をひそめ、「太陽の照らすところで戦争をしない民族があるとは考えられない。不思議なことだ」といった。

武器を撤去し、平和国家といわれたのは第二尚氏のことである。この王統は第一尚氏を倒して生まれた。その経緯は次のとおりである。

泰久に殺された護佐丸、阿麻和利の縁故者が第一尚氏に恨みを持つのは当然のことである。そればかりでない。巴志は中山、北山、そして南山と琉球人の豪族を武力で倒した。その遺族を含むシンパの第一尚氏に対する恨みは大きかった。この恨みが琉球人の間で増幅され、尚徳打倒の機運が高まった。打倒のリーダーシップをとったのは護佐丸の弟・安里大親であった。

史書によると徳は病死したとあるが、異説があって、久高島に戦勝祈願に行き、そこで女にうつつを抜かし、その間に首里で革命が起きた。そのことを知って自殺したというものもある。死の原因が自殺、自然死とされているのは彼の王妃、王子らが虐殺されているのと整合性がない。徳も殺されたと考えられる。

徳は久高島へ戦勝祈願に行った。久高島は与那原《よなばる》の東の海上にある。帰路は与那原港を経由した。

与那原から首里へは西原を通る。西原には金丸が隠棲していた。安里大親は、徳に正面から戦いを挑んでは勝ち味がないことをよく知っていた。安心させて油断させ、その隙に殺す計画を立てた。安里大親は金丸を利用した。徳が金丸を父・泰久の朋友として一目も二目も置いていることを知っていたからである。

安里大親の住んでいた那覇市安里崇元寺のあたりは、首里から久米へ行くのに通る場所だった。久米は帰化中国人の居住地だった。隠居前、金丸は公務で首里から久米への途次に安里大親を訪ねた。両者は古い友人だった。安里大親は占いをよくした。金丸は貿易担当者であった。貿易には危険がつきものの時代、危険の有無を占ってもらう必要があった。金丸が安里大親宅を頻繁に訪ねても、謀反の疑いは持たれなかった。

安里大親は金丸の隠居先を訪ね、「尚徳王は久高島からの帰路与那原へ上陸する、そこで戦勝祝賀会を主催してくれ」と依頼した。戦勝祝賀会していただくだけでいい、後の一切の段取りは当方において行うと申し入れた。金丸は、その宴席で王を毒殺する計画だと知った。金丸は、徳の天命は尽きた、易姓革命が起きるのだと思った。第一尚氏の流した血の代償を払わすと、住民が決めたのだ、もはや止められない。名前を貸すだけならと、金丸は依頼を受けた。

安里大親は宴の準備、接待には自分の息のかかった者に行わせた。徳は酒と女に目がなかった。美酒珍味を準備し、美女を侍らせる用意をした。

与那原の浜で開かれた宴席で、徳に悪酔いする程度の軽い毒が盛られた。徳は「ちょっと飲みすぎた。気分が悪い」といって金丸宅で休むことになった。

首里から徳の主治医が呼ばれた。首里と与那原は一里くらいの距離である。駆けつけた主治医も安里大親の息がかかっていた。徳に致死量の毒を盛った。死は直ちに首里へ通報されたが、近くにいた徳の親衛隊には知らされなかった。親衛隊は主人が殺されたことを知らずに与那原に釘づけにされた。

王府の法司（のちの三司官）らは、王位継承のために、徳の幼い嗣子を迎え即位式典を執り行おうとした。そのとき突然、安里大親が徳の悪政を責め、「物呉《ムヌクイ》ゆすど吾御主《ワアウシュウ》」と叫んで、金丸こそが新しい王にふさわしいのだと演説した。あらかじめ手を回しておいた群臣たちは安里に賛同し、法司と徳の嗣子たちを首里城から追い出した。王妃と嗣子を真玉橋《まだんばし》で殺した。そして金丸を訪れて、国王就任を依頼した。金丸は驚いて、臣下として上に背くわけにいかないと固辞し、涙を流し、海岸に隠れたけれども、群臣はなおもこれを追うて請うた。金丸はそこでやむなく野服を脱いで竜衣を着し、首里へ上って国王の位に就いた。

金丸が、徳、王妃、それに嗣子の殺害実行行為に直接関与したとする記録はない。またそれ以前に王位継承をめぐって起きた志魯、布里の乱にも関与していない。この乱のとき、金丸は御物城《おものグスク》御鎖之側《おさしのそば》（貿易庁長官）の要職になっていて、当然、志魯、布里の陣営は金丸を味方につける工作を行ったはずだが、金丸はどちらの陣営にも加担していない。

泰久の護佐丸、阿麻和利征伐についても金丸の姿は見えない。金丸は琉球人でなく、泰久に長く仕えていたのだから、両雄征伐については当然相談があったと考えられる。おそらく金丸は、「私は琉球の内政にかかわりたくありません」と言って、意見を述べなかったと考えられる。金丸は琉球人に恨まれるところのない、王位に就くにふさわしい人だった。

金丸は中国人だった

始祖・金丸の出生については多くの伝説がある。一つは舜天王統三代目の王義本と王妃との子、二つ目は首里貴族と国頭《くにがみ》間切の豪士・佐久真の娘との間の子、三つ目は北山城主・攀安知《はんあんち》の子などである。

一と二は、生まれてすぐ箱に入れて海に捨てられたのを、伊是名の漁夫に拾われたと続き、三つ目の説は自ら伊是名に逃れたことになっている。つまり金丸は伊是名生まれではなく、よそから伊是名に入ったこととなっている。それほど出自が明らかでない。このほかに伊是名の農民の子として生まれたとの話もあり、伊是名には父・尚稷《しょうしょく》の墓、伊是名玉陵《いぜなたまウドゥン》があるが、金丸の祖父母は葬られていない。金丸の家が代々島に住んでいた証拠はない。

金丸には妻がいたが、その出自もわからない。一〇歳の弟を連れて島を出たというのもおかしい。小さい弟だから当然父母のもとに残す。弟を父母に残さなかったのは母がいなかったと考えられる。これらの疑問は金丸が伊是名島の出身でないといっている。

金丸は「金」姓の中国人だった。琉球農民に姓はない。名はたいてい「タラー」「ジルー」「サンダー」などが定番であった。丸という名はない。金丸は金が姓で名が丸だった。こんな姓名は琉球にはない。

次に農業をしていたとは考えにくい。金丸は妻と一〇歳の弟を連れて島を出た。その後、沖縄本島本部の宜名真《ぎなま》、奥間《おくま》、久志《くし》などを転々とした。農業は畑を耕し、種をまき、収穫する、長いスパンの仕事である。転々としていてできるものではない。農業の特殊性から、農民は土地に定着し、移住が制限されていた。金丸は一四三九年二四歳のころ、伊是名島を後にし、一四四二年二七歳のころには首里に住んでいた。こんな短期間に移動しては農業はできないし、農民にこのような移動の自由はなかった。

農業をしていたとは思えないのに、こんな話が残っている。その島で、ある夏、旱魃で雨が降らず、作物も枯れる状態だった。ところが金丸の水田だけには、水があった。島民は金丸が夜の間に水を盗んでいると疑っていた。彼らは金丸を襲う計画を立てた。すると金丸の夢に、白髪の老人が現れて危険を知らせた。金丸は妻と弟を連れ島を脱出した、と。この島外脱出の話は、第一尚氏の鮫川、屋蔵大主の島脱出の話と似ているのが気にかかる。

出所とされる伊是名島はかつて、伊平屋諸島の一部とされていた。そこは海上交通の要衝だ。『衝口発』によると、古代、すでに泉州から人が来ていたというし、伊是名には中国から渡来した農業の神様「土帝君の像」が二部落にある。この像は沖縄本島にもあった。沖縄本島の像が渡来したのは一六九八年とわかっている。伊平屋のものは、その以前からあったとされている。これらの「土帝君の像」二つは、明国が一四三七年ころ、夫婦と子供二人の金家に持たせ伊是名島へ送ったものだ。金家を送った表向きの理由は農業指導員だったから、土産としてこれほどふさわしいものはない。

金家が伊是名に来た当時、明王朝は倭寇取り締まりを厳しくしていた。その方策として海上交通を禁止する海禁を敷いた。貿易は国と国との間で行う朝貢、冊封時に限った。琉球王国は察度が明に入貢し貿易を行っていた。第一尚氏が倭寇と関係があり、日本国足利幕府との関係もあることを明国は知っていた。倭寇対策に腐心していた明国は、金家をスパイとして琉球に送った。

金丸は農業指導員だったので、移動が認められた。移動は密命に役立った。意識して金離れをよくし、優しく人に接した。イケメンで金があり、物腰の柔らかさがあった金丸は、移動した先々で女性にもてた話が残っている。

金丸は越来《ごえく》間切（現在の沖縄市）で泰久に会った。金丸が訪ねて職を求めたのだろう。泰久は金丸の明国における人脈の話に驚き、直ちに部下として採用した。そのころ泰久は王位とは無縁といってもいい地位にあった。それでも貿易通の人間を抱えることは無意味でなかった。琉球は貿易を国是としていたから、利用する機会はいくらでもあった。後に泰久の甥・思達が王位に就くと、泰久は金丸を思達に譲った。金丸は越来の地から首里に移り住んだ。思達の下で金丸は明国貿易を担当することとなった。金丸はその地位を利用して倭寇の情報を明国へ送り続けた。

思達が逝き、金福が死去すると、王位をめぐり骨肉の争いが起き、争いの当事者共に死去という結果となり、王位とは無縁と考えられていた泰久に王位が回ってきた。当然、泰久は金丸を股肱《ここう》の臣として優遇し、高い位を与えた。

金丸の妻が汪魏雅花《オキヤカ》である。彼女の出自も不明とされている。このため氏素性のわからない身分の卑しい生まれとの憶測も生まれた。第二尚氏三代国王・尚真《しょうしん》王が即位して間もないころ、一隻の船が遭難し、乗組員であった朝鮮人三人が琉球に辿り着いて保護された。彼らが見聞きした当時の琉球の様子を事細かに記録した文献が、貴重な史料として残っている。その中に、汪魏雅花と尚真王の「行進」の様子が描かれている。

それによると汪魏雅花は、漆塗りで黄金の飾りのついたきらびやかな輦《てぐるま》に乗り、二〇人余りの人間に担がれていた。これに少し遅れて尚真王が馬に乗ってついていた。尚真王は、美少年であった。

行列は一〇〇人余りで、音楽を鳴らすもの、爆竹を鳴らすもの、武具に身を包む者がいる絢爛《けんらん》たるものだったと、記されている。

王妃にふさわしい行列である。これは彼女が王妃になるにふさわしい家の出であることを推測させる。この育ちのよさに加えて、後に尚宣威《せんい》（二代国王）を追い落としたことで明国から叱責を受けたこと、王家と琉球士族との姻戚を作る努力（つまり血を混ぜる）をしたなど、彼女も明国人だと推測させる。明国が琉球国の者を叱るはずはないし、王家が格下の者と姻戚を作るのは、王家が外国人の血を引いていると考えさせる。

王妃は魏家の娘

福建省に魏《ぎ》家がある。魏家は唐代に山西省から福建省に移住した一族の一つだった。明王朝の高官を出した家でもある。汪魏雅花は魏家の娘だった。彼女は福建省の汪《おう》家に嫁いだ。汪家は唐のころ安徽省から福建省に移住した汪一族の一つだった。嫁いですぐ、夫に先立たれ、雅花は二〇歳で後家となった。金丸の年齢、徳の倭寇化に懸念を抱いた明王朝は、年老いた金丸を補佐するため、雅花を金丸の妻として送り込んだ。金丸は王になる前の五〇歳のときに、二〇歳の汪魏雅花を妻とした。金丸は命令によって汪魏雅花を妻に迎えた。雅花が金丸より高い身分にあったため、金丸はもちろん、その弟宣威も彼女に従う立場に置かれた。

一四六九年、金丸は即位し尚円《しょうえん》王となった。一四七六年、尚円王が亡くなり、弟の尚宣威《せんい》が王位に就いた。汪魏雅花は尚宣威に退位を命じた。尚宣威は王位に就いていたが、就任の儀式を終えてなく、そのうえ政務は汪魏雅花がとりしきっていた。退位を命じられ、それをのんだ。ただ王位を譲るにはそれなりの理由と形が要る。そこで史書に記録されている次の芝居が打たれた。

即位大典の儀式が行われた当日のこと。首里城の御庭《ウナー》では、昇る朝日を背にした尚宣威が、礼装に身を包み晴れがましく居並んだ、数百人の重臣を前にして玉座に着席した。尚宣威は、新国王として、満足した面もちで式典の進行を眺めていた。儀式がクライマックスを迎えるとき、白衣をまとった数十名の神女《ノロ》たちは、お庭を巡り、新しい国王と相対し、キミテズリの神の告示を告げる場面で、神女たち全員は尚宣威王に背を向け、西の海を拝礼したまま立ち尽くし、尚宣威が王だとの神のお告げを告げなかった。逆に、神の声は尚宣威が国王に値しない人間であり、少年尚真こそが新しい国王にふさわしい、と告げた。

その尚真王は即位してから、殉死を禁止し、すべての武器を集めて蔵に入れて使用を禁止し、按司などの地方豪族をすべて首都首里に集めた。豪族と王家の姻戚関係確立に努めた。移住のため首里の都市計画を行い、円覚寺、崇元寺などの仏閣、池、橋など多くの施設を造った。琉球王国史の中で最も栄えた時代だった。

尚真は玉御殿を造り碑文を建てた。碑文には尚真王、尚円妃（世添御殿）、尚円長女、尚真長女、尚清王（尚真第五子）、今帰仁《なきじん》按司（尚真第二子）、越来按司（尚真第四子）、金武《きん》按司（尚真第六子）、豊見城《とみぐすく》按司（尚真第七子）の九人だけが墓に葬られる人とされている。

史家は尚真が金丸の改葬のために墓を造ったとしているが、不思議なことに墓碑に金丸（尚円王）の名がない。つまり尚円の骨はそこにはない。墓ができたのは汪魏雅花の死の四年前、死期を悟った彼女が墓を造らせ、碑文を起案した。碑文には「この末は千万年にいたるまで、このところに納るべし、もし後に争う人あらば、この碑文を見よ、この書付に背く人あらば天に仰ぎ、地に伏してたたるべし」とある。史家の山里永吉は、汪魏雅花が金丸の弟・尚宣威を嫌っていて、その子孫を玉陵に入れたくなかったことがこの碑となったとしている。嫌ったのは位の低い尚円、尚宣威と墓を共にすることができなかったのだろう。汪魏雅花が二人の出自を嫌っていたことは、尚真の長男・尚維衡が王位に就けないことにつながっている。彼の母・居仁が尚宣威の娘だったからである。

薩摩藩による支配

薩摩の侵攻

琉球王国の繁栄は長く続かなかった。薩摩の侵略を受け、植民地にされたからである。一六〇九年三月、薩摩は一〇〇余隻の軍船、一万三〇〇〇の軍勢を用意し、鉄砲七三四丁、弾丸三万発などの武器のほか、一万五〇〇〇人の五ヵ月間分の食料も備えて、鹿児島山川港を出発した。薩摩は、琉球には武器、軍がなく、侵攻しても抵抗はないことを知っていたから、軍の編成は異常に大きいとしかいいようがない。薩摩軍は同月一〇日、琉球王国北端の奄美大島笠利に至り、船上から鉄砲を撃ちかけて攻めた。大島軍は兵三〇〇〇で抵抗したが、武器が刀、槍くらいしかなく、薩摩の鉄砲に抗することができなかった。薩摩軍は島を制圧、続けて南へ進み、徳之島、沖永良部島の順に攻略した。

その後、薩摩軍は数隻の偵察船を那覇港に向かわせた。すると港口に鉄鎖が張られ、近づくと港の奥にある三重城の砲台から石火矢が発射された。薩摩軍は那覇港からの上陸を諦め、沖縄本島北部の運天港へ上陸した。運天港は無防備だった。何の抵抗もなく上陸すると、今帰仁城へ向かいこれを占領した。

琉球国は薩摩侵攻の報に接し、驚き、直ちに和を申し入れることにして、薩摩と親交のある菊隠《きくいん》和尚に使者をつけて派遣した。和尚は運天港で薩摩軍に会って和を申し入れた。薩摩軍は申し入れを受けなかった。

薩摩軍は二手に分かれ、一隊は海路をとった。他は陸路を、部落に火を放ち、住民に発砲しながら南下した。薩摩軍の進んだ後は焼け野原に死体が転がる、さながら地獄のようになったと記録されている。

和の申し出が拒否された琉球は、首里、那覇でにわか仕立ての防衛隊を結成したが、武器はヌンチャク、棒の類であった。首里防衛隊は街の北入り口、平良に陣を敷いた。薩摩軍は防衛隊に雨あられのような砲火を浴びせた。被弾した指揮官の首を切り落とされるのを見て防衛隊員は肝をつぶし、戦意を失い退却した。なにしろ琉球が他国に侵略されたのは七世紀のことで、内戦があったのも一五世紀である。その後の平和政策で武士は戦いを忘れ、貴族化し、軟弱になっていた。血を見て驚いたのは当然だった。

首里城は西を向いて建てられている。正殿に至るまで七つの門がある。中国の紫禁城を模したものだった。紫禁城では七つの門をくぐり二キロ歩いて初めて皇帝の在所に至る形を作り皇帝の権威を高めた。首里城も同じ目的のため七つの門を造った。それらの門は敵からの攻撃を防ぐためのものではなく、権威を高めるものだった。

首里城南に龍潭（池）があるが、これも城を守るためのものではない。道教では王宮は西に道、東に河川、南に池、そして北に山のある形でなければならないとされている。その教えに従って城の配置をした。首里城は、中国から冊封使の王位授与の儀式、聞得大君の神事などを行う場として建てられたもので、防戦籠城には向いていなかった。薩摩軍は砲火を浴びせて難なく城を落とした。

秀吉が朝鮮出兵の断を下したとき、薩摩は秀吉に「琉球へも出兵の御下命を」と願い出た。秀吉は琉球王尚寧《しょうねい》（第二尚氏七代国王）に、朝鮮征伐に「将と兵を送れ、もしこの命に背いたら、琉球を攻め滅ぼす」との書面を出した。島津は、琉球王尚寧に、「太閤秀吉が朝鮮征伐を行うので、当藩と琉球国に一万五〇〇〇の兵を出兵するようにと命令してきた、そちらは戦争をしない国是だし、軍備がないから戦争には参加しなくてもよい、その代わり金銭と米を送って援助してくれ、兵七〇〇〇人の一〇ヵ月分の兵糧《ひょうろう》を来年二月までに日本の坊津へ送ってくれ」と書き送った。

琉球は断った。明国の冊封を受け、その国から王位を授与されている琉球王は、同じように明国を宗主国とする朝鮮征伐に手を貸すことはできなかった。それに琉球は、現代流にいえば、諸国の公正と信義を頼って国の安全を確保することを決め、紛争を解決する手段としての戦争を放棄し、軍も備えていなかった。兵の出しようもなく、戦争への協力もできなかった。

薩摩は琉球に対して、秀吉の朝鮮出兵の折に命に背いて兵糧を送らなかった、そのため薩摩は多額の出費を余儀なくされたと因縁をつけ、その補償として大島諸島を割譲せよと迫った。大島諸島は現在の鹿児島県大島郡の島嶼である。琉球はこの要求を断った。これが薩摩に侵略の口実を与えた。

秀吉の朝鮮出兵は明国の反感を買った。明国は日本と国交断絶、両国間の貿易はなくなった。天下を取った徳川家康は薩摩に対し、琉球を拠点に日明貿易の復活を指示した。貿易がなくなり、博多、堺の商人が収入を失い、幕府も経済的な打撃を受けたからである。薩摩は琉球に家康の要望を伝えた。ところが琉球は要望を入れなかった。そのころ、明から琉球へ冊封使が来ていたので、薩摩は直接、明の冊封使に「薩摩への明国貿易船の派遣」を依頼したが、冊封使は断った。これらの背景が薩摩をして明国貿易を進めるには琉球を取るしかないと、決断させた。

薩摩軍は尚寧王、重臣を含む一〇〇余人の捕虜を薩摩へ連行し、その後二年五ヵ月にわたって拘禁した。拘禁されて、王、重臣は平和ボケして国防を怠ったことを悔いた。種子島に鉄砲が伝わった一五四三年の七〇年も前に、琉球人はポルトガル人から鉄砲の売り込みを受けた。そのとき武器を買い国防に意を尽くしていたら、薩摩風情に国土が蹂躙《じゅうりん》され、国民を殺され、挙げ句の果ては領土の割譲を余儀なくされることはなかった。牝鶏・汪魏雅花に時を告げさせ、王家と豪族との姻戚関係を作り、街を美化し、寺を建てることだけに腐心したことを悔やんだ。

薩摩は琉球の検地を行い、大島五島を薩摩の直轄領とし、沖縄本島、先島その他の島嶼の石高を八万九千石余とし、うち九千石を薩摩への年貢と定めた。貿易の利益だけでなく、税も取ることにした。

王以下の重臣を釈放する前に次のような文書を差し出させた。

琉球はもともと薩摩の属国であった。琉球国は源為朝の開いた国で、長年薩摩に臣礼を尽くし、年貢を納めてきた。ところが近年薩摩の命に背いた。太閤秀吉の朝鮮征伐のときには琉球も兵を出すべきであった。薩摩の配慮により遠国で軍備がないことで出兵を免除し、兵糧の提出のみに留めたのに、それに従わない大罪を犯した。このたび島津家久公の御哀憐によって沖縄本島以南の島嶼を与えられた。このご恩を忘れず末永く薩摩に対し忠節を尽くす。

これが「尚寧誓文」「三司官誓文」といわれるものである。明治になって琉球国の帰属が問題となったとき、日本が世界に対し琉球が属国であることの証拠としたものだった。

三司官の一人、鄭迵《ていどう》（謝名《じゃな》親方《ウェーカタ》）だけは頑として起請文《きしょうもん》署名を拒否した。鄭迵は唐名、謝名は領地名、親方は役職名である。彼は琉球に寄留した中国人の子孫で、若いとき中国の国子監（国立大学）に一四年間留学した経験を持つ知識人であるだけでなく、武術をよくする武人でもあった。

薩摩の琉球侵攻は、中国貿易の利益奪取にあった。そのため中国通で、中国に人脈を持つ謝名親方を利用するに越したことはないと考えていたから、起請文に署名さえすれば命を助けると署名を強要したが、謝名親方は署名を拒否して死を選んだ。

謝名親方は薩摩の侵略の意図を知っていた。そして自分の中国における人脈、中国貿易のノウハウを絶対に利用させないと決意した。俺を殺せば中国も黙ってはいないだろうとの自負もあった。琉球国は明国に対し、薩摩侵攻とその結果について報告した。明国は薩摩が琉球名で貿易することを知って、琉球との貿易を一〇年に一度とした。中国の史書は謝名親方を国難に殉じた忠臣と記録している。

沖縄には今でも、薩摩が大釜に湯を沸かし、謝名親方を釜茹でにしようとしたとき、謝名親方は護衛の二人の首をつかんで湯の中に飛び込んだ。すると湯の中で三人の体が浮いて回り、逆さ御紋（琉球の紋章）の形が現れたとの話が残っている。

薩摩は琉球を支配下に置くと、まず琉球の外交権を奪った。日本から琉球への入国は薩摩の印判を必要とすることになり、琉球と明国との外交はすべて薩摩の指示で行わせた。中国から仕入れる品物は薩摩の注文するものに限られた。薩摩は琉球に在番奉行を置いた。内政監視のためである。通貨、貿易、反薩摩分子の監視、琉球王国の人事権、王と三司官の任命も薩摩の指名、承認が必要だった。琉球国王は、薩摩の雇われ王となってしまった。三司官の生殺与奪も薩摩のものだった。

砂糖、ウコンを専売制にして薩摩が直接日本へ売り利益を上げた。

一〇年一貢となって、薩摩は目論んでいた貿易の利益が上げられなくなった。しかし琉球国に対し、厳しく対明貿易復活交渉を指示した。明国は琉球国の要望を入れ、五年に一度の入貢を認め、その一〇年後ようやく二年に一度の入貢となった。貿易回数が増えても利益はすべて薩摩のものとなり、琉球には何も残らなかった。薩摩は、貿易はあくまで琉球が行っていることを中国に示すため、琉球人に日本ふうの髪形、衣装の着用を禁止し、中国人の前での日本語の使用をやめさせた。中国使者の滞琉中、薩摩役人は那覇を離れ、浦添に移った。

薩摩の植民地となった後、琉球人は過酷な税制に泣いた。琉球国は貿易収入を薩摩に取られたうえ、年貢を薩摩に払った。その結果、国の財政は逼迫し、行政に支障が生じた。琉球国の財政は薩摩の搾取によって徐々に苦しくなっていた。薩摩藩の臨時の賦課（税金）、日本への慶賀使節および清国への冊封使節対応費用なども王府の財政を逼迫させた。

加えて台風、旱魃による農産物生産の減少が頻発し、何度か飢饉が起きていた。ソテツ、木の皮まで食べ、飢えをしのぐ状態が起きた。一八世紀末から「村落は積年困疲し」「百姓漸く疲れ」た状態となり、国の人口は減少し続けた。

史書には、そのころ琉球王国の農民は小さな茅葺きの家に住み、煮炊きに土器を使い、衣服は粗末とある。村の出口に木造小屋を作り、毎日村役人が詰めていて「面引合をもって作場へ追い出す」ことを行っていた。つまり百姓たちの出欠を取っていた。このことは、現存する役人の執務心得帖に記載されている。

琉球国農民に対する指導監督は、細密周到で、整備されていた。「田畑仕付方」という令達では、田畑の地力保護のため、ジャーガル土《ジ》、真土《マアジ》という土質別に、アゼやミゾの作り方の相違や、防潮、防風の方法などを、絵図を添えて具体的に示している。種まきから収穫に至る作物管理についても細かい指示があった。この指導が農民の自主性を失わせ、創意工夫をしない習性を生ませたのかもしれない。

首里王府は、各村へ「覚」と題する文書を配布した。これは、ソテツを食料として調整する方法や、その折の注意事項についての通達だった。まずソテツを処理する時節の詳しい解説から始まり、次にソテツの調整法を、内皮、中の芯など各部分ごとに、日に干す日数、水への浸け方、発酵法、葛の濾し方、味噌の作り方、調理法などに至るまで、詳細に解説している。中毒に陥るソテツの見分け方、中毒を起こした際の治療法まで書き、最後には中毒によく効くというふじさん灸焼（お灸）のツボのとりようまで、図をつけて説明している。このような通達を出さなくてはならないほど、食料事情は悪かった。

収益の配分は国が七、農民が三の割合だった。農民は農奴と自作農の中間の形態にあった。農民の不平、不満は極限に達していた。残っている農民のアヤゴ（歌）の中に、役人に対する恨みが込められたものが多数あり、それらから農民の不平、不満がわかる。しかし百姓一揆は起きなかった。

百姓一揆が起きなかった理由については、様々な説明がされている。第一は、首里王府の温情政治＝善政に理由を求める説である。農民生活の水準は、百姓一揆が頻発した同時代の日本本土に比べてもはるかに劣悪であったが、主食の芋の生育が早く、食料は不足しなかったという説明もある。また、琉球人はもともと性格が温和で一揆を好まないとか、隷属の歴史の中で身についた奴隷根性うんぬんに、原因を求める説などもある。

一揆が起きなかったのは、琉球国が、悪政の原因を薩摩の支配にあると強調し、琉球国も被害者であると宣伝していたからだろう。そして女神官ノロを介して国民の心を和らげ、琉球王国の統治が神による統治と印象づけた。国民は神に対しては一揆を起こすことはできないと考えた。女神官の組織と彼女たちと国民との関係を見ると、そう考えるのが最も自然だと思われる。

それに非生産的な士族の人口が追い打ちをかけた。「百姓一人に地頭三人」といわれるように、百姓一人には三人の扶養家族（士族）がいた。しかし、琉球国末期の統計では、士族のうち三七〇戸だけが定職に就き、七〇〇〇戸前後は定職がなかった。定職のない士族は一生のうち一度だけ限られた期間、職を得ることができた。職に就いた士族はあらゆる手段を使って資産を増やした。言葉は悪いが、形だけの理由をつけて他人の財産を奪い取る過酷な収奪を行った。

第二尚氏一七代国王・尚灝《しょうこう》は、「上下やつめて　中に蔵たてて　奪いとる浮世　おさめぐりしや」（王も農民も生活を切り詰めているのに、中に立つ役人は他人のものを奪い取り蔵を建てるような時世、統治するのは難しい）と嘆いている。しかし嘆くだけで士族を抑えることはできなかった。

源為朝を名乗った落ち武者

薩摩は琉球の歴史を統治正当化のため作った。正史『中山世鑑』である。『中山世鑑』は、琉球に王国が生まれたのは一一八七年で、最初の王を舜天といい、源為朝の子と書く。清和源氏は薩摩の先祖である。琉球も同じ血を引くものとした。舜天は首里天《スイテン》（首里の主）が転訛したものだから、それは琉球国が首都を首里に定めたころから使われるようになったものである。舜天の地位は按司の頭のようなものであった。即位時、王でなく按司主《アジヌシ》の呼称が使われていた。このような事情から舜天を王としていいのかとの疑問がある。

源為朝渡来は一一六五年。為朝は、大島や近くの島々を平らげ、青ヶ島を征服した帰り台風に遭って船の帆柱を折られ、運を天に任せ、潮の流れに乗って漂流した。流れ着いたのが沖縄北部、今帰仁村の港だった。運を天に任せて着いた港ということから「運天港」といわれるようになったと言い伝えられる。

為朝と名乗る落ち武者が琉球に来たのは事実だったかもしれない。しかしその落ち武者が本当の為朝だったとは考えられない。

「二人の武蔵」というテレビ番組を見たことがある。世間の者が武蔵だと信じていた男はイケメンで弁が立ち、「俺は宮本武蔵だ」と公言した。世事に長けていた。女性の扱いがうまく、女にもてた。ところが彼が剣で戦ったところを誰も見たことはなかった。そこへ本物の武蔵といわれる男が現れた。こちらは自ら「武蔵」と名乗らなかった。痩せていて色黒、身なりに構うふうもなかった。汗臭い、垢にまみれた着物を着ていた。口が重く、世故に長けていなかった。女に好かれるタイプではなかった。

どちらが本物なのか？ イケメンの男に武蔵の出現を告げ、「偽者が現れた、成敗してください」と言い出す者が出た。「何、武蔵だと。俺の名を騙《かた》る奴は許しておけん、刀の錆にしてくれん」と豪語した。が、この武蔵はいつの間にか別れも告げずに姿を消した。武蔵といえば御利益がある。強いと知れ渡っていたから誰からも攻撃を受けない。強者の名は「核」のように戦争抑止力がある。

おそらく琉球に渡ったニセ為朝も、為朝の名を騙り、威を張り、他者を畏怖させて戦いを抑止したのだろう。名を広め、美女に種をつけ、そして消え去ったのだろう。琉球のニセ為朝の場合、本物が現れなかったから、ばれることもなく、彼の残した豪傑の印象だけが残った。牧港、運天港、そして為朝岩と称する岩まで残っている。

為朝が上陸すると、琉球の人々は、鎧《よろい》を着て弓矢を持った勢いに恐れをなして、草木が風になびくように従ったので、為朝は無人の地を行くように進んで、南部の糸満近くの高嶺で城を築いていた大里按司のところに落ち着いた。為朝は按司の妹・思乙と恋仲になり、やがて結婚し、間もなく玉のような男の子が生まれた。その子を尊敦と命名した。為朝は、居を浦添に移し浦添按司となった。ところが為朝は、京都に攻め上って平氏を討ち破ろうという志を捨てず、妻子を残して浦添の港から船出した。

沖縄に残された思乙は、必ず迎えに来るという為朝の約束を信じて、今日帰るか、明日帰るかと、浦添の港で待ち続けた。この港を「待ちなと」、今は「牧港」と呼ぶようになったとされている。

この尊敦が浦添按司となった。尊敦には対立する者がいた。利勇といった。利勇と尊敦の間に戦いが起きた。尊敦一四歳のときのことだった。尊敦側は豪族を束ねた連合軍だった。利勇は一人だったという。尊敦は利勇との戦いに勝ち、舜天王統を開いた。この尊敦が琉球王国の最初の王舜天であるという。

『中山世鑑』は舜天即位から五〇〇年近く経った後に編纂されている。いかなる資料に基づいて五〇〇年前の舜天即位を書いたのか明らかでない。日本の『保元物語』の記述が多く引用されているが、無理な引用が多く、史実と合わないところがある。『中山世鑑』の記述については、中国史家から中国史と整合性がないとの批判を受けているし、日本の史家も、為朝は保元の乱に敗れて伊豆大島へ流刑されたが、そこで村落を襲撃し、工藤（狩野）茂光の追討を受け自害した記録があるとする。この記録から、彼が琉球に渡ったことはないといっている。

為朝来琉については、清和源氏の流れを汲む薩摩が、琉球も同祖とするために作らせた話、政治的方便等々様々な異論が出ている。舜天王統の成立は、日本で平氏が亡んだ翌年だったことから、舜天王統の開祖は源氏でなく、壇ノ浦の戦いに敗れて琉球に逃れた平氏だとの説もある。奄美、琉球に「平」の氏が残っているのがその根拠だという。ありそうな話ではある。

平治の乱が起き為朝一統は敗れた。その落ち武者が沖縄島へ流れてきた。この事実を利用して、為朝の子開祖のストーリーが作られた。

歴史編纂者にとって幸せだったことは、落ち武者の氏名、出自は調べようがないから、落ち武者にどんな名前を当てはめても、「それは違う」との異議が出ない。出自の調べようがないからである。この落ち武者が小範囲な地域の人を束ね、その頭、按司となったことが舜天王統の資料となったのだろう。

『中山世鑑』が出た当時の琉球は、進貢貿易の利益の大半を薩摩に取られ、さらに年貢の三分の一も薩摩に納めていた。農民は年貢七〇％の高い税に泣いていた。農民の不満は極限に達していた。琉球王府は財政危機の状態にあり、伝統的な祭祀を執り行うこともできなかった。琉球住民に自覚を持たせ、沈滞ムードを払拭する必要があったのが正史を作った目的とされる。

だが、当時、琉球王国が住民に対し歴史を広めたとの証拠は見当たらないし、宣伝媒体もない。歴史書ができたとしても、ほんのわずかな部数であった。識字率は低く、広く読まれる状況ではなかった。この状況で国民意識を変え、不満を鎮静するために正史を作ったとするのには無理がある。

歴史編纂のメリットが琉球側にないとすれば、薩摩側にそれがあったと考えなくてはならない。

正史作成は薩摩の特命

一六五〇年ごろ、徳川直系が絶え、将軍が傍系の紀州徳川家から出ることになった。薩摩は徳川家康から琉球の守としての地位を与えられたが、家康の直系でない紀州徳川家が授権を取り上げ、他藩に特権を与える危険性があった。

取り上げる理由は「故なく琉球に侵攻し、琉球を領地に加えた」ことが考えられた。前に引いた三司官誓文には「源為朝の開いた国」と書かれているが、それを証明する歴史はない。「誓文を無理に書かせたのだろう」と因縁をつけられるおそれがあった。それらの主張を封ずるため、どうしても侵攻の正当性、「琉球は薩摩と同じ清和源氏を祖とし、臣従していたのに背いた」にすることと、「琉球は日本領でなく、独立国であり、領地没収の対象とはならない」ことを正史を作って明らかにする必要があった。

薩摩は、後の琉球侵攻を正当化する理由として、琉球が源氏一門の為朝の子孫を王とし、長い間薩摩に臣従していたことを挙げていた。この主張を琉球の側から公にする必要があった。琉球の正史に為朝の子が琉球国の開祖と記載されれば、「臣従」の根拠ができる。そのためには、琉球はもともと同じ清和源氏を祖とし、薩摩に臣従していた琉球歴史を作らなくてはならない。

『中山世鑑』を作ったのは羽地朝秀《はねじちょうしゅう》（唐名・向象賢《しょうしょうけん》）だった。彼は渡日したこともある親薩摩派で、日琉同祖論の熱心な主張者だった。彼の考え方は薩摩的だった。彼は琉球的なものを嫌っていた。その彼に、薩摩が『中山世鑑』作成を依頼した。

彼は「羽地仕置」に、「ひそかにおもえばこの国の人、生初は日本より渡りたる儀、疑い御座なく候。（中略）言葉の余り相違するは遠国の上、久しく通融が絶えし故なり」と書いている。琉球人と日本人は同じ祖先を持つ。それは同じ系統の言葉を話しているからだとの意見である。

しかしこの意見は短絡にすぎる。いろいろな国の言葉の基礎となる単語を対象にして、その変化する率を調べた言語年代学によると、京都方言と琉球方言が分離したのは一四五〇〜一七〇〇年前だとされている。言語年代学によると、どの国の言葉も変化の速度は一〇〇〇年の間に一九％、つまり一〇〇〇年経っても八一％の基礎語が残っているとの結論が出た。この結論を基にして東京大学の服部四郎と沖縄出身の歴史学者・比嘉春潮、外間守善が、京言葉が琉球に入ってきたのは六〜七世紀ごろだとしている。

そのころ琉球に進攻した隋は、琉球には国があったと書いている。国があったくらいだから、京都方面から人が来るずいぶん前から先住民がいた。その先住民が琉球人の祖で、祖先は日本人と同じとはいえない。

羽地の従弟に幸地賢忠《こうちけんちゅう》（唐名・夏徳庸《かとくよう》）がいた。彼は琉球音楽の創始者となり、湛水親方と呼ばれた。その功績を称える顕彰碑が、沖縄市の郷土博物館前にある。彼は名門の出で、平等の側（裁判所長官）、鎖之側（総務長官）を歴任した。同時に彼は、琉球固有の音楽、三線の名手で、琉球芸能を護り残す努力をしていた。他方、羽地は、琉球芸能を軽視して、大和芸能を琉球に取り込む努力をしていた。

妻を亡くした幸地は仲島遊郭通いを始めた。そこで子供ほど年の違う思戸を見初め、妻とした。当時の仲島は王府公認の場所で大和、中国からの客の接待にも使われていた。そこへ通うことは違法ではなかった。ところが羽地は幸地の行為が身分をわきまえないものだと糾弾して彼の職務を取り上げ、所領を没収した。幸地は地位、名誉すべてを剥奪されて都落ちし、剃髪して湛水と名乗り、具志川田場に住んだ。そこで琉球音楽の理論化、体系化に努め、現在の琉球音楽の礎を築いた。湛水は、

露の身は持ちやい　（露のように儚い命）
遊びゆすや笑て　（遊び、笑い）
この世振り捨てて　（地位、名誉を捨て）
いきやしがな　（生きたい）

との詞を残している。

羽地は冷酷、見方によってはクールな性格の人だった。頭がよく、行政手腕があった。国の多くの制度を改革、新しいものを導入した。その業績は大きい。ただ強引な面も多かった。そのために恨みを買ったことも多い。

一六六九年、薩摩は三司官二人に死刑判決を下した。罪状は三司官の北谷親方と恵祖親方が乗り合わせていた進貢船が台風で難破したとき、北谷親方の従者が進貢物の金の壷を盗んだことだった。つまり監督責任である。薩摩は「判決に王が同意するなら執行せよ、判決に異議があるなら申し立てよ。再度審査する」との条件をつけた。ところがその件を担当した羽地が異議の申し立てをしなかった。刑は執行された。

羽地は、「我が一統が落ちぶれることもあろう。そのときはまず墓を売れ、先祖の骨などどうなってもよい」との言葉を残している。この言葉を残させたのは、彼を「薩摩の手先」とする琉球人の恨みではなかった。『中山世鑑』は、薩摩が羽地に指示して作らせた疑いが強い。

琉球国は、一九世紀初頭には財政的苦境に立っていた。国力は衰え、骨と皮ばかりの状態で、薩摩をもってしても吸い上げるものを探すことは不可能だった。ただ、国としての形だけは残っていた。骨と皮の形だけの国、薩摩はそれを利用した。

島津斉彬が薩摩藩主となって、軍艦と銃器をフランスから購入する契約を結んだ。薩摩が契約の当事者となることは鎖国令に反するので、斉彬は琉球国を当事者とした。

親中国派の三司官・座喜味親方が当事者となることに反対した。斉彬は座喜味親方の首を切った。斉彬は玉川王子《オージ》、摂政、三司官・池宮城親方、小禄親方、恩河親方、豊見城按司、それに牧志親雲上《ペーチン》を協力者にした。牧志は斉彬の信任が厚く、十五人役の日帳主取（外交官）に抜擢して加えられた。この人事は異常で、反感を買った。薩摩は琉球国名でフランス人ジラールとの間で、大砲二〇門を備えた三五〇馬力の蒸気軍艦一隻、弾丸六〇〇〇発、小銃一五〇〇〇丁などを十二万五千両で買う契約を結んだ。

ところが斉彬が急死した。薩摩は方針を変えた。ジラールとの契約の解除を琉球国に伝えた。牧志の努力で多額の違約金を支払って契約を解除した。

琉球国にくすぶっていた斉彬の強硬人事に対する批判が燃え上がった。そして薩摩に協力した者への攻撃が始まった。恩河親方が逮捕、投獄された。彼は拷問の末獄死した。続いて小禄親方が三司官を解職、逮捕された。容疑は娘婿の玉川王子を王にしようとしたことなどだった。小禄が解職されたとき、牧志は、いずれ小禄が投獄されることを予想して、小禄に薩摩役人・坂元権之丞《ごんのじょう》に贈賄をして解職だけで済ますよう琉球国に圧力をかけてもらうよう助言した。このことで牧志も逮捕、投獄された。牧志は事実を認め、下獄したが、薩摩の役人が彼を獄から連れ出し、薩摩へ送った。薩摩は彼の力が欲しかったのである。ところが彼は薩摩へ向かう途中の船から海中に身を投じて命を絶った。恩河、小禄に対する容疑はいずれも事実無根のこととされている。

王家、大臣を巻き添えにした事件は、琉球国の政治機構の崩壊につながりかねない事態となった。形だけの国の形も、なくなりかねない暗い影を落とした。

王国消失

「琉球藩王と為す」

琉球王国は、一九世紀、朝鮮半島から中国大陸、ビルマ、ベトナムを含む東アジアでは独立国として知られ、中国は親、朝鮮は兄、琉球は弟といわれる関係にあった。

一八四八年、六歳で尚泰《しょうたい》が第二尚氏一九代国王となった。琉球王国は清国を宗主としていたから、清国から王位を受ける手続き（冊封）をとらなければならなかった。ところが経済的な事情もあって冊封を受けられなかったので、尚泰は東アジアの国際的秩序の中では国王として認められていなかった。一八六六年に至って、ようやく冊封使を迎え、首里城で慣例どおり冊封の式典を実施、尚泰は王位を受け、やっと国際的に国王として認められた。

冊封が遅れたのには清国側の事情も原因の一つだった。清国がイギリスとのアヘン戦争に敗れ、多額の賠償金の原資を国民からの税に求め、国民の不満が広がり、洪秀全《こうしゅうぜん》が太平天国建国宣言するなど混乱していたからである。

アヘン戦争に敗れた中国は、イギリスに香港を割譲し、上海、広州を開港し、関税を免除する特権を与え、フランス、アメリカとも同じ内容の通商協定を結んだ。清朝はもはや西欧列強と対等の立場に立って交渉する力を失っていた。清国の東洋の盟主としての地位には陰りが見え始めていた。この陰りが、琉球王国の独立国としての地位も不安定にしていた。

西欧列強の目は琉球に向いた。一七八一年、冊封副使・徐葆光の『中山伝信録』がフランス語に翻訳され、パリで出版されたのに続いて、英国船のプロヴィデンス号船長ブロートンの『北太平洋記』がロンドンで出版、ライラ号艦長バジル・ホールの航海記がロンドンで出版と、琉球についての関心が高まっていた。

日本帝国は西欧列強の琉球への関心を危惧した。西欧列強が琉球王国と租借契約を締結し、軍事基地でも置いたら日本の安全は保てない。琉球を西欧に渡すわけにはいかなかった。日本帝国は、琉球はもともと我が国の領土であると主張した。

清国は宗主権に固執し、日本が琉球を自国領とすることを喜ばない、東アジアの秩序を持ち出して反対するに違いないと読んだ日本帝国は、琉球国王を藩王とし、後に領土を併呑することとした。

一八七二（明治五）年一〇月一五日、日本帝国は琉球国王を日本帝国の藩王とした。明治天皇が琉球国王尚泰に発した詔書には、

「今琉球近ク南服ニ在リ、（中略）薩摩藩附庸ノ藩タリ、（中略）尚泰能ク勤誠ヲ致ス、宜ク顕

爵ヲ予フヘシ、（中略）琉球藩王ト為シ、叙シテ華族ニ列ス、（中略）朕カ意ヲ体シテ永ク皇室ニ輔タレ（後略）」

とあった。

この詔書は、明治維新慶賀のため国王の名代として上京した琉球王国の伊江《いえ》王子・宜野湾《ぎのわん》親方に渡された。詔書を受けた宜野湾が、「いにしえの人にまさりて嬉しきはこの大御代に逢えるなりけり」と手放しで詔書を礼賛したのは、今後は薩摩の支配を受けずに済む、日本国のもとで国の独立を保持できたと考えていたからであろう。現に琉球は、その後日本帝国に対し、薩摩に奪い取られた奄美大島諸島の返還を願って領土の保全を図ろうとした。

詔書を出した二年後、日本帝国は外務省官吏・伊地知貞馨《いじちさだか》を派遣し、琉球全域に日本国旗掲揚を求め、琉球王国の外交権を奪い、外国と締結した条約正本提出を命じた。

琉球は、日本帝国は琉球王国の独立を認め、国王を藩王と呼ぶことだけと認識していた。だが、琉球王国を廃したのだと知り、驚いた。琉球王国は、他国の国旗を国内に掲揚しない、条約正本を他国に渡すことはできないとして命令を拒否した。

詔書には「薩摩藩附庸の藩」とか「琉球藩王と為す」とあるが、「琉球王国を廃止して琉球藩を置く」という文言はない。このため琉球王国は依然として独立国として存在し、琉球国王もいる。

もし琉球王国を廃し藩王を任命するのなら冊封である。冊封はまず琉球が要請し、日本がこれに応じ、冊封使を送るのが国際的に承認された手続きである。

上京した琉球使節に冊封詔書を交付して持ち帰らせた「領封」は前例のないもので、冊封でなく、一方的通告であった。琉球国王尚泰から冊封を要請（請封）したわけではなく、日本帝国の冊封使が来琉したわけでもない。藩王となることを受け入れないと、琉球王国側は主張した。

日本帝国は、国王（藩王）が輔となり藩屏《はんぺい》となることは、領土も日本帝国のものとなると、琉球国の主張を撥《は》ねた。日本帝国は話し合いを行うからと、琉球王国代表の上京を下命した。琉球王国は与那原良傑《よなばるりょうけつ》を代表とした数名の官吏を上京させた。

そんな折、日本帝国は琉球に漂着した外国人送還を日本帝国名で行った。琉球王国は三司官・浦添朝昭《うらそえちょうしょう》を上京させ、外交権侵害である、今後日本帝国名での漂流民送還中止を要請したが、副島種臣外務卿は聞く耳を持たなかった。

日本帝国の命令を無視して、琉球王国はそのころ起きた琉球人遭難事件で、遭難琉球人を救助・送還したことに対して、国王名で清国に感謝状を送り、台湾府の官員にも謝礼金「銀三百両」を贈る国際的礼譲にのっとった処理を行った。

遭難というのは一八七一年一二月一七日、六九人乗りの宮古島船が暴風のため台湾東南に漂着し、上陸の際に溺死した三人を除き、六六人が上陸したところ、原住民に五四人が殺害された。逃走して生き残った一二人の琉球人は、現地の清国官吏に保護され、福州の琉球館へ送り届けられた後、翌七二年七月一二日、七ヵ月ぶりに那覇へ帰還した。

浦添は、副島が特命全権大使として中国天津に渡り、清国代表の李鴻章《りこうしょう》と日清修好条規、通商章程修正問題を協議し、その中で琉球王国を日本帝国領とする交渉を進めている情報を得た。そこで浦添は、副島外務卿に、琉球国の意向も聞かず、頭越しに清国との交渉を行うことの不当、違法と主張して、琉球王国併呑の行動中止を要請した。副島は清国との間で琉球の帰属について交渉した事実はない、清国との会議は遭難した琉球人のことだったと弁明した。副島が言った琉球人の遭難とは、以上の事件のことだった。

浦添は副島の弁明に納得しなかった。浦添は、琉球王国は清国との関係を維持しなければ国家として存立できない立場を訴え、日本の一藩とされては困ると主張、副島は「琉球の国体、政体は永久に変更せず、これまでどおりだから心配することはない」と約束した。一八七四（明治七）年三月二七日、摂政・三司官と外務大丞六等出仕・伊地知との間で、「国体政体永久に相替わらず、かつ清国交通向きもやはりこれまでのとおり」との確認文書が取り交わされた。琉球王国は鬼の首を取ったように喜んだ。

副島が確認文書を作った裏には、このころ、琉球王国は財政破綻し、政治は混乱の極みにあり、独立国として立ち行かない状況である、そんな国を取っても重荷になるだけだ、琉球にあるのは砂糖だけ、砂糖は台湾から取ればよい、どうせ金に困って泣きついてくるに違いない、その段階で日本帝国の一部とすればよい、といった考えがあった。日本帝国はすでに台湾進攻を決めていて、そこを植民地化するプランもできていた。

当時、征台論と、それを承認した朝議があった。征台論は大久保利通から提案された。廃藩によって約一五〇万人の武士が職を失った。武士は士族となったものの、収入は激減した。政府は華族、士族への支払いのため、収入の三分の一ないし四分の一を支出する羽目になった。その支出に困り、士族に一時金を支給して禄の請求権を放棄させる家禄奉還の規則を定めた。約三分の一が一時金を受けて禄を捨てたが、それでも政府の財政状況は改善しなかった。やむなく華族、士族に公債を与えて、それを三〇年で完済する制度を導入した。

「琉球人は日本人である」

士族はもともと手に職はない。転業して生計の道を開くことには困難が伴った。転業して成功する者は一握りの者で、多くは没落していった。政府は没落士族救済のため官有地払い下げ、授産資金の貸与もしたが、その恩恵を利用して生計を立て直したのはわずかだった。大久保は没落士族救済のため、台湾出兵を思い立った。大久保は不平士族の雄心転回の道として台湾進攻を提案、朝議はこれを決めた。

士族の窮状は政府に対する不平不満を生み、韓国に新天地を求める征韓論も生まれた。征韓論に敗れた肥前藩士・江藤新平が反乱を起こした。熊本では不平士族二〇〇人余が鎮台に放火し、政府軍人を殺傷する事件が起き、その後、旧秋月藩士四〇〇人が反乱を起こし、その二日後は萩で約二〇〇人の士族が県庁を襲撃する事件も起きた。

その後、西郷隆盛が一万五〇〇〇人の士族の大軍を率いて熊本鎮台へ攻撃をかける西南戦争が起きた。これらの背景があったから、征台は政府にとって士族救済の重要な策だった。

そんな折、琉球住民遭難事件が起きた。副島はこの事件を征台と琉球併呑の口実として使う決意をした。琉球人を殺した生蕃《せいばん》（台湾先住民）は米国人を殺したことがあった。その事件での米国の抗議に対し、清国は生蕃は清国の手に負えない化外《けがい》（王権の及ばないところ）の民だとして責任を回避した。そのため米国が生蕃に攻撃を加え、報復した。副島はそれを知っていた。抗議すれば清は同じ態度をとる、清が台湾は化外の地と言えば、清国に気兼ねなく生蕃攻撃が実現すると考えた。実際、後の交渉の中で、日本帝国は、台湾の生蕃が日本公民琉球人を虐殺したことに抗議し、清国の責任を追及した。

もっとも清国は、「生蕃が暴殺せしは琉球国民にして未だ貴国人なるを聞かず」と、琉球人は「日本国民」ではないとして、日本帝国の主張に反論した。

反論されて日本帝国は、前年三月、台湾へ漂着した我小田県下備中浅江郡ノ住民佐藤利八等四名が土人に衣類器財を掠奪された事件を加えて清国の責任を追及した。清国は佐藤利八等が日本国民であることは認めたが、台湾の「生蕃」は「化外の民」で、清国に何の責任もないといった。

琉球国民の帰属についての争いは残ったが、清国から生蕃は「化外の民」発言を引き出すことができた、これで日本は生蕃に報復を加える十分な理由を得たとして、日本帝国は翌一八七四年二月の閣議において台湾出兵を決定し、同年四月六日、征台の布告を出した。出兵は、表向きは生蕃への報復だが、実は士族救済だった。台湾は化外の民の地、どの国の領土でもない無主物、だから奪い取って、そこへ士族を移すとソロバンをはじいた。

英米政府が、日本帝国の台湾進攻布告を非難した。これに驚いて日本帝国は出兵中止を決定した。大久保利通は長崎に急行し、出発準備をしていた西郷従道に出兵中止の方針を伝えた。英米の台湾進攻に対する抗議があり、征台は日本にとって危険な賭けだった。

当時、英米の軍事力は、日本のそれとは比較にならないほど強大だった。英米が日本の台湾進攻を口実に、日本に攻撃を仕掛ければ日本の敗北は免れなかった。

大久保、西郷との間で、台湾進攻は西郷が日本国の命令を無視して強行したことにした。つまり西郷の独断とした。英米から強硬な抗議に出てきたときには西郷が責任を取るシナリオが作られていたに違いない。西郷は出兵を決行し、台湾へ上陸、牡丹社などの「蕃地」掃討作戦を展開して、六月三日には先住民居住地区をほぼ平定した。

日本帝国は清国と征台問題の交渉に入った。大久保全権は、台湾は清国に属さない無主の地域だし、生蕃が殺害した琉球人は日本国民であるから、日本帝国の台湾遠征には正当な理由があると主張、一方、清国は日本帝国の主張にいずれも反論した。

大久保全権は談判決裂を宣言し席を蹴った。英国公使が仲介に入った。日清戦争勃発による、英国と清国との通商への影響を心配したからである。その結果、日清間で、清国は日本帝国生蕃征伐の正当性を認める、生蕃に殺された遺族へ見舞い金を払い、日本帝国が現地に建設した砦を買い取る、その支払い（五十万両）が済んだ段階で日本軍は撤退するとの協定が成立した。

日清間の協定には、琉球帰属問題解決と士族救済に直結する条項はない。しかし清国に、台湾が化外の民、その地が化外の地、つまりどの国にも属さない無主物と認めさせたことは、後に台湾を進攻する正当な理由となった。現に日本は朝鮮に進攻し、日清戦争を起こし、それに勝利して台湾を取得している。また琉球国民を殺した生蕃を征伐して復讐したのだから、琉球に恩を売ったことにもなる。

日本帝国は琉球王国に、「台湾の〈蕃地〉は西郷指揮下の日本帝国軍によって平定された。遭難者の遺族たちは現地で慰霊祭を行いたいはずであるから、船を用意する、長崎の蕃地事務局出張所へ参加を申し出るように」と通告した。琉球王国は「台湾出兵だけでも清国との関係を悪くしているのに、遭難者の遺族が日本帝国の軍艦に乗って台湾へ出かけ慰霊祭を行えば、清国との関係はさらに悪化する。慰霊祭には参加しない」と回答した。琉球人参加の慰霊祭は行われなかった。

日本帝国は琉球王国に、台湾事件決着の謝恩のための尚泰の上京、遭難琉球人遺族への「撫恤《ぶじゅつ》米」の交付を通告した。同時に蒸気船下賜、鎮台支営設置、日本内地の府県制に準ずる改革を下命した。

琉球王国は、「我が国は外国に対して兵を備えず礼を以って対話を尽くして平和を維持してきたのに、鎮台支営を設置すればかえって外国から武力で侵略されるおそれがあるだけでなく、国内に不安が広がり、清国に対しても信義を失うことになるので、設置をお断りしたい、また改革は、副島前外務卿が『国体政体永久に変更せず』と約束したのだから内政干渉である、『藩王』尚泰が上京して謝恩すれば、台湾出兵が琉球のためだったとの誤った考えが国際的に広がるのでお断りしたい」として命令に従わなかった。

この拒否声明は、現在、沖縄県が日本政府に対し、辺野古拒否理由として述べているところに似ていて興味深い。歴史は繰り返す実感を覚える。

琉球王国の抵抗

琉球王国の命令不服従に、日本帝国は、臣下の分際で礼を失する言い分である、言うことを聞かなければ力を使ってでも言い分を通すと脅した。琉球王国は力に押されて蒸気船の下賜、「撫恤米」の賜与、鎮台支営の設置を受け入れた。しかし、尚泰上京の命には従わなかった。

征台によって清国を屈服させ、清国が宮古島民の遺族への見舞い金支払いを約したことで、清国が琉球人を日本人と認めたと、日本帝国は強気になった。そして先に琉球王国と取り交わした独立保障の確認文書を反故にしても国際的な反撃はないと考え、一八七四（明治七）年一二月一五日、琉球王国に、琉球藩を廃し沖縄県とするとした。琉球王国は違約に非を鳴らして、通知を無視した。

翌年七月、政府は、内務大丞松田道之を沖縄へ派遣し、清国との関係を断つこと、県内で明治の年号を用いること、日本の法律を施行すること、尚泰は上京することなどを下命した。松田は「今般ノ御達書ハ固ヨリ藩タルノ制ヲ変革スルノ主意ニアラス」、「御達書」を遵奉すれば「藩王」は「自主の権」を行使できると説明した。日本帝国は琉球藩を廃して、沖縄県を置いたのに「藩を廃するのではない、言うことを聞けば藩王は従前どおり権限を行使できる」と言ったのである。

これではまるで廃藩置県の国の通知を取り消すことである。一役人にすぎない松田にそんな権限はない。ところが尚泰は「居ながら危禍を蒙らんよりは寧ろ遵奉して社稷《しゃしょく》を全うするに如かず」とし、松田の「説得」を日本帝国の意向として受けて遵奉を決意した。つまり「政体不変」の松田の説明を信じて遵奉派になっていた。この判断も不思議としかいいようがない。平均的な頭脳の持ち主なら「松田がそう言っても」と思い、「念のため天皇の詔書をいただけませんか」くらいの要求はする。松田も松田なら尚泰も尚泰である。松田は、職務を遂行するには口から出まかせを言ってもよいと考え、尚泰は、松田が形だけでも本領安堵と言ってくれれば、上京の理由ができると考えていたのだろう。このその場しのぎの方便が悪い事態を招いた。琉球世論が、日本帝国の要求を遵奉する遵奉派と、遵奉反対派に分かれるもとになったのである。

日本の世論は、琉球側の抵抗＝救国運動を頑迷だと批判する論調が大勢を占めた。一八七九（明治一二）年一月一〇日付の『朝野新聞』は、在日琉球使節の救国運動に対して、「甚だしい哉、琉奴の我が日本帝国を蔑視するや」「琉奴討つべし」と公然と無礼討ち論を展開した。この論調も、最近のある作家や新聞記者の沖縄非難の言動に似ている。

他方、清国・上海の『申報』や香港の『循環日報』などは琉球の「所属」の諸問題を逐一報道、琉球を清国の「専属」と見る立場から日本側の「干渉」を批判する論調が主流であった。「廃琉処分」が現実となり日清関係の緊迫のニュースが相次ぐ中で、清国側のメディアの論評は対決論と和好論の間を微妙に揺れ動いた。『申報』同年五月三一日付は、「琉球はこれまで清国に服属していたのに、このたび日本に滅ぼされたとなれば、必ず援軍を派遣して日本と争うべきだが、内外情勢を考慮すれば対外戦争を『高言』すべきではない」と書いた。

欧米側メディアは、「日清両属」の琉球を清国の主張を無視して「処分」したのは国際公法に違反すると、廃琉処分の不当性を強調する論調と、違法ではあるが内政上の問題と、廃琉処分を黙認する論調に分かれた。

日本帝国は琉球王国の抵抗を押し切って内務省出張所に司法、警察権を取り扱わせた。裁判・警察事務の接収、熊本鎮台分遣隊（二五人）の那覇駐屯、琉球人の清国渡航制限等の措置を取った。琉球住民の清国渡航に出張所の許可を要することにした。この強権的な措置に駐日清国公使が何度も抗議した。

一八七九（明治一二）年一月一三日、英国公使は寺島宗則外務卿に、「琉球は独立国である。軍備を持たない平和国家で、道理をもって対外関係を保っている。それを力づくで併呑しようとするのは違法なもので国際秩序を乱す。日清両国の保護のもとの琉球独立という琉球、清国の主張を支持する」と通告した。そのうえで米国も同じ意見であると付け加えた。

そして、「①琉球は日清の「両属地」とみなされる、②松田を琉球へ派遣したのは何故か、③琉球人を東京から退去させるのはどういうわけか」などと質問した。日本帝国は国際的に孤立するおそれが出ていた。

これらの抗議は、在日琉球人が在京の各国大使館に助けを求め、あるいは国内に琉球シンパを増やす運動を始めた結果だった。日本帝国は「琉球処分」に対する駐日外国大使のたび重なる抗議と日本批判に手を焼き、琉球人の運動によって国際的批判が高まることをおそれ、在日琉球人の外国公館との接触を禁止した。そして在日琉球人に対し退去命令を出した。このへんの活動が、現在の翁長知事の渡米、国連への働きかけに似ている。

琉球住民は遵奉、反遵奉に二分して対立し、相互に非難し合う状態が続いていたが、遵奉を表明した国王が、沈黙を守り、どちらにも加担せず琉球に留まっていたことから、対立が沈静し、琉球王国は従前どおり国務を行っていた。

日本帝国は外国の非難を無視して一八七九（明治一二）年三月二七日、松田を指揮官として警官隊一六〇、歩兵大隊四〇〇人に首里城へ乗り込ませ、廃藩置県の決定を琉球王国に手渡した。琉球王国は取り消しを要請した。松田は要請を即座に却下、力を用いて尚泰と家族、官吏を首里城から退去させた。その六日後の四月四日、日本帝国はあらためて琉球藩を廃し沖縄県とする布告を出した。

開城を果たして松田は王尚泰に、沖縄県の命令に従えとの布令を出せと強要した。王は逆に、国民が一体となって日本国の命令を拒絶し、清国の援兵を待とうと方針を決定し、不服従の態度を取った。

琉球の指導層は、琉球は日本とは異なる、琉球王国を廃されたのでは、たとえどのような物質的恩恵を受けたとしても、精神的安定は得られず、苦痛が増すばかりである、琉球王国を復活させていただきたいと、尚泰に請願した。この請願書には、旧三司官から那覇・泊・首里・久米村の士族代表に至る五三人の指導的人物が連署し、遵奉派とされた者もそれに加わった。

日本帝国は那覇市に沖縄県庁を開設し、ただちに琉球王国の事務引き継ぎを始めた。しかし、琉球王国は事務を引き継がなかった。沖縄県に協力する者は一人もいなかった。王府の役人は、従前どおり王の居所、中城御殿に出勤し仕事を続けた。主立った士族が、沖縄県への一切の協力をしない誓いを書いた連判状を作った。

農民は、日本帝国が薩摩を追い出して、自分たちの窮状を救ってくれたと思って期待を寄せていた。沖縄県は過酷な税の取り立てを行わないといっていたから、好感を持ってはいた。しかし農民に協力する能力はまったくなく、県は旧支配層に協力を求めるしかなかった。

沖縄県は「従前どおり県で働いてくれ」「これまで王府で働いた給与を払う」と、王府役人の説得を試みたが、協力する者はいなかった。彼らは王府で働いていたが、無報酬だった。

業を煮やした日本帝国は、三司官を含めた旧王府役人一〇〇人余を逮捕、留置した。容疑は内乱罪だった。取り調べは拷問を伴う過酷なもので、苦痛に耐えかねた被疑者らは、今後は県に協力する旨の誓約書を提出した。協力を約束したので彼らは釈放され、処罰されなかった。しかし釈放された後、被疑者らは沖縄県へ協力しなかった。相変わらず王府への出仕、そこでの事務を執った。

日本帝国はこの面従腹背の状態をとがめることができなかった。とがめて内乱が起き、その鎮圧を口実に、西欧列強が軍を派遣するのを恐れたからである。西欧列強は隙あらば日本を攻め取る気でいた。日本帝国は西欧列強に抗する力はまだなかった。

日本人に琉球語はわからない。赴任した日本人は通訳を介さなくては仕事ができない。風俗習慣の違いも業務の支障となった。そのうえ数百年にわたって琉球王国の法、制度の下で行政が行われていて、いきなりそれを廃止できない。沖縄県民に日本の法、制度を徹底するには時間が必要だった。県は、琉球王府時代の慣行を認め、旧慣温存で、行政を進めざるを得なかった。県は王府の役人に、「あなた方の法制度の下に、従前どおりの行政運営をしてください」と頼むことになった。

旧慣温存のあおりを食ったのは農民だった。沖縄県は、いったんは農民の未納の年貢を免除したが、危急時のために必要として年貢を徴収しだした。年貢以外の税の徴収も従来どおり続けた。農民に対する免税措置の恩恵はなくなった。

当時の農民の生活について、第二代沖縄県令（知事）上杉茂憲は、「農民の家はたいてい二〜三間角の小屋で、四方の壁は茅と竹で、軒は地面からようやく三〜四尺の高さ、ほとんど床というものもない。家族六〜七人が豚や山羊といっしょに住み、蚊や虻にも刺されるまま、芋を食い、着物は粗末で、雨に濡れ、日にさらされ、はきものもなく、家にひきこもって、ただときどき、泡盛を飲むのがこの上ない楽しみである。教育にいたっては、字一つ読めず、自分の姓名すら書けない。法令や達示がどうなっているのかも、もちろん知らない。めいめいの負担する税額も知らず、ただ村役人のいうがままに銭や米、粟を納めるだけ。よその国を見たこともないから、世間にはもっとよい生活ができる国もあることを知らない。みじめな生活をしていて、それで自分のみじめさがわからない」と、書いている。

上杉県令は沖縄、特に農村の疲弊を憂い、何度も政府に改革の提案をした。農民の救済には金が要る。金を作るには旧支配層への支払いを減らすしかない。そうすると旧支配階級との軋轢が生まれる。軋轢は行政を沈滞させる。

日本帝国は上杉の提言を入れずに彼を解任し、後任に薩摩出身の岩村通俊を任命した。岩村は前例を踏襲し、農民の窮状には興味を示さなかった。その後任、薩摩出身の大迫貞清は岩村の後を忠実に守った。彼らが農民の窮状を見て見ぬふりをしたのは、放っておいても、農民は無知、無能で騒動を起こす心配はないと考えていたからである。

復国運動

琉球藩を廃して沖縄県としたことに対し、反対運動が起きた。

琉球王国は幸地親方《こうちウェーカタ》、伊計親雲上《いけいペーチン》、名城里之子親雲上《なしろサトゥヌシ》を清国に密航させた。まず、伊計親雲上らが天津へ入り、李鴻章に面会して琉球の現状を訴え、救援を要請した。続いて幸地親方が天津へ入り、李鴻章へ請願書を提出した。その後、二人とも北京へ移動、清国政府に直接請願を行った。

駐日清国公使・何如璋《かじょしょう》は、日本帝国外務省へ廃琉処分に対する抗議文を提出した。清国政府は在北京日本公使館駐清公使の宍戸璣に、日本帝国外務卿あての抗議文を二度にわたって手交した。

その中で、琉球王国は日・清両国に服属するが独立国である、日本が清国の主張を無視して琉球王国を併呑するのは日清修好条規第一款に違反する行為であるなどを指摘したうえで、廃琉処分の撤回を要請した。そして「中国と貴国は実に唇歯相依るの勢いあり。区々たる琉球、なんぞ軽重に関わらんや。必ず此れに因りて邦交を失うに至るは、また殊に計に非ざるなり」と、現代流に言えば戦略的互恵関係を強調して、日清条約の枠内で琉球問題を解決する意思を表明した。

清国側の要請と抗議に対して寺島外務卿は、琉球が日本領である証拠として、薩摩の琉球侵攻の際の「法章一五条」「尚寧誓文」「三司官誓文」を出し、三〇〇年余にわたる実効支配の実績を挙げ、琉球は日本帝国に所属すると主張、清国側の抗議、要請に対しては、琉球が独立国であれば清国の属国ではなく、清国の属国であれば独立国ではないと反論した。

清国は法章一五条、尚寧誓文、三司官誓文は捕虜として抑留した者に書かせたものだし、実効支配といっても搾取以外、見るべき支配はないと反論した。結局、清国と日本帝国は、条約内で琉球帰属を解決することとなった。

清国から琉球問題の調停を頼まれていた米国前大統領グラントは、日本側には、先島（宮古・八重山）を清国領とし沖縄島以北を日本領とする二分割案を提示し、駐日清国公使の何如璋には、沖縄島に琉球王国を復活させ、宮古、八重山の先島諸島を清国へ、奄美諸島を日本へ帰属させるという三分割案を提示し、それぞれの意向を打診したとされる。

日清両国はグラントの二分割案を基にして条約締結を進めた。清国は二分割案を受け入れ、宮古・八重山の先島に琉球王国を残すこととしたが、その条件として尚泰一族の引き渡しを要求した。日本帝国は尚泰一族の引き渡し要求を拒否し、王家の一族、向徳宏《しょうとくこう》を王にすればよいと主張した。清国は天津の李鴻章のもとに匿《かくま》われている向徳宏を王とすることにした。清国の総理衙門《そうりがもん》は、天津の李鴻章に「琉球条約擬稿」の内容を話し、向徳宏の意向打診を頼んだ。

清国側代表団の沈桂芬《しんけいふん》らは、日本帝国の提案をベースとして条文化した琉球条約擬稿を提示した。それには「沖縄島以北は大日本国の管理に属する、宮古八重山の二島は大清国の管轄に属し、以て両国の疆界を清くす」と規定されていた。日本帝国全権の宍戸らは、それを受け入れた。そして一〇日後に調印、三ヵ月以内に批准書を交換することを合意し、「琉球分割条約」は調印を待つばかりとなった。

ところが李鴻章の説得に向徳宏は即位を拒否しただけでなく、琉球の二分割は受け入れるべきでないと泣いて訴えた。心を動かされた李鴻章は、書簡で総理衙門に向徳宏固辞を伝え、その後長文の上奏文に向徳宏の意見、意思を伝え、先島に琉球国を残すことは不可能であると書いて、総理衙門へ条約調印延期を要請した。しかし、この書簡が総理衙門へ届いたのは一八八〇年一〇月二一日、条約調印が終わった後であった。

北京在住の名城ら琉球人グループは、日清交渉の最中「分割は琉球滅亡と同じだから断固反対する」との請願書を清国に提出していた。条約調印を知った一一月一八日にあらためて再交渉を要請する請願書を提出した。その二日後の一一月二〇日、名城は自決した。

名城は同志たちへ、「調印されてしまえばどんなに請願しても無駄になる、調印以前に命を賭けての請願書を作成したが、作成した請願書が事態の挽回に役立つのであれば提出していただきたい、ただもし同志諸君に迷惑が及ぶようであれば提出しなくても構わない」と書き残した。

名城は那覇市久米村出身で、北京の国子監に留学した。帰国後、国学大師匠、世子尚典の講師に任命された。亡命琉球人グループの中では最も儒学の素養を身につけていて、得意の漢学の資質を生かして請願書を作成した。名城は同志らとの連名で総理衙門に提出した請願書で「国を失う罪は万死に値する」と書いた。自殺の理由は条約締結への抗議であったとされた。名城に対して清国は白銀二百両を下賜し、亡骸《なきがら》を琉球使節の墓地、北京郊外の張家湾に葬った。

名城の自決は清国を動かした。交渉妥結後可否論争が起き、その決着がつかないまま持ち越されることとなる。清国は条約署名の翌年三月三日、日清交渉で妥結した条約は琉球復国の条件を満たしていないので再交渉すべきだと結論、再交渉をするとして琉球分割条約を破棄した。

清国、琉球王国の主張を無に帰す動きが朝鮮半島で始まっていた。朝鮮をめぐる日清両国の対立を日清戦争へ爆発させた事件は、南朝鮮一帯を席巻した東学党の乱である。朝鮮政府は独力では乱を鎮圧できなかった。そこで清国駐韓商務総辯・袁世凱《えんせいがい》を通じて清国に出兵を要請した。

朝鮮政府が清国に援兵を要請した情報に接すると、日本帝国は清国の内政干渉をとがめ、閣議で朝鮮出兵を議決し、天皇の承認を得た。日本帝国陸軍は成歓《ソンファン》に聶士成《じょうしせい》軍を敗走させた。日本帝国海軍は豊島沖で清国艦隊を奇襲して破った。その後、日本帝国は清国に対し宣戦布告した。日本軍は平壌周辺の戦闘で、李鴻章の北洋陸軍も壊滅した。日本帝国海軍は黄海海戦で決定的勝利を得、制海権を掌握した。

日清戦争は、清国の朝鮮に対する宗主権を奪う戦いであったから、戦いの帰趨は清国と琉球との関係にも影響を与える。日清戦争が起きると、琉球王国では清国の南洋艦隊が沖縄を襲撃する噂が流れ、日本帝国官吏や商人が武装し、家族を郷里に避難させる騒ぎも起きた。

日清両国全権により講和条約（下関条約）が調印された。講和条件はすべて日本の要求を入れたもので、第一条、朝鮮の完全独立を確認する（清国は宗主権を失った）。第二条、奉天省南部・遼東半島・台湾・澎湖島の割譲（台湾を得た）。第四条、清国は軍費賠償金として二億両を支払う。第六条、欧米各国と同等の通商上特権、すなわち片務的最恵国待遇の承認、沙市・重慶・蘇州・杭州四港の開港、宣昌より重慶までおよび上海より蘇州・杭州までの日本国汽船航路の拡張、清国開港場における製造業経営権の獲得、通商航海条約の締結予約——というものであった。

この勝利によって日本帝国は念願どおり、晴れて西欧列強の一員となり、巨額の賠償金は、日本経済に利益を与えた。また下関条約と翌年の日清通商航海条約調印によって、清国に対して西欧列強と同じ特権を享有することとなった。

日本帝国の勝利によって琉球王国の帰属問題もなくなった。台湾と朝鮮を植民地にし、西欧列強の仲間としての地位を固めた。

国を捨てる

沖縄県ができて二〇年近い年月が流れた。日本帝国は清国との戦いに勝利した結果、それまでくすぶっていた琉球王国の帰属問題がなくなり、沖縄県民の意識も沖縄県容認へと変わらざるを得なくなった。日本帝国と大英帝国との間で日英通商航海条約が締結され、その後順次西欧列強との間で同じ内容の条約が結ばれた。これらの条約はすべて発効した。

条約には治外法権を撤廃する条項が含まれていた。治外法権とは、日本帝国に住む外国人に、日本の法律が適用されない特権を持つ取り決めのことだった。現在、沖縄県で発生する米軍人の犯罪のうち、公務中に起きたことが理由で日本の法律が適用されないことが、日米地位協定で定められている。これが治外法権である。犯罪を犯した米軍人の取り調べに制約があるのも、治外法権の考え方に基づくものといっていい。治外法権の撤廃によって、日本帝国は初めて日本に在住する人すべてに自国の法律を適用する近代先進国の地位を得たことになった。すべての懸案を解決したことが、日本帝国に、沖縄県に他県と同じ法制度を施行する決意をさせた。

土地整理法が制定された。それまで王府のものだった農地が農民に払い下げられた。ところが農民には土地が私有となる意味がわからなかった。農民には「所有」の知識、経験がなかった。六〇〇年もの間、土地は王府のもので、それを使っていた。「これからは土地は君たちのものになる」と言われても意味がわからない。

「国の悪巧みに違いない」と、警戒心が起きた。そんな懸念に輪をかけたのが、私有地には地租、税金がかかることだった。「それ見たことか、土地所有は税金を取るためなのだ」とますます警戒心を強め、土地の所有を断る者が続出した。土地から生まれる収穫はすべて自分のものになる、税金もこれまでより安くなる、土地を持っていれば、それを担保に金を借りることもできるなどがわかり、土地を持ってもいいと考えるのに時間がかかった。自分の土地の土質改良をし、肥料を使って生産を増やし、その結果、収入が増える——そうした実感を持つにはさらに長い時間がかかった。

農民の生活は決して楽にならなかった。換金作物は甘蔗（サトウキビ）だけだったから、収入を増やすため甘蔗作付け面積を増やした。そのため肥料代などの前借りをした。生産が増えても砂糖商への借金（これを砂糖前代といった）が差し引かれ、ふところにはわずかな金しか残らなかった。出費に迫られると、農家は砂糖前代を借りる。砂糖前代に頼ると収入が減る。収入が減ると、砂糖前代を借りる、この悪循環を繰り返し、農家の生活は困窮していった。

砂糖消費税の施行によって黒糖へも課税されることになった。消費税は消費者の負担ということが建前であったが、黒糖の場合は消費税は生産者が負担させられた。そのために農家の受けた打撃は大きかった。この農民の苦境をよそに、本土の問屋は砂糖景気によって太っていった。

甘藷（サツマイモ）は日々の食料として、欠かすわけにはいかないものであったが、大旱魃があって甘藷も穫れなくなった。甘藷不作の被害が農家の生活に与えた影響は甚大だった。

県当局の査定によると、甘藷の生産高は住民の食を、島尻《しまじり》郡一八三日、中頭《なかがみ》郡九一日、国頭郡二三一日、宮古郡二三日、八重山郡一七六日しか支えきれない、さらに悪かったのは喜屋武《きゃん》間切の七日分、摩文仁《まぶに》間切の九日分、勝連の一九日分だった。

農家も食料を購入せざるを得なくなった。県当局の調査によると、食料購入の必要に迫られている戸数は、島尻郡七一％、中頭郡七五％、国頭郡四二％、宮古郡四五％、八重山郡三七％。全体で支出した食料購入代金が一七万四二八八円余となったと見積もっている（『琉球新報』明治三七年一二月二一日）。手持ち資金がなくて、食料購入のために農民が借り入れた金額は、全県で約八万円だった。

旱魃の影響で、砂糖の生産高は平年の約五八％に落ち込んだ。四〇％余の減収ということになった。減産と減収のギャップは砂糖相場の騰貴にあった。

新聞は当時の農民の生活を、「多くは方一間（一・八平方メートル）半の茅葺穴屋竹床の家に住み、敷物なく木綿の袷襤褸の寝具が有るだけで、湯のような雑炊や粥をさえ啜れない。一人一日に付平均一銭二三厘程の僅かの食費もなかなか得られず、薪樵り日傭賃で生活しているが、一家一口を糊するさえも困難な有様で家財道具は皆無、借金しなくては生活できない」と報じている。（『琉球新報』明治三八年一月二九日）

負債はかさむばかりだった。負債がかさんでも、地租、税、模合《もあい》等の支出が免除されるわけはなかった。農家の諸支出は変わらなかった。

支払いを延ばせる支出もあったが、模合は支出しなければならなかった。模合は農民十数人が一つの組を作り、それぞれが掛け金を出し、資金の必要な者が落札して融資を受ける、一種の金融制度であった。それは月に一度掛け金を払う仕組みだが、掛け金の額は模合によって違いがあった。ほとんどの農家が模合に加入していた。模合を落札した人は、模合加入者の中から何人かを保証人にした。模合落札者がウクイメー（送り前）の模合金を納めきれないと、保証人が全額弁償せねばならなかった。送り前を払えない落札者が増え、模合の保証人になったものが責任を負わされ、財を失う者も出た。落札して掛け金を払えなくなると、部落に住めなくなることを知っている農民は、どのような無理をしてでも模合金を納めた。そのために借金し、土地を質に入れ、ときには手放さざるを得なかった。

もう食ってはいけない。人々は村を飛び出し夢を追うことになった。

零細な土地に縛りつけられ、分家独立（屋立）しても耕作する土地はなく、若い男女は地主の作男となって住み込みで働くことになる。作男になるとき、女一〇俵、男三〇俵くらいが前借りできた。作男の労働はその前借り（胴代《ドーシル》）の利子とされた。働いても借りた元金は残り、一生作男として生きる者もいた。結婚して他所に住むと、胴代を返済しなければならない。

海外移民は、この胴代を返済し、自由の身になる唯一の方法だった。移民するにも金が必要だった。当時、ハワイに渡航するには、旅費一三〇円、そのほかに上陸時の見せ金も必要だったので、二〇〇円近い金が必要だった。ハワイは自分賄で、月々最下級三〇余円になったが、食費が月々一四、五円もかかった。それに対し、マニラ行きは、旅費は七、八〇円ですみ、賄は雇用主側負担で、月々最下級で三二円にもなった。ハワイに比べ近く、しかも費用があまりかからず、手元に入る金の多いので魅力があった。

ハワイへの移民希望者は金の工面で非常に苦労した。しかし借金してでも千金をつかめる夢が、人々を移民へとひきつけた。そのためには、いくらかの金を持って行かなくてはならなかった。移民斡旋会社は、移民希望者に携帯金の周旋もした。移民会社の斡旋で銀行が融資した。移民は飛びついた。保証人が必要だったが、移民になれば月給が出て、それで借金が払えると皆が思っていたから、保証人を探すのに苦労はなかった。移民は胴代を含めた旅費を借りた。胴代を払い、自由の身になって旅立った。

移民は借りた金の返済を順調に行っていたが、予想しなかったことで保証人に金の苦労をかけることになった。ある移民斡旋会社は銀行と結託した。資産ある二人を保証人に連帯借用金証書を作成させ、銀行に差し入れさせた。移民も同額の借用証書を作成、銀行に渡した。つまり、一つの借金に二枚の証書が作られた。移民は上陸した後、地元銀行で雇用主を保証人にして金を借り、日本の銀行へ払った。そして前に作った借用証書を返してもらった。保証人の作成した連帯借用金証書も、ハワイの借用証書と引き換えに返還する約束だった。ところが銀行は保証人作成の証書を返さなかった。移民となった者は銀行に月々の支払いをした。保証人作成の証書は銀行から移民斡旋会社に渡った。その証書をもとに移民斡旋会社は保証人から金を取った。

「福岡亀蔵が関西銀行より移民の差入たる証書を譲受け飛ぶが如くに我が琉球を目かけて来県したるは一九〇九年の一一月ごろで、着県するや直ちに其の証書より保証人等の住所氏名を調べ葉書を以て其宿所に呼寄せ保証人に向って強制的に百円の契約利息の請求をなしたりしに保証人等は突然の事とて大いに驚き其利息の全部又は半分宛納めて其場は免かれたり其の契約利息は一〇〇円に対し月一割五〇銭の割で一九〇六年の一一月より一九一〇年の一一月迄の分が七、八〇円位にのぼったのである……その後福岡は、東京区裁判所へ貸金請求訴訟をなし欠席裁判を以て勝訴をなせり其れが為め敗訴となりたる保証人は家財まで売り払った者が沢山居る」(『琉球新報』一九一三年四月二一日付)

連帯保証人は移民が月々支払っていることをどうして確認しなかったのだろう？　と今の人は思う。しかし当時、沖縄とハワイは、感覚的にいうと、現在の地球と月の距離だった。沖縄に固定電話さえなかった。連帯保証人が移民に借入金支払いを確認する術はなかった。悪いことに移民は読み書きがほとんどできず、手紙も書けなかった。

支度金の準備ができない者は女工、工員として日本へ渡った。

誤国害民

徹底した日本化教育

沖縄県には甘蔗以外ほとんど見るべき資源はなかったが、人的資源はあった。日本帝国は兵隊が必要だった。

一八九八（明治三一）年、沖縄に徴兵令を施行した。だが、琉球人に兵隊になる気持ちはなかった。徴兵を逃れるため、フィリピン、南洋、ハワイなどの国外に居を移す者が出る一方で、故意に不具になって徴兵検査を受ける徴兵忌避事件が起きた。

国頭郡本部小学校で徴兵検査が行われた。徴兵官の陸軍中佐・国頭郡長・軍医・事務員・取り締まりの警官など、みんな日本人だった。検査を受けた照屋全成の左肘関節が曲がっていた。幼いころ落馬したとのことだった。あやしんだ軍医たちは、いきなり照屋の手を引っぱったところ、照屋は大げさな悲鳴を上げたが、肘は伸びた。軍医は照屋を寝かせ、麻酔薬をかがせて昏睡状態にしておいて左肘を確認、「徴兵忌避のための嘘の不具だ」と診断した。軍医たちのやり方を窓の外で見ていた群衆が、その冷酷無慈悲な検査ぶりに怒り、検査場になだれ込み、軍医たちに暴力をふるった。その結果、本部村桃原の居住人二三人が逮捕、勾留され、裁判の結果、罰金二〇円から懲役五年の刑罰を受けた。その後も徴兵忌避事件は多発し、多くの者が処罰を受けている。

日本帝国は沖縄県民に国防意識を植えつける必要から、在郷軍人会沖縄支部、沖縄警備隊司令部を組織した。この会の目的は、軍人精神で地域社会を啓発し、国民の国防意識を高めることで、そのために軍事訓練なども行った。

国は財政面で在郷軍人会を助けた。在郷軍人会は金を使って派手に戦勝祝賀会を催した。日露戦争に参加し、徴兵満期になった者が在郷軍人会の会員に「弾のトデチャグトゥ　シャガンダヨーヤガテデージナイタン（鉄砲の弾が飛んでできたからしゃがんだよ。もう少しで危ないところだった）」式の方言と日本語を交えた手柄話を披露させ、それがもてはやされるようになった。退役軍人は地域の有名人となった。

沖縄の墓に墓碑はないが、墓の傍に「陸軍上等兵〇〇の墓」などの墓碑が立てられるようになった。墓碑を立てる運動を起こしたのは在郷軍人たちだった。国は戦死者に栄誉を与え、遺族への補償をし、国防意識、軍隊精神が広がるようにした。

日本帝国は国防意識向上のためには琉球人の日本人化が必要と考えた。琉球人の日本語力はなかなか改善しなかった。語彙力の向上を妨げているのは琉球文化だと、県当局は琉球民謡や琉球舞踊を毛嫌いし、琉装や裸足も禁止し、方言を使わせず、沖縄独自の風俗・言語・習慣を外国のものと同等に扱い、程度が低いと蔑視した。日本化教育徹底の過程で琉球語、琉球文化が否定された。

日本文化は正しい日本語から伝わる。その考えを基に教育の場で日本語を励行し方言の使用を禁止した。日本語励行強制手段として方言を使用する者に方言札が付された。木の札に方言札と書かれていた。札の両端に紐がついていた。紐で札を首にかけた。これを付された者は、方言を使った者を見つけてこれを渡した。沖縄県立第一中学校では、方言札を付されたことが学業の減点理由となって多数の落第者が出た。このことで行き過ぎた罰への非難が出た。それでもこの札は多くの学校で使われた。

徹底した日本化教育の結果、沖縄県民の標準語能力は飛躍的に向上し、生活も日本式となった。第二次世界大戦の際、九州各県の田舎に疎開した沖縄学童たちの標準語は九州の学童のそれよりも秀でていたし、生活様式も日本内地の都会のそれと同じだったから、スマートすぎて疎開先にはそぐわないものだったという。

沖縄からの疎開者のうち、昔のままの琉装をしている老婆などは、どこでもいろいろ取り沙汰されたが、中年以下の婦人や子供たちは、本土の都会の装いとなんら変わらず、南洋あたりの人を連想していた人たちには、立派すぎるくらいに映ったそうである。

授業中に、一人の学童が、「先生、標準語で話してください」と申し出ると、他の沖縄学童もこれに呼応した。沖縄では標準語を使うことが慣行となっていたからである。校長は職員会議を開いて、今後授業中に方言を使わないことを申し合わせたこともあったという。

小学校の教科書に忠君愛国、神国思想が入った。天皇は陸海軍の大元帥として兵馬の権を握って、百官を率いて統治する、日本の国は神々のつくったもので、天皇は最高の神である天照大神の子孫であり、現人神《あらひとがみ》（生きている神）であり、国民は天皇の赤子《せきし》（子供）である。だから天皇のために命を捧げることが最高の道徳であると。そういう教育を国民に徹底させた。神である天皇と国家に奉仕しない者は、非国民とした。全国の学校には、神である天皇の御真影（写真）を飾って拝むようにし、民主主義は国家に反逆する危険思想とされた。

日本各地は旧封建体制の影響が色濃く残っていた。天皇親政の思想を受け入れても、天皇と住民の間に旧領主が残っていて、まず領主に忠誠、それから天皇という形があって、徹底した皇民化教育は行われなかった。そのため沖縄以外の他府県では、皇民化教育は間接的だった。沖縄では、旧領主は沖縄におらず、王国は完全につぶれ、忠誠を誓う者はなく、直接的に天皇に忠誠を誓う皇民化教育があった。

女学校では薙刀《なぎなた》が正科となり、中学生は陸軍色の巻脚絆《まききゃはん》で登校、上級生には軍隊式の敬礼を強制し、軍事教練を指導する配属将校が校長以上の発言力を持つなど、軍国色が濃くなり、国防競技という競技も発明され、国民体育大会の種目となって、障害物競走で沖縄県立三中が全国一位、同二中が二位になった。

こうした教育のもとで育った大正末から昭和初めに生まれた琉球人は、のちに大宅壮一をして「動物的忠誠心の持ち主」といわせ、忠臣として立派な人的資源に育った。

本土防衛線

日本帝国が米国に対し宣戦布告して数ヵ月、戦況は日本に有利に展開したが、ミッドウェイ海戦で日本帝国海軍が敗北してから、戦況は一気に不利となった。制海権、制空権を米国に奪われ、完全な守勢に回り、日本本土防衛のためマリアナ諸島、カロリン諸島、西ニューギニアに絶対的国防圏を設定した。

一九四四（昭和一九）年二月、国防圏のトラック諸島に米軍空襲が始まった。トラック諸島在住の邦人は、避難船「赤城丸」で島を離れようとしたが、米軍機の攻撃を受けて撃沈され、約五〇〇人が犠牲となった。サイパンを離れた「亜米利加丸」も米軍に撃沈され、約五〇〇人が命を失った。在住邦人は島を抜け出すことができなくなった。島に残って身を護るしかない。サイパン在住の邦人は、避難壕の建造に忙しい毎日を送るようになった。サイパン島空襲が始まり、市街地のほとんどが文字どおり焦土と化し、邦人を含む住民は着のみ着のまま島の北へ逃げた。米軍艦はサイパン島を包囲し、日本軍基地へ継続的に艦砲射撃を加えた。米軍はサイパン島に上陸した。住人は米軍に追われて北へ北へと逃げた。その先には海しかないサイパン島北端のマッピ岬まで来て、邦人は一〇メートル下の海に投身自決した。投身に際し声を上げた。その声が米兵には「万歳」と聞こえたのだろう。岬を、米兵たちは「バンザイクリフ」と呼んだ。

戦陣訓では「生きて虜囚の辱めを受けるべからず」とされているが、これは軍人の守るべき法である。この法は生きて捕らえられると、秘密を口外する、敵の戦力に組み込まれることが起きるので、生きて捕らえられるのを禁じたものである。非戦闘員には戦陣訓を強制する意味はない。しかし軍は、非戦闘員に、「米兵に捕まると殺される、女は強姦されて殺される」と宣伝し、事実上、戦陣訓を強制した。死を選択したのは死者自身であるが、意思決定が軍から提供された虚報に基づいていただけに割り切れない気がする。

新聞は、「壮絶サイパン同胞の最後、婦女子も自決、世界を驚かす愛国の精華」と書き、その中で米誌「タイム」の「日本非戦闘員の壮絶なる最期について米兵は驚倒している」との記事を引用した。これらは自決の賛美といわれた。民間人の犠牲は約一万五〇〇〇人にのぼった。

サイパンが陥落して日本本土防衛圏の一角が破られた。このとき日本帝国は初めて沖縄の位置に、基地としての価値を認めた。日本帝国は、沖縄、台湾を本土の防衛圏とすることにした。

この時点で日本が敗れることは明らかだった。敗戦が決定的となっていたのだから、防衛するものは国民の生命、財産以外なかったはずである。日本帝国がすべきだったことは、直ちに降伏して国民を守ることだったと思うのだが、逆に国民の生命、財産を楯にして戦う方策を取った。

サイパン島陥落の日、大本営は沖縄本島、宮古島、石垣島からの老若婦女子の島外への引き揚げ命令を出した。サイパン島における非戦闘員が戦闘の邪魔になり被害を受けたことの教訓に基づく命令だった。命令は公表していなかったが、沖縄から非戦闘員の疎開が始まった。疎開者は一〇万人は下らないと予想されていた。しかし制海権、制空権を米軍が握っていたから、「赤城丸」「亜米利加丸」同様の受難も予想され、どう安全に疎開させるかの難問があった。

ミッドウェイ海戦の大敗、山本五十六大将搭乗機の撃墜——それは、米軍が日本軍の暗号を解読し、情報を得て事前に作戦計画を立てていたことによる。米海軍太平洋艦隊には通信解析部隊があった。隊員は一〇〇〇人を超えていた。解析部隊は沈没した日本輸送船から暗号書を得た。これを基に日本軍、輸送船のすべての暗号解読に成功した。疎開計画を立てた直後、第三二軍が大本営に送った「南西諸島の近海で多くの敵潜水艦が活発に活動を始めた。五日に宮古丸、七日にサクラ丸、九日にボオコ丸、ショオナン丸が潜水艦の攻撃を受けて沈没した」との暗号電報も米軍に解読されていた。ところが大本営は、米軍潜水艦の活動が暗号解読によって得た船舶の航行経路を基にしたものということを知らなかった。知っていたら日本内地への疎開は計画されなかったはずだ。

一九四三（昭和一八）年の終わりころ、第三二軍が沖縄に移駐し、沖縄を不沈空母にするため数ヵ所の飛行場建設を始めた。工事は県民の勤労奉仕で進められた。小学校五、六年生も参加した。ところが米空軍の空爆で飛行場が役に立たなくなることがわかり、せっかく造った飛行場を壊すことになった。上陸する米軍に使わせないための破壊だった。県民の勤労奉仕は壕の建設に変わった。米軍が攻めてきたときに隠れるための壕と聞かされ、県民の危機意識は大きくなった。

「対馬丸」沈没

住民の疎開は必至となったが、多くの沖縄県民が、疎開すべきかどうか悩んだ。疎開せずに残って命を失うか、海上の危険を冒して生きるのか。

両親を沖縄に残して、国民学校の五、六年生児童だけを疎開させる学童疎開では、疎開の決定権は両親にあった。平和時でも、親は小学生の子だけで旅に出さない。まして危険の伴う疎開であってみれば、子を疎開させる選択はしない。教師は家庭訪問して両親に子を疎開させるよう説得した。

教師の熱意に両親は「子がいいのであれば」と妥協した。当の児童は同級生と集団で旅行する遠足気分になっていた。「疎開するよ」と簡単に言った。「敵の潜水艦の攻撃を受けるおそれもあるのよ。行くのはよしなさい」と翻意を勧められても、「敵は怖くない。戦うよ」と軍国少年、少女は強気だった。

一九四四(昭和一九)年八月二二日午後一〇時過ぎ、学童を含む一七八八人の疎開者を乗せた「対馬丸」が、北緯二九度、東経一二九度の海上を航行中、米軍潜水艦の魚雷攻撃を受けて沈没した。学童七七五人を含む一四一八人の命が失われた。全員が非戦闘員だった。

多くの疎開者が暗い海の中に飛び込み、または投げ出された。わずかな星明かりの中で、懸命に救助船を探したが、船影はなかった。「お父さん、助けて」「お母さん、助けて」「先生、助けて」と泣き叫ぶ子供たちの声が聞こえた。一時間、二時間と時が過ぎるにつれ、声は立たなくなった。別れを告げる言葉、自分を勇気づける歌、やがてそれもなくなった。海は暗闇と静寂の世界へ戻っていった。

「対馬丸」沈没は報道されなかった。国は箝口令を敷いた。憲兵は関係者に「沈没のことを話してはいけない」と口止めした。

しかし数週間後には沈没の噂が沖縄中に広まった。生存者から親に無事を知らせる電報、電話が届いた。それらには元気であることを知らせるだけで、沈没のことは触れられていなかった。受け取った親は、子供から元気だとの連絡があったことを知人・友人に話した。電信のことを聞きつけたある親が、「どうしてうちの子は無事を伝えてこないのか」と、不審に思った。親は知り合いを訪ね歩いて、自分の子の情報を探し歩いた。

この親は、「対馬丸」沈没のことを触れ歩いた容疑で逮捕され、留置された。この噂が広まり、「対馬丸のことを聞き歩いて逮捕されるのは、船が沈んだからだ」「大本営は沈んだことを隠している」との憶測を生んだ。

沈没後、多くの遺体が奄美大島に流れ着いた。瀕死の児童が助けられた。この情報が奄美大島を行き来する漁夫の口から伝えられた。これも沈没の噂を広めた。

第三二軍は、県に、主戦場は島の南部になるので、その地域に住む民間人に沖縄本島北部に移住せよと命じた。命令書には「サイパン島では民間人が軍とともに悲惨な最期を遂げた。もし民間人を島の南部に留めておけば、砲弾の間を彷徨する惨状を呈することになるだけでなく、軍の作戦行動の足手まといにもなる」と理由が付されていた。

北部疎開を勧められても疎開せずに南部に留まった民間人は多数いた。疎開しなかったのは、老齢で北部までの歩行ができない、あるいは病気、仕事で疎開できない者たちだった。

一億玉砕の狂気

一九四五年三月末に米軍艦船が沖縄本島を包囲した。このころ大本営は狂人と化した。米軍艦船めがけて日本軍特攻機を自爆させた。

日本海軍は航空機による体当たり作戦を行う基地を鹿児島県鹿屋《かのや》においた。九州全域の航空機をそこに集めた。この特攻作戦は菊水作戦と名づけられた。菊水作戦は米軍沖縄進攻以後第一次から第一〇次まで行われ、陸海軍航空機約一〇〇〇機が使われた。つまり約一〇〇〇人以上の特攻隊員の命が戦場に散った。

菊水作戦は航空機によるだけでなく、海軍の艦船によっても行われた。制空権は米軍が握っているうえ、制海権、とりわけ水中も米軍にあった。それは大本営も知る厳然たる事実だった。その中で、艦隊が沖縄島へ到達し、島を包囲する米軍艦船を破壊することは不可能な状況だった。このマイナス面から、海軍内部では沖縄出撃反対の意見が多かった。しかし連合艦隊の司令長官・豊田副武大将は、たとえ艦隊が洋上で撃沈されても、米軍航空機を引きつけている間に、特攻機が沖縄を囲んでいる敵艦に突入して戦果を上げることができるとして、反対派の草鹿龍之介連合艦隊参謀長の出張中に沖縄出撃決定を下した。戦艦「大和」を旗艦とする艦船の沖縄出撃は自殺行為以外の何物でもなかった。

出撃に際し草鹿参謀長は、一億玉砕の魁《さきがけ》となってもらいたいと訓示し、豊田長官も「日本海軍の栄光を後世に残してほしい」と訓示した。つまり「死ね」と言ったのである。こんなことは狂人以外にしか言えない。出撃隊員はどんな気持ちで訓示を聞いたのだろうか。

一九四五年四月六日、「大和」を旗艦とする戦艦、駆逐艦など一〇隻の大艦隊が沖縄へ向かった。日本艦隊は九州西南海上で米軍機四〇〇機の猛攻を受け、沈没あるいは損傷した。日本軍は三七二一人の死者、行方不明者を出し、戦艦一、駆逐艦五隻を失った。これに対し米軍は一八人の死者、行方不明者が出ただけで、撃墜された航空機六機、損傷五二機にすぎなかった。

確かにこの大艦隊は米軍航空機を引きつけ、その間に行われた沖縄島近海での米艦船への特攻機の攻撃を支援した。しかし特攻機の戦果はなく、失ったのは多くの人命と艦船だった。

温情

一九四五（昭和二〇）年一月一〇日、沖縄県知事・島田叡が発令され、一月二〇日には沖縄根拠地隊司令官・大田実海軍少将が発令され、それぞれ家族を残して単身で沖縄に赴任した。両氏とも沖縄戦は勝ち目のないことを知っていて、死を覚悟しての赴任だった。

島田は沖縄県知事の内命を受けて即座に承諾した。夫人からどうして断らなかったのかと言われ、「どうしても誰かが行かなければならないとすれば、断る手はないのではないか。若い者は赤紙一枚で否応なしに行かなくてはならない。俺が固辞できる自由をいいことにして断ったら、俺は卑怯者として外を歩けなくなる」と答えた。

着任の挨拶で島田は、「これから大きな試練を経るかもしれないが、一緒になって勝利への道を突進しよう。沖縄県が垂範して全国民の志気を高揚させよう」と犠牲となる決意を述べている。

大田少将には四男七女の子供がいた。死を覚悟していたから、折に触れて、妻、子供たちの行く末を思い、心の中では詫びていたに違いない。ところがそんな素振りは見せず淡々と職務をこなしていた。

島田と大田は仲がよかった。知事が少将の郷里で勤務したことが縁を深くしたと伝えられている。知事は少将に、沖縄県から内務大臣宛ての打電を依頼している。県の電信機器が使用不能となっていたからである。

電文は「四月一三日迄の被害は家屋破壊一一三〇七、首里市沿岸部の建物はほとんど壊滅、ただし中頭郡以北は四月一日以降連絡不能につき、損害、その他の状況は不明、県庁職員は知事以下士気軒昂、（中略）県民の戦意概ね旺盛にして治安上懸念無きも、食糧は逐次逼迫、六月以降は困窮、一部飢餓に瀕せんことを憂慮す」という部外秘のものだった。

少将自身、海軍次官宛てに沖縄の実情を打電している。

「沖縄県民ノ実情ニ関シテハ県知事ヨリ報告セラルベキモ　県ニハ既ニ通信力ナク　三二軍司令部又通信ノ余力ナシト認メラルルニ付　本職県知事ノ依頼ヲ受ケタルニ非ザレドモ　現状ヲ看過スルニ忍ビズ　之ニ代ツテ緊急御通知申上グ

沖縄島ニ敵攻略を開始以来　陸海軍方面　防衛戦闘ニ専念シ　県民ニ関シテハ殆ド顧ミルニ暇《いとま》ナカリキ

然《しか》レドモ本職ノ知レル範囲ニ於《お》テハ　県民ハ青壮年ノ全部ヲ防衛召集ニ捧ゲ　残ル老幼婦女子ノミガ相次グ砲爆ニ家屋ト財産ノ全部ヲ焼却セラレ　僅ニ身ヲ以テ軍ノ作戦ニ差支ナキ場所ノ小防空壕ニ避難　尚《なお》　砲爆撃下□□□風雨ニ曝サレツツ　乏シキ生活ニ甘ンジアリタリ

而《しか》モ若キ婦人ハ率先軍ニ身ヲ捧ゲ　看護婦烹炊婦ハモトヨリ　砲弾運ビ挺身斬込隊スラ申出ルモノアリ

所詮《しょせん》敵来リナバ老人子供ハ殺サレルベク　婦女子ハ後方ニ運ビ去ラレテ毒牙ニ供セラルベシトテ　親子生別レ　娘ヲ軍衛門ニ捨ツル親アリ

看護婦ニ至リテハ軍移動ニ際シ　衛生兵既ニ出発シ身寄リ無キ重傷者ヲ助ケテ□□　真面目ニシテ一時ノ感情ニ駆ラレタルモノトハ思ハレズ

更ニ軍ニ於テ作戦ノ大転換アルヤ　自給自足　夜ノ中ニ遥《はるか》ニ遠隔地方ノ住民地区ヲ指定セラレ　輸送力皆無ノ者　黙々トシテ雨中ヲ移動スルアリ

之ヲ要スルニ陸海軍沖縄ニ進駐以来　終始一貫　勤労奉仕　物資節約ヲ強要セラレツツ（一部ハ兎角《とかく》ノ悪評ナキニシモアラザルモ）只管《ひたすら》日本人トシテノ御奉公ノ誇ヲ胸ニ抱キツツ遂ニ□□□□与ヘ□コトナクシテ　本戦闘ノ末期ト沖縄島ハ実情形□□□□□□

一木一草焦土ト化セン　糧食六月一杯ヲ支フルノミナリト謂フ　沖縄県民斯ク戦ヘリ　県民ニ対シ後世特別ノ御高配ヲ賜ランコトヲ」

大田少将は六月一三日、第三二軍牛島司令官に最後まで抗戦するとの電文を送った。それから辞世の句を書き自決した。

島田は米軍上陸後、島の南部に撤退しながら業務を続けていたが、執務不能となり、県庁業務を終結した。摩文仁岳の洞窟で最期の時を迎えて、行動を共にした県幹部に洞窟から出て生き延びるよう命令したが、誰一人として出ようとしなかった。そこで「諸君の任務は終わった。このうえは一刻も早く安全な場所に移動して生を全うせよ、これが私の最後の命令である」と重ねて下命した。職員たちは泣く泣く壕を出た。島田は荒井警務部長と二人壕に残った。その後二人の姿を見た者はいない。

日本軍は米軍との交戦に忙しく、民間人避難の手助けはできなかった。

「兵隊さん、兵隊さん」と転戦中の小隊を女性が呼び止めた。バサバサの髪、何日も洗わない顔、着ている服は土まみれ、よく見ると三〇歳くらい。

「私には殺せません。兵隊さん、殺してください」

女性の足元に幼い娘が二人寝ていた。年のころ四、五歳くらい。年子と思えた。歩き疲れたのだろう、裸足で、足にはたくさんの生傷もあった。痩せて、極度の栄養失調に見えた。「生きなさい」――若い日本軍将校は、部下に命じて二人の娘を抱きかかえさせると近くの丘の上の避難場所まで運ばせた。「どんなことをしても生きるんだよ」。若い将校はそう言って、携帯食の乾パンの袋を渡して去った。将校には同じ年ごろの娘がいたのかもしれない。

日本軍の兵隊が琉球人を助けた多くの話は、周囲の聞き耳を気にしながらも、ひそひそと語り継がれ、琉球人の心に残っている。

地獄

一九四四（昭和一九）年一〇月一〇日、那覇市は午前八時二〇分から午後三時四五分までの間、五度にわたって米軍機の空襲を受けた。飛来した米軍機の数は延べ九〇〇機に及んだ。米軍機は港湾、道路、軍事施設を中心に爆弾、焼夷弾を投下した。

当時、遠くの洋上で台風が発生していた。沖縄は台風の進路にはなかったが、影響を受けて強い風が吹いていた。那覇港近くに投下された焼夷弾によって起きた火災は、折からの強風にあおられて、瞬く間に那覇市街地に燃え広がり、市街地の九割を焼いた。負傷者が空襲の間隙をぬって病院へ運ばれた。病院も焼け、人家のない丘の上に仮設されていた。あたふたと移動したので、薬、器材までは運べなかった。薬はない。麻酔をしないまま手術を受け、激痛をこらえる患者の声、治療が受けられず放置された負傷者の呻《うめ》き。地獄だった。

難を避けて北へ向かう人の列が県道を埋めた。避難者は爆弾でできた穴をよけながら北へ、北へと逃げた。那覇市の民間人の死者は二五五人だった。死体は放置されたままだった。死体の片づけが始まったのは空襲が途絶えた一〇月一一日だった。その日、焼け野原の那覇市に肉親を捜す多くの人が出た。

一〇・一〇空襲の日を境に、空襲警報は半ば日常化した。空襲のたびに住民は身を隠す場所を求めて右往左往した。

沖縄駐留第三二軍は、沖縄県の一七歳から四五歳までの男子二万数千人を防衛召集した。一九歳以上の男子は現役兵とし、それ以外は後方支援担当とした。

県内の中等学校から学徒隊員を募った。募ったというよりも徴用したというほうがいいかもしれない。男子は一四歳以上の者、女子は一五歳以上の者だった。男子の上級生は鉄血勤皇隊員として一般の兵士と同じ職務を、下級生は通信隊員として通信業務を行った。女子は看護婦となった。学徒隊の数は二五〇〇人を超えた。

「壕を掘り、石垣を壊してその石で壕を隠したよ。この作業は軍の命令で村の青年たちがやったよ」

戦争経験者の老人の話である。青年たちというのは鉄血勤皇隊員だった。部落の青壮年から一五〇人が鉄血勤皇隊（うち二六人の女子が女子部）として召集された。女子は看護助手となった。

同じころ、第三二軍は報道、宣伝、防諜等に関する県民指導要綱を定めた。県民共生共死の一体化実現のため、県民の思想動向を調査し、米軍のスパイ活動を封殺することが目的だった。そして教員、県会議員、市町村長、大政翼賛会会員などで「国土防衛義勇隊」を結成し、県民を監視した。この組織を通して鬼畜米英の思想をうえつけた。

米軍は一九四五（昭和二〇）年三月二六日、慶良間諸島に上陸し、駐留日本部隊と交戦、二日のうちに島々を占領した。米軍による暴虐を恐れた住民多数が自決した。その年四月一五日午前八時三〇分ごろ、米軍は沖縄本島中部東海岸の読谷村、北谷村に上陸した。米軍の上陸兵員は一八万三〇〇〇人だった。米軍は島を南と北に分断、南下した。

迎え撃つ日本軍は約一〇万人、学徒を含む急遽召集した郷土防衛隊を含めても一一万に満たなかった。日本軍は上陸阻止戦闘を行わなかったから、米軍は上陸したその日のうちに読谷村、北谷村、嘉手納《かでな》の日本軍飛行場を占領し、西海岸の中城《なかぐすく》村をも占領、沖縄本島東海岸と西海岸を結ぶ線を確保した。その結果、島は北と南に二分された。南の民間人の沖縄本島北部への避難が不可能となった。

第三二軍は、軍司令部を首里に移した。首里城の地下一五メートルから三〇メートルに全長二〇〇〇メートルに近い陣地壕を造った。

米軍は上陸後徐々に南進した。八重瀬岳―与座岳―国吉丘陵が日本軍最後の防衛線となった。そこから数キロ南が島の南端、その先は海だった。沖縄方面軍司令部は、その海岸近くの自然壕に移っていた。

六月初め、米軍は戦車隊を部落に進攻させた。日本軍は眼下の米軍を狙い撃ったが、前出の老人によれば、「日本軍が砲撃すると、砲撃元に猛烈な空襲、艦砲射撃が加えられたよ。米軍は空から日本軍の発砲地点を見ていたと思う」という状況で、日本軍砲は破壊されていった。

島の南部にあった国や県の事務所に、「米軍は嘉数《かかず》まで来た、南へ避難したほうがいい」との指示が出て、事務所は南へ避難した。

艦砲、爆撃のない夜間の移動、懐中電灯で砲弾の作った穴、転がっている腐乱死体を避け、鼻を突く異臭に耐えながら、荷物を積んだ荷車を引いた。道路が破壊されて通れないところは職員全員で車を持ち上げて通った。荷は機密書類と公印だけだったが、かなりの量に上った。破損の許されない御真影もあった。丁重に扱うにはかなりの力が必要だった。食にも事欠いていた体には多くの力は残っていなかった。一時間に一〇〇メートル進むのがやっと。たまりかねて、移動を明るくなった早朝にした。その時間なら敵の襲撃はないと判断したからだった。東の空が白み、いくらかあたりが見え始めたころ移動を始めた。穴を避け、死体を踏まぬようにして進んだ。

キーンと、高い金属音の唸りを上げて砲弾が炸裂した。近くの土が空中に舞い上がった。砲弾は絶え間なく落ちだした。職員たちは車を残し、御真影だけを抱いて、いくらか残っていた甘藷の葉茎に足を取られながら畑の中を走った。職員の一人が被弾し、命を落とした。以上は生き残った国の機関の職員の記憶である。

「米軍は首里の丘に向かっている。もっと南に」との指示があった。そのころにはもはや業務はなくなっていた。この情報が入った時点で、国や県の機関は業務を停止して閉庁とした。職員は軍と共に南下した。

日本軍は、昼間、壕にひそみ、夜、部落の米兵に夜襲をかける戦術をとった。夜襲をかける前の偵察が、地理に明るい鉄血勤皇隊に下命された。ある若者が「俺がやる」と、最も危険な偵察を買って出た。武装しないほうが敵が安心すると言って野良着のまま銃を持たず偵察に出た。そして帰って来なかった。

米軍の攻撃は、それこそ住民に息をする間も与えないほどの激しいものとなった。日本軍は組織として機能しないほど戦況は悪化した。壕は負傷者で溢れた。低い苦痛の呻きが絶え間なく壕内に広がった。一歩外へ出ると折り重なった死体の山だった。

第三二軍司令官・牛島満、参謀長・長勇が自決し、一九四五（昭和二〇）年六月二三日、沖縄の地上戦は終わった。牛島司令官、長参謀長だけでなく、沖縄戦に参加した将兵らの多くは夫であり、父であった。戦いの中で妻を思い、子に詫びるときもあっただろう。日本軍の戦死者一〇万一八五三人、南部で保護された住民は二二万二三〇九人。その半分は負傷、ほとんどが女性、子供、老人だった。負傷がなくても衰弱がはなはだしく、男子八七三人、女子一八八人が、その後に命を落とした。

沖縄戦は軍人、非戦闘員に自決を強いた戦いだった。

復国の曙光

第二次世界大戦の後、琉球は独立、信託統治、そして日本復帰と、それぞれ違った運動が起きた。形は違っていたが、琉球をどうするかの運動、復国運動に似ている。その意味で歴史は繰り返された。

沖縄本島の地上戦が終わって、戦禍を避けて戦場を彷徨した生活が終わり、住民は沖縄本島美里村石川から以北に作られた収容所に集められた。「生きていた」「怪我はないの」と無事を確かめ合う感激の再会が随所に生まれる一方で、「〇〇はどうしているかね」「最後に会ったのは〇〇、その後会っていない」と、知己、友人の安否を気にかけ情報を集め、探す行動もあった。

収容所は仮設のテント小屋で粗末なものだったが、雨露をしのぐには十分だった。洞窟や墓をねぐらにしていたのに比べれば、申し分なかった。米軍から配られる食料も、食うや食わずの戦場での毎日に比べれば文句のつけようはなかった。チョコレート、クッキー、アイスクリーム（粉）など、口にしたことのないものもあった。「美味しい」皆がそう言った。チーズだけは評判が悪かった。形と色が、洗濯石鹸に似ているうえ、匂いが抵抗を誘った。配給には食用油、味噌、醤油などはなかった。食用油の代わりに自動車のオイルを転用して天ぷらを揚げた。住民は創意工夫を凝らして味噌、醤油を作った。野菜は自ら作った。飛行機、戦車などの残骸のアルミ、鉄を再利用して鍋、釜を作った。メリケン粉の袋は衣服生地となった。V・O、シーグラムセブンなどの酒、ラッキーストライク、キャメルなどの煙草も流れてきた。酒は不足がちだった。住民は甘蔗で酒を造った。日本の敗残兵との交流を防止するため、住民の外出は禁止された。不発弾などが残る危険な地域に行かせない目的もあった。昼間、甘蔗を手に入れる外出は大目に見られていた。甘蔗は容易に手に入った。

空缶を使った三線ができた。新民謡が作曲された。沖縄舞踊、沖縄芝居が盛んに行われた。蔑視し、禁止されていた沖縄文化が遠慮なく復活し、住民の悲しみを癒やした。

夜は消すことのできない恐怖、悲しみを思い出させた。V・O、シーグラムはそれなりに心を和らげ、小那覇舞天《ブーテン》や照屋林助の醸し出す笑い、三線の奏でる旋律も役に立った。それらがなければ恐怖、悲しみで眠れぬ夜を過ごしたはずである。

米軍ユニフォームを着た、大城、島袋などの沖縄の苗字を名乗る兵士が、収容所にジープで来て、菓子、缶詰などを満載して親類を訪ねてきた。移民として米国へ渡った者たちからの伝言も伝えた。

住民は、米国を近く感じた。親類のいる国、窮状を救ってくれる国の実感を持った。捕まったら殺される、強姦されると叩き込まれた思いが、「ヘイ、カムオン」と子供を呼び、チューインガムやチョコレートを与え、「ママサン、テイク」といって食品、缶詰を婦人に与え、男に対して「ヘイ　ハンチョウ」と親しく呼びかける米兵のこれらの態度で打ち消された。ハンチョウとは班長のことで、尊敬の念が入った呼びかけだった。

米国を敵だと公言する者もいるにはいた。予科練帰り、若い復員兵が、日本の軍服を着て収容所内を闊歩した。彼らは大正末から昭和四年ころに生まれた者たちだった。命を惜しまないことを公言し、暴力を信条とした。皆彼らを恐れた。蛮勇を利用して「戦果あげ」、米軍物資窃盗で得たものを住民に配っていた。戦果は夜間米軍の倉庫に忍び込んでいった。見つかれば射殺される危険な仕事だった。危険をいとわず、財に淡泊で、鼠小僧のように義賊としての人気もあった。

住民は、新しく自由なものが生まれる希望を持った。希望は、戦争によって受けた傷を癒やす効果があった。

つかの間の夢

明治末から大正一〇年ころまでに生まれた者たちが、ちょうど社会のリーダーになる年ごろだった。日本統治時代、彼らは激しい差別を受けた世代である。初任給は同期の他府県人より低かった、成績はいいのに、他府県人より昇進が遅れた、軍では沖縄というだけでビンタを食らった、などの個人的な経験、さらには琉球人・朝鮮人お断りの貸家札、朝鮮人・琉球人を檻に入れて見世物にするなどの社会的差別も経験していた。

日本人は琉球人を差別した。沖縄県は「豚県」「チャンコロ」と蔑視された。琉球人は低俗な人種とみられ、仕事の採用に際しての差別、報酬の差別は当たり前のこととして通った。関西、関東の都市圏近郊では、朝鮮人と琉球人が隣り合わせて部落を作って住んだ。その名残は今も残っている。そうしたことが、琉球人は日本人でないことを実感させ、日本人になれない悲しい思いを抱かせた。この記憶が琉球人としてのアイデンティティの主張、圧政者である日本人の記憶を残した。

その世代は、新しい琉球の形を模索した。

日本が無条件降伏をした後、米国は北緯三〇度以南の領域を日本国から分離した。その範囲はかつての琉球王国の領土、領海とほぼ同じだった。そして米国は住民による自治政府を育てて、統治を住民に委ねるという基本的指針を示した。米国は住民自治による政府の樹立を目指し、まず沖縄諮詢会を設置し、一五名の沖縄諮詢会委員を選んだ。その選任の前に米軍政部長モードック中佐は、「日本軍部や帝国主義者と関係がなく、自分の利益のため米軍に媚《こび》を売る者を除いて誠心誠意沖縄のために働く委員を選んでほしい」と挨拶した。

諮詢会は、一九四六年、沖縄民政府に変わった。住民は米国の自治政府樹立を評価した。戦前、左翼運動の領袖として活動していた仲宗根源和《なかそねげんわ》と座安盛徳《ざやすせいとく》は、沖縄は独立国になるべきであると熱烈に説いた。浦崎康華《うらさきこうか》、兼次佐一《かねしさいち》、瀬長亀次郎《せながかめじろう》らは、米国の「保護国としての沖縄」の構想を示した。池宮城秀意《いけみやぐすくしゅうい》は、当面米国の信託統治となり、ゆっくり琉球の形を作ればよいと説いた。彼らの話に、住民はそれぞれの立場で熱狂した。

池宮城は次のように書いている。

「筆者がここで提唱したいことは、破壊された沖縄の再建は第二次大戦に参加した諸国の責任において遂行して貰うことにし、沖縄を国連信託とし、国連に沖縄復興の責任をとらしめることを実現するよう努力すべしということである。そして国連信託となったその後において国連においてアメリカの単独統治とするか否かは、国連における決定にまつ外はない。

植民地化という点に絡んで、われわれの思い起こさねばならないことは、日本施政時代において沖縄人は日本から植民地的取扱いを受けてきたという歴史である。敗戦後の日本がいかに民主化されたとしても、人間の感性というものは一〇年や二〇年で変わるものではない。

仲宗根源和氏の唱える「沖縄独立論」がまともな議論であろう。ただ、現在において独立論は余りにも現実から遊離したものとして世論の支持が少ないのである。」

池宮城が指摘しているように、琉球人がかつて差別された事実があり、そのために貧困が恒常化、多くの琉球人が郷里を捨てて移民したことを考えるなら、日本復帰論に勢いがなかったのは当然である。しかし沖縄独立論は、琉球人特有の「他力本願」から各論の議論へ発展させず、「心情的独立論」となった。

日本共産党は沖縄の日本復帰論者だった。日本共産党の徳田球一（沖縄県名護《なご》市出身）は、盟友の仲宗根に日本共産党への復党を促した。二人は日本共産党結党時のチャーターメンバーである。徳田が節を曲げずに獄中の生活を送ったのに対し、仲宗根は一審の有罪判決の後、控訴を断念、転向して郷里沖縄に戻り県議会議員となった。仲宗根は徳田の誘いを断った。仲宗根は断った理由を明らかにしていないが、琉球独立を目指していた彼が、日本復帰を主張する日本共産党へ復党して活動することは意に反することだったからと推測される。

徳田が仲宗根に復党を勧めた翌年、沖縄人民党の創立総会が沖縄本島南部知念村の沖縄民政府の食堂で開催された。その会を招集したのは、「米国の保護国としての沖縄構想」を主張していた浦崎、瀬長だった。浦崎は委員長、瀬長は五人の中央委員の一人となった。兼次も党の役職に就いている。その日集ったのは、戦前の無産運動の活動家たちと、本土から引き揚げてきた先進的活動家たちだった。多くの住民も参加した。活動家たちから、日本共産党の活動や、沖縄人連盟などの動向についての情報、資料が提供された。

沖縄人民党綱領は、無産者で組織し、封建的保守反動と闘い、人民民主主義の確立を謳っているが、過激な活動方針はなく、日本共産党のそれと比べると至って穏健なものだった。人民党は、日本共産党機関紙「赤旗」や党の活動資料、パンフレット、文献などの収集を積極的に行っていた。やがて沖縄人民党を設立した瀬長、浦崎は日本復帰論者となり、「米国の保護国としての沖縄構想」を捨てた。

　徳田は沖縄県立第一中学、第七高等学校中退、瀬長も沖縄県立第一中学（休学したのち沖縄県立第二中学へ転校、その後順天中学）、第七高等学校中退の同窓生である。徳田は瀬長の先輩にあたる。徳田は弁護士試験を経て弁護士となり、著名な左翼弁護士・山崎今朝弥らと共に活動していた。日本共産党を設立し、労働者の会合で革命について話したことが暴動を扇動したとされ、治安維持法違反で有罪となり、下獄した。瀬長も神奈川県川崎で朝鮮人、沖縄人労働者と共に働いていたが、清水トンネル工事の現場でストライキを起こし、それを扇動したとして逮捕され、有罪となり下獄した。両名とも共通のバックグラウンドがあった。仲宗根に断られた徳田が瀬長に接近した。

　沖縄人民党はことごとに、人民党は共産党ではない、ソ連、日本共産党と関係ないと主張し続けた。だが、瀬長個人の活動は、日本共産党の活動方針を踏襲したものといってよい。瀬長は、米軍基地工事を請け負った本土業者の現場に赴き、労働者の待遇改善のため闘いを起こし、それを支持したことを始めとして、多くの労働争議に自ら臨場し、あるいは部下を臨場させ闘った。

　司法の場を意見公表の場に選んだ。これも日本共産党の徳田が好んで用いた手法だった。瀬長は、米国民政府裁判所の法廷において、多くの被告人の弁護を行い、または党友をして弁護させた。自らが犯人隠避の罪に問われると、党友シンパを集め、法廷において政治的弁論を行い、その場を裁きの場でなく、主張の場にした。

根っからの沖縄の日本復帰論者もいた。吉田嗣延《よしだしえん》だ。吉田は沖縄の日本復帰運動のため沖縄に密航してきた。第二次世界大戦後、日本―沖縄間の渡航は禁止されていた。

吉田は旧制高校、旧帝大に進んだ典型的な日本人エリートであり、その一生を日本国官僚として過ごした。彼は琉球の日本復帰運動に深くかかわった。

日本内地では、朝鮮、中国人が第三国人の地位を利用して利益を得ているのに倣って、沖縄人連盟が組織された。沖縄人連盟は琉球独立論者が大勢を占めていた。吉田は、沖縄人連盟を日本人としての誇りを放棄した功利、拝物的乞食根性と糾弾した。沖縄人連盟も、「彼吉田嗣延は沖縄の日本復帰を唱導する日本帝国主義者で民主主義の敵、危険人物である。公務員を罷免すべきである」との決議をし、決議をGHQに提出した。

吉田は、わずか一四トンの焼玉エンジンをつけたボロ船で熊本県の日奈久を出航した。同行は瑞慶村《ずけ》の国場幸太郎《こくばこうたろう》とその他二人、それに船長以下乗組員六人の計一一人。米軍に捕まる恐怖を感じながら、数日かけて沖縄に着いた。

吉田は、沖縄に着いて多くの人から意見を聞いた。意見の大部分が、独立、米国の保護国、国連信託だったことに失望したと述べている。

戦争の悲哀、恐怖を癒やした独立への希望は、つかの間の夢だった。米国の琉球基地化が発表されると、琉球人の夢は霧消した。

恐怖の再燃

一九四六年九月二三日午前一一時ころ、MPは荷車を引いていたあやしい男に停止を命じた。男は知らぬ顔で行き過ぎようとした。MPは発砲、男は瀕死の重傷を負った。荷車を調べたところ、機関銃二丁が発見された。その事件をきっかけに琉球民警察部が宜野湾村野嵩《のだけ》、普天間《ふてんま》、北中城村《きたなかぐすく》安谷屋《あだにや》部落の家宅捜索を行ったところ、多くの武器が発見された。

米軍は、それらの部落に漁業の振興の目的で船を払い下げていた。ところが船は魚は獲らず、武器、弾薬を香港へ運んで、食料や衣類に換えてくる密貿易に使われていた。

宮古、八重山から沖縄本島へ多くの密貿易船が入っていた。船といっても五トン、一〇トンくらいの小さな船で、重油を燃料とする焼玉エンジンの船だった。沖縄へ持って来たのは、台湾からの米、煙草などで、それらが沖縄本島で米軍の毛布、セーター、薬品と物々交換され台湾へ渡った。

琉球警察、米軍が住民に必要な物資の密輸入だけに、それら密貿易を見て見ぬふりをすることも多く、厳しく取り締まってはいなかった。

米軍は事件に驚き、武器の管理を厳重にするとともに、それまでルーズだった密貿易の取り締まりを強化した。米合衆国議会で、沖縄から中国共産党軍へ米軍の武器、弾薬が渡っていることが問題となったからである。

日本の降伏のころ、中国国民党総裁・蔣介石と共産党主席・毛沢東との間で内戦回避と政治の民主化を基本として合意が成立した。だが、国民党と共産党の間で、日本軍から奪取した領地の帰属をめぐっての内戦が頻発した。米国の仲介もあり、国民党と共産党との間で停戦協定が成立したが、それはいつ崩れるかわからないもろいものだった。懸念したとおり、再び国民党と共産党は衝突、共産党は中国全土を制圧、国民党を台湾に駆逐し、中華人民共和国が誕生した。

米国は中華人民共和国封じ込め作戦を公表した。この情勢が、米国に琉球の対中基地化を決断させた。アチソン米国務長官は、「米国は適当な時期に琉球諸島を国際連合の信託統治下に置くことを提案しよう。しかし、琉球諸島は太平洋防衛線の一部であり、これを保持しなければならない」との声明を発表した。そしてその年の三月一七日には、二ヵ年計画で七〇〇〇万ドルを支出し、基地の建設を始めた。

琉球人は、本土防衛基地として受けた悪夢の戦争被害をよみがえらせた。

「基地になるのは御免だ」「米国を追い出し、日本に帰れば基地はなくなる」

そうした声が大きくなり、世論は日本復帰論に傾いた。沖縄群島議会は一九五一（昭和二六）年三月一九日、一五対三の圧倒的多数で日本復帰要請を決議した。これを契機にして、超党派的な住民運動の組織として日本復帰促進期成会が結成され、日本復帰要請の署名運動が全琉球的に展開された。三ヵ月の間に全有権者の七二％の署名が集まった。道路も整備されず、公共交通機関もほとんどない時代に七二％の署名が集まったのは驚くべきことである。戦争への恐怖心がこの数字につながった。

こうして琉球独立論、信託統治論は消えた。

戦争は、琉球人に、日本帝国、日本軍人に対する激しい憎しみを醸成した。同時に、散華した同胞への哀惜の念と、消すことのできない悲しみも生んだ。こうした感情が琉球人の心に、もはや日本を母国とする気持ちを受け入れ難くしていた。

だが、戦争の中で日本人の示した恩情の記憶もあった。ほんのわずかな心の隙間にその記憶が残っていた。狂気の中にあって、正常な日本人がいて、人間らしさを示した。その記憶がなかったら、沖縄の日本復帰運動は生まれなかったと考えられる。

反基地闘争の始まり

米国は日本国との講和条約締結を急いだ。日本を盟友として中国に対峙する構想を立てたからだ。日米両政府から、一九五二年、年頭に講和条約が締結することが公表されると、琉球のほとんどの議会は日本復帰を決議し、これを日米両政府に送った。

一九五一年九月八日、サンフランシスコで連合国・日本間で講和条約が調印された。講和条約では北緯二九度以南の南西諸島（琉球諸島および大東島を含む）は、米国が立法、行政、司法の権力の一切を行使することとなった。つまり琉球は日本国から分離された。議会決議は無視された。

同日、同じサンフランシスコで日米間の安全保障条約が締結された。その条約ができるまで、米国は日本においてほとんど制約を受けないで基地の利用ができた。その権利が条約で制約されることになった。日本にある米軍基地の大部分が琉球に移ることになった。

講和条約の翌年四月一日、米国は琉球政府を設立し、自らの持つ権限の一部を同政府に移譲した。琉球政府の立法、行政および司法の三権の分立が定められ、立法院については議員を住民が選挙で選ぶこととされていたが、行政、司法の長は米国軍政府の任命とした。

そのころ米国、ソ連の蜜月関係は終焉を迎え、両者による冷戦時代が始まろうとしていた。米国の琉球永久基地化の目的は、ソ連の極東進出を阻止するためにも必要となった。

琉球政府の領土、領海を自由に使う権限を持った米軍は、伊江島飛行場建設に着手、強制的に土地の接収を開始した。

伊江島は、沖縄本島本部半島北西約一一キロの海上にある面積二二・五五平方キロの小さな島である。島は長方形で、島の中心にある標高一七〇メートルほどのタッチューと呼ばれる丘を除けば、ほぼ平坦、沖縄戦直前、日本軍はこの島に三つの飛行場を建設した。戦争が終わって人が家を建てて住んだ。

米軍はそこを飛行場にする工事を始め、ブルドーザーなどの重機を使って住宅を壊しだし、反対運動が起きた。数百人の住民が立法院議員を先頭に実力で工事阻止に出た。着剣したMPが抗議のデモ隊と対峙した。武装MPを臨場させて、土地を収用する乱暴なやり方が、「我々を虫けら同様に扱っている、人権無視だ」との反発を買った。こうして反対運動は島ぐるみとなった。そして、これがその後に続く反基地闘争の始まりになった。

予想外の反対運動とその後の運動の発展に驚いた米国は、土地を適正な価格で買い取り、相当期間の適正賃料を一括して払うと申し出た。地主の間で土地代の一括払いに賛成する意見もあったが、沖縄地上戦の恐怖、悲しみの傷はずきずきと疼《うず》いていた。感情的反対論が多数となった。

琉球立法院は、米国の軍用地料一括払いに反対して、四原則を盛り込んだ請願決議を全会一致で可決した。

①土地の買い上げ、賃料の一括払いに反対する
②現在使用中の土地については適正な賃料を支払う
③米軍が住民に加えた損害を補償する
④未使用の土地を返還し、新規接収を行わない

この四原則を携えて琉球政府の行政主席、琉球立法院議員が渡米した。基地の賃貸借の当事者は米国政府と住民だが、基地は日本の防衛のために使われるのだから日本が関係者であることは間違いない。渡米の機会を利用して一行は東京に立ち寄り、時の鳩山一郎首相にも同様の陳情を行った。

日米両政府は陳情を受けつけたが、すぐには結論は出さなかった。土地は収用され基地ができた。「できてしまっては、もはや止められない」と観念して現実的な選択をする者が出た。

土地闘争は、もともと政治ではなく経済だったから、できるだけ多くのものを得ることが目的である。相手を敵視することはできない。親米とまではいかなくとも、米国とは良好な関係を持たなくてはならないと考えるグループが生まれた。軍用地地主会を作り、問題を政治化させないで交渉する動きが生まれた。

その結果、地主と米国政府との土地の賃貸借契約が多く結ばれた。沖縄の日本復帰の後、契約の賃借人は米国政府から日本政府へと変わった。

那覇空港から那覇市内へ向かう三三一号線（俗に空港道）左手に、南岸と北岸の二つの埠頭のある那覇港がある。南岸に船が泊まっているのは稀で、広いヤードに荷物が置かれることも少ない。そこは米国陸軍が管理し、五五万二〇〇〇平方メートルの広さがある。東京ドームの約一二倍もの広さの軍港である。

それに反し北岸は軍港でないから、いつも船が泊まりヤードは荷卸しに忙しい。もとは南岸、北岸とも米軍港だった。米軍は沖縄本島を占領した直後から、そこを軍港として使っていた。那覇市内へ向かう右手の奥武山球場あたりには、港湾荷役人夫のためのバラックがあり、数百人の人夫がいた。それでも人手が足りず、荷役に支障が出て、問題となったこともあった。その近くには山下町ペリー区の住宅街がある。

一九四六年一一月、中国の国民党と共産党の内戦の際、米国は国民党軍に沖縄の港から兵器、物資を送った。朝鮮戦争、ヴェトナム戦争で使われた兵器弾薬の多くもこの港を経由した。

現在のうるま市天願一帯に米軍は倉庫群を建て、QMと呼んだ。那覇港で陸揚げされた貨物はそこへ運ばれた。明治橋から泊までは、那覇市の盛り場に至る大道《ウフミチ》、市民が買い物、遊興のため、あるいは農産物を那覇の市へ運んだ。米軍は、明治橋から読谷村までの六五キロに軍用道路一号線を造った。

工事は米軍工兵隊が戦車、車の残骸をよけ、重機を使って道を造った。那覇市上之屋、浦添市港川の坂を一〇メートル以上削り取ってならし、勾配を緩やかにし、石粉で固めた。道は明治橋、安謝、城間を通り、牧港へと連なった。一号線は現在の国道三三〇号線、七五号線と宜野湾伊佐で重なった。三三〇号線、七五号線は普天間、北中城、胡屋を通って平良川、天願QMまで至った。

那覇市与儀から安里、内間、城間の各駅を経て牧港、嘉手納へ至る県営の軽便鉄道嘉手納線があった。その一部が現在の国道三三〇号線である。この敷地を使って嘉手納の米軍基地までの地下にパイプが埋められた。航空燃料を送るためのパイプラインであった。現在の松山交差点から少し北へ向かったところから、那覇中学までの広い地域に六六TTといわれる運輸部隊が置かれた。そこにはいつもGMの大型トラックが数十台待機していた。

宜野湾市真志喜に、同市伊佐から北谷町に至る広い地域に一号線に面して基地が置かれた。そして北谷、嘉手納、沖縄市に広がる基地ができた。このほかにも北中城村、知念村、読谷村にも米軍の基地は造られた。

朝鮮戦争、ヴェトナム戦争のころ、天願にあった倉庫は浦添市に移された。そして倉庫群の中に工場ができた。乳製品を加工するミルクプラント、兵器・車両の修理工場、それにモーグと呼ばれる死体安置所も造られた。天願から浦添への移転は、那覇軍港からの距離を縮めるためだった。那覇軍港から浦添までは五キロそこそこで、それは天願までの距離の三分の一以下だった。

海兵隊を駐留させ、沖縄の基地機能に第一線部隊の訓練、休養が加わった。島の北部、金武町にそのための基地ができた。これらの基地のうち六六TT、宜野湾市真志喜の基地はなくなった。それ以外の基地は現在もある。これら道路、基地整備を追っかけて、道路沿いや基地に接して住民の家が建った。基地はフェンス一つを隔てて市街地と接している。

南へ向かう航空機に乗って奄美大島を過ぎ、搭乗機が徐々に高度を下げ始めると、白い雲の合間にコバルトブルーの海が見える。

沖永良部、与論の上を飛び、やがて沖縄本島東岸へ近づく。右手に伊是名、伊平屋、そして伊江島を見ながら、海底の形がはっきり見えるほど高度を下げ始めたころ、沖縄本島右手沖に慶良間諸島の姿が見えだす。機の左手には太平洋が広がっている。沖縄本島とその近くの島々を空から見ると、海の美しさは衝撃的な感動を与える。

航空機は沖縄本島西側、機の右側の海上を飛ばない、そこを飛べば遠くに久米島、粟国島も見える。その海域は久米島を経て尖閣諸島に至っている。この領空、領海は基地ではないが、基地運用のために使われているところである。沖縄には地上の基地のほかに軍事目的で使用されている、住民の使えない空と海もある。飛びたくても飛べないのである。

尖閣諸島は日本、中国が共に領有権を主張している。付近はよい漁場で、日本、台湾、そして中国の漁民が出漁している。漁民の間の衝突も起きている。海底には石油が埋蔵されていて、中国は自国領の保全のため、おおむね接続水域に艦船を派遣して警備に当たっている。接続水域は日本が主張する領海の外、それに接する海域である。しかし中国警備艇が日本領海内を航行することもある。島が日本に国有化されてから六日に一度は、中国警備艇が日本領海内を航行しているという。日本海上保安庁も警備艇を出して領海に入った中国警備艇に対し、「領海に入らないようにしてください。領海の外に出てください」と退出を求めるが、中国警備艇は逆に「ここは中国領である」と反論してそこを航行し続ける。中国はこの海域に海軍は派遣していないが、海域から一〇〇キロほどのところには軍艦を出している。これに対し、日本海上自衛隊も中国軍船の動きを注視している。航空自衛隊、米空軍も領海侵入の中国機に対するためスクランブルを行っている。その回数は多い。中国機と米機の異常接近が起き、中国艦船から誤射もあり、その海域の緊張は極に達している。

平成二五年三月の統計資料による米軍基地は次ページの表のとおりである。

この表でかなりの面積が基地となっていることはわかるが、それがどのように配置されているかはわからない。

施設別米軍基地の概況

（単位：千㎡）

施設名	市町村名	施設面積	管理軍別	用途別
北部訓練場	国頭村、東村	78,242	海兵隊	演習場
奥間レスト・センター	国頭村	546	空軍	その他
伊江島補助飛行場	伊江村	8,016	海兵隊	演習場
八重岳通信所	本部町、名護市	37	空軍	通信
慶佐次通信所	東村	10	陸軍	通信
キャンプ・シュワブ	名護市、宜野座村	20,626	海兵隊	演習場
辺野古弾薬庫	名護市	1,214	海兵隊	倉庫
キャンプ・ハンセン	名護市、宜野座村、恩納村、金武町	51,099	海兵隊	演習場
金武レッド・ビーチ訓練場	金武町	17	海兵隊	演習場
金武ブルー・ビーチ訓練場	金武町	381	海兵隊	演習場
嘉手納弾薬庫地区	恩納村、うるま市、沖縄市、嘉手納町、読谷村	26,585	空軍・海兵隊	倉庫
天願桟橋	うるま市	31	海軍	港湾
キャンプ・コートニー	うるま市	1,339	海兵隊	兵舎
キャンプ・マクトリアス	うるま市	379	海兵隊	兵舎
キャンプ・シールズ	沖縄市	700	海軍・空軍	兵舎
トリイ通信施設	読谷村	1,934	陸軍	通信
嘉手納飛行場	沖縄市、嘉手納町、北谷町、那覇市	19,855	空軍	飛行場
キャンプ桑江	北谷町	675	海兵隊	医療
キャンプ瑞慶覧	うるま市、沖縄市、北中城村、北谷町、宜野湾市	5,957	海兵隊	兵舎
泡瀬通信施設	沖縄市	552	海軍	通信
ホワイト・ビーチ地区	うるま市	1,568	海軍・陸軍	港湾
普天間飛行場	宜野湾市	4,806	海兵隊	飛行場
牧港補給地区	浦添市	2,737	海兵隊	倉庫
那覇港湾施設	那覇市	559	陸軍	港湾
陸軍貯油施設	うるま市、沖縄市、嘉手納町、北谷町、宜野湾市	1,277	陸軍	倉庫
鳥島射爆撃場	久米島町	41	空軍	演習場
出砂島射爆撃場	渡名喜村	245	空軍	演習場
久米島射爆撃場	久米島町	2	空軍	演習場
浮原島訓練場	うるま市	254	その他	演習場
津堅島訓練場	うるま市	16	海兵隊	演習場
黄尾嶼射爆撃場	石垣市	874	海軍	演習場
赤尾嶼射爆撃場	石垣市	41	海軍	演習場
沖大東島射爆撃場	北大東村	1,147	海軍	演習場
合計	21 市町村	231,763		

出典：沖縄県知事公室基地対策課「沖縄の米軍及び自衛隊基地（統計資料集）平成25年3月」から

辺野古

一九九六年四月一二日、米国は七年以内に普天間飛行場を返還すると公表した。その条件として代替施設の完成が挙げられていた。その時点で、代替施設をどこに建設するかは決まっていなかった。

一九九七年一一月五日、久間章生防衛庁長官が、沖縄県に、代替施設へリポートをキャンプ・シュワブ沖辺野古にすると通告した。比嘉鉄也名護市長は、普天間基地の辺野古への移設が決まると、名護市に与える経済的利益を勘案して即座に賛同した。そしてヘリポート受け入れを表明した。

ヘリポート建設の是非を問うため住民投票が行われた。住民投票の結果、ヘリポート建設反対派が過半数を占めた。比嘉市長は引責辞任した。

比嘉市長は、名護市の経済立て直しを政策の中心においていた。沖縄の日本復帰を記念して本部町で沖縄国際海洋博覧会が開かれた。那覇方面から本部町へ至る道路が整備された。道路の開設によって本部町以外の山原《やんばる》と呼ばれていた沖縄本島北部へもアクセスが容易になった。かつて県都那覇から山原へは数日を要する長旅だった。それが数時間で行けるようになった。

僻地といわれた山原（国頭郡）も交通網の恩恵を受けた。かつて名護—那覇への旅が一泊旅行だったころ、旅立つ娘に、「船が名護沖にさしかかったら岡に白い煙が立つでしょう。それは私の見送りの合図なのよ」と言った母の話は、母の子を思う心だったが、昔のこととなった。

北部振興のため本部町で行われた海洋博覧会は、名護市に経済衰退をもたらした。かつて名護は北部の中心都市だった。多くの商店があった。北部住民の買い物は名護だった。沖縄県立第三中学、第三高等女学校があって、北部教育の中心でもあった。

那覇から北部を訪れる客は名護で泊まった。多くの旅館が栄えた。ところが道路網が整備されたため、那覇―名護間は数時間で往復できるようになった。那覇から訪れる人も名護で泊まることはなくなった。北部住民は那覇まで足を延ばして買い物をするようになった。期待していた観光客は那覇に宿泊し、バスで本部町へ行った。名護は北部の中心都市でなく、北部への通過点となった。

比嘉市長の辞任を受けて、名護市長選挙は、「市民が夢と希望を共有できる名護市、北部住民のニーズに応える都市機能を持った名護市、県民の故郷名護市」の政策を立てた岸本建男と、「市民の意思を結集して海上基地（辺野古）は造らせない、大田昌秀知事を支え、名護市の反対意思を明確にする」ことを標榜する玉城義和の事実上の一騎打ちとなり、名護市民は岸本を選んだ。

玉城の落選は、大田の反辺野古政策にとって大きな打撃を与えた。知事の指導力が問われ、その結果、知事選挙での三選に暗雲が垂れ込めたと報じられた。

当時の沖縄県知事・大田は政府提案に反対の立場を取っていた。

大田は沖縄県立師範学校在学中に徴用され、米軍と戦った経験があった。戦争の恐怖を肌で感じ、悲惨さを見聞きしていて、「戦争」「基地」と聞くだけで生理的、感覚的に嫌悪感をもよおす者の一人だった。

辺野古反対派は、移設の是非を問うた住民投票で非と出て、住民意思は決まっていると強気だった。これに対し、「基地を造ると聞けば、当然恐ろしいからやめてくれと言う、豊かになりたいかと聞かれれば、なりたいと答える。〝基地か？ 経済か？〟の二者択一となれば有権者の意思が異なるのは当然」との反論も出た。

岸本の当選に、当時の自民党政権は欣喜雀躍した。保守低落傾向に歯止めがかかった。次期知事選も勝てると、早くも次の知事選へ目を向けた。米政府は慎重な対応を求めた。沖縄と良好な関係にあっても、基地問題が生じると、すぐ関係が変わることを経験したからである。それでも控え目に、辺野古移転への期待を表明した。

沖縄の世論は、岸本当選が辺野古移設への市民の賛意とは考えていなかった。岸本が公約で、「辺野古問題は沖縄県知事に任せる」として争点にしなかったので、市長選が直接、辺野古基地建設の当否の判断を求めたものでなく、経済と基地どちらを取るのかの選択を求めたものだったからである。

一九九八年一一月、沖縄県民は第五代知事に稲嶺恵一を選んだ。対立候補だった大田に三万七五〇〇票もの大差をつけての勝利だった。この選挙の争点は基地と経済だった。敗戦の弁で大田は、

「経済問題が厳しくなって生活面を重視する立場から、県政不況という言葉を使われた。私の判断では稲嶺県知事になっても、沖縄県内に普天間移設はできない」と言った。つまり辺野古反対は揺るぎない、ただ生活が喫緊の問題だったにすぎないと言ったのである。

政府は、辺野古推進の糸口が見えてきた、今後は沖縄経済振興二一世紀プランの予算化を図ると言明。自民党も保守勢力が八年ぶりに県政を奪還したことを喜んだ。

しかし稲嶺の勝利は、保守層が厚くなったことを示したのではなく、県民が、九%の高い失業率、経済の不振に嫌気がさし、生活向上を選んだにすぎなかった。辺野古推進の糸口はまだ見えていなかった。

二〇〇四年八月一三日、午後二時ころ、宜野湾市の沖縄国際大学構内に米海兵隊普天間基地に所属する大型ヘリコプターが墜落した。

沖縄県の牧野浩隆副知事は、「普天間基地は市街地の真ん中にあり、かねてよりこの種の事故発生を危惧していた。今回の事故で、基地の危険があらためて実証された」と述べ、すべての責任は普天間基地を移設しない政府にあるとした。普天間基地の移転を早期に実現しなくてはならないと言ったが、辺野古への移転については明言を避けた。

沖縄県内の与党を除く各政党は、原因究明、飛行禁止、県外移設を訴えた。政府は、普天間飛行場を移転し、一日も早く住民の不安を解消したい、平成一一年の閣議決定どおり、辺野古への移設を推進するとの声明を出した。

この声明に対し、「普天間基地即時撤去」と怒りの声を上げ、「行動に出よう」といった激越な声が上がった。同様に、ヘリコプター墜落は、辺野古移転反対運動を盛り上がらせた。

移転先の辺野古区長は、「基地を受け入れる決意は変えない。施工の段階で安全性を考慮し、より安全な基地にしてほしい」と述べた。大学構内にヘリコプターが墜落したことが示したヘリポートの危険性は、これから建設されるヘリポートの危険性の問題としては捉えられなかった。

しかし二〇〇六年一月に行われた名護市長選挙で、辺野古移設賛成派の島袋吉和が、反対派の我喜屋宗弘に五〇〇〇票余の大差をつけて当選した。基地問題より生活が大事と考える人が多数を占めることを示した。

反対派としては、我喜屋、大城敬人の二人が反対派候補となり、票が分裂したのが敗因とした。たしかに我喜屋・大城両者の得票合計は、島袋が得た票数に近かったが、上回ってはいなかった。

小池百合子大臣が、「名護市長が産業振興、雇用創出など、市のさらなる発展のため積極的に取り組むことに内閣府としても協力していきたい」と述べたように、名護市を含む沖縄本島北部は、基地の危険どころではない、まず食っていけるようにすることが急務だと主張していた。

二〇〇六年一一月に沖縄県知事選挙が行われた。稲嶺の後継者仲井眞弘多が糸数慶子を破って当選した。

仲井眞は、普天間飛行場の危険を一日も早く除去するため、キャンプ・シュワブ（辺野古）内の暫定ヘリポート機能を緊急に整備する、普天間の閉鎖状態を実現すると主張した。糸数は、最も危険な普天間飛行場を即時閉鎖し返還する、国外への移転を求めていく、辺野古移設は危険な基地の県内たらい回しであり反対、と主張した。両者の票差は三万七三〇〇余票、大差だった。またしても沖縄県民は、経済が基地より大事と考えた。この選挙の際の仲井眞陣営の選挙参謀は翁長雄志だった。

反対運動は少しずつ声を大きくしていた。沖縄県議会で仲井眞与党は少数派だったから、仲井眞は辺野古反対意見に牽制されながら文字どおりヨタヨタと辺野古移設を進めた。

二〇〇八年七月一八日、沖縄県議会は普天間基地の辺野古移設反対決議を採択した。これに対し仲井眞は、「九月六日、名護市や宜野座村で普天間飛行場移設を認めていることを考えた場合、危険な状態を一日も早く解消するには、名護市のキャンプ・シュワブに移すことが実現の可能性が高く、早道だ。（中略）県議会で反対決議がなされたが、移設計画はシュワブに施設を作るもので、飛行場面積や滑走路の長さが縮小され、決議でいう『新しい基地建設』とは性格が異なる。危険状態の早期解消が一番の問題だが、決議では触れられていない。……県外・国外移設の検討は、長い時間をかけて日米両政府や県、名護市などによる検討の積み重ねを振り出しに戻すもので、先の見えない作業を始めることになる。その結果、危険状態が放置されると心配している。（中略）私は知事選で普天間の危険性除去、代替施設問題についても責任を持って解決することを約束している。公約を確実に進めるため、現実的な選択肢であるシュワブ移設について、地元の意向を踏まえ、政府と協議を重ねていきたい」といった主旨の意見を公表した。

この意見に対し反対派から猛烈な攻撃があった。知事に、政府の工事を許可すべきではないとの陳情が繰り返された。しかし仲井眞は聞く耳を持たなかった。

二〇〇九年九月、民主党、社民党、そして国民新党の連立政権が生まれ、鳩山由紀夫が首相となる鳩山内閣が誕生した。連立政権は辺野古移設を見直し、普天間飛行場移設先は国外、悪くても県外と発表した。仲井眞の辺野古移設への意見は消されてしまった。ところが連立政権は移設先を見つけられず、結局、米国に押し切られる形で、日米間の二〇〇六年の合意のとおり、移設先を辺野古、ヘリコプター部隊の一部を鹿児島県徳之島へ移すこととした。だが、徳之島はヘリコプター部隊移設受け入れを拒否した。構想の実現を見ないまま、鳩山は退陣、野田佳彦が首相となった。

民主党には外交政策がなかったといってもよい。鳩山の外交政策は、祖父鳩山一郎のコピー（対米関係の見直し、ソ連との関係改善）で、小沢一郎は対中関係重視のようであった。野田は東京都所有の尖閣諸島を国有化し、反中国の態度を取った。尖閣を自国領と主張している中国は怒った。この国有化を契機として日中関係は急激に悪化した。

二〇一二年年末、連立政権は衆議院議員選挙に大敗した。自由民主党が再び政権の座に就いた。

しかし沖縄では、普天間の辺野古移設を進める自由民主党公認四候補が全員落選した。辺野古反対運動の勢いは盛んだった。

仲井眞は知事任期満了の直前、民主党政権によって消されたかに見えた普天間の辺野古移設案を復活させ、政府の辺野古へリポート建設を許可した。そして二〇一四年の知事選に立った。だが、翁長雄志と約一〇万票差で大敗した。

翁長知事誕生の時代背景を少し見てみる。

二〇〇〇年代、中国は安価な労働力と新しい設備を活用して経済力を発展させた。発展は加速し、徐々に「世界の工場」と言われるまでになり、中国脅威論すら生まれるようになった。

世界の工場は世界の貿易大国となり、ついにGNP世界第二位の経済大国となった。近年では、世界の金融秩序の中心にまでなっている。上海の株安が全世界の株式取引所の株安を招き、中国経済の鈍化が世界経済を下方へ落とすようになっている。

南シナ海で、米国やマレーシア、フィリピンなどは中国との対立を強めた。そうした国々の反対にもかかわらず、中国は軍事基地を造り始めた。日本は、『平成二七年版防衛白書』で、中国が南沙諸島で強行している岩礁の埋め立てについて、国際社会から懸念が示されていると指摘し、中国の艦船や航空機による東シナ海や南シナ海への進出で公海での航行や飛行の自由が、「不当に侵害される状況が生じている」と非難した。中国は軍艦でない船舶を日本の尖閣領海に送り込み、緊張が続いていて、日本は尖閣や南沙諸島で中国と対立することになった。

日本は南西諸島の防衛のため、那覇、与那国へ部隊を配備するとともに、米国と協同して陸海空軍が参加して繰り返し作戦行動演習を行っている。

これら国際情勢の変化は、沖縄の基地の危険を、従来の〝基地が作る危険〟から〝基地に対する攻撃の危険〟へと変えた。

反辺野古運動の形も変わった。連立政権に対して貧困対策グループと反辺野古グループが共同で陳情を行った。この共同作業の中で、辺野古反対派に反戦平和の旗印を下ろさせ、貧困対策派に危険と引き換えに予算を取る態度を変えさせた。もともと両派は思想的な対立はなかったから、翁長を統一候補とすることができた。

あえて極端な言い方で私見を述べれば、琉球人は一部の者をのぞいて、いわゆる「高尚な道徳観」を持つにいたる環境では育っていない。長い間、食うのが精一杯で、高尚な道徳が先にあっては生きていけないのである。琉球人にとっては「食うこと」「食わせてくれる」ことが大事である。衣食足りて礼節を知るというが、食うのが精一杯である以上、社会や政府や国家といった問題に深く思考をめぐらすことは残念ながら少ないように思える。翁長が自由民主党に籍を置いたのも、保守派で党政策に共鳴したというより、そこが政権政党で予算を握っていたからである。だからオール沖縄の候補者となり、反自民になっても、自民党を裏切ったとは思っていない。琉球人の意思に従っただけで悪意はない。

翁長は野心的な政治家である。市議、県議、市長と一段ずつ昇ってきた苦労人でもある。「仲井眞の次は俺」と思っていたところ、仲井眞は高良倉吉を後釜に選んだ。失意の中でオール沖縄の知事候補の話が舞い込んだ。反戦、反基地、平和などの錦の御旗を掲げるのでなく、基地の島の現状を認めて、ただ辺野古への普天間の移設を中止させてくれればよいとの条件がついているだけだった。自民の政策とあまり違いはない。

少し前に行われた衆議院議員選挙で自民党公認候補四名全員が落選した事実から、出れば当選は確実だった。しかし政府に辺野古を断念させる自信はなかった。仲井眞の許可を取り消し、闘争に持ち込んでも、日本一家の行政府、裁判所が沖縄寄りの判断はしない、それに時間を稼がれたり、代執行されたりすれば反対の実利がなくなる、そうなると自分の政治生命も終わる――こんなことが翁長の頭に去来したに違いない。

翁長には、もし移設を防止できなければ沖縄は独立に動く、との読みがあった。翁長は中国福建省から名誉市民の称号を受けている。福建省は習近平国家主席が省長をしていたところである。省長時代、習近平は沖縄を訪ね、翁長との面識もあった。翁長はこの関係が利用できると考えた。中国へ接近し、廃藩の不当を訴え、沖縄の独立を模索する動きをして国際社会の関心を引き政府を牽制する。そうすれば辺野古移設を諦めさせられる可能性もあると読んだこの筋書きで翁長はオール沖縄の知事候補となったのではないか。。

政府対沖縄県の辺野古についての話し合いは決裂、沖縄県は政府に対し二〇一五年九月一四日工事許可取り消しを通知して宣戦布告した。闘いが始まってしまった。

翁長も安倍も、辺野古に至る琉球の事件史を思い起こしていただきたい。今、行われている沖縄対日本の戦いを、歴史は日本の勝利と言っている。この予測を、翁長は厳粛に受け止めるべきである。また、日本の勝利が一時的なもので、また同じ戦いが繰り返されることを安倍は悟るべきである。

翁長は辺野古建設を認め、基地の存続期間、利用形態などについて、国との細かい協議を行うべきである。安倍は、今後沖縄に一切の基地を建設しないことをアメリカ合衆国との連名で約束すべきである。そして辺野古の存続期間、利用形態について話し合うべきである。

辺野古が解決されても根本的な問題、「日本人になれない沖縄人の心」は残る。

なぜその心象が生まれるのか？　その縁由を辿り、治療を施さなくてはならない。もし投薬などの内科的治療の効果がなければ、沖縄独立の可否を問う住民投票など、外科的治療も必要かもしれない。この治療が功を奏すれば、「日本人になれない心」は消え、真の融和、協調、言葉を変えれば、政府と沖縄住民との自同性が生まれる。

第二章

アメリカ兵の結婚詐欺事件

「独身将校」

騙され、汚され、嬲《なぶ》られて、あげくの果ては捨てられて、残されたのは児子《ややこ》だけ——よくある話である。

この事件も、その、よくある話なのだが……。歴史や米軍基地が生む琉球人の戦争への恐怖を徴《ちょう》表《ひょう》する話である。

フランク・ウィリアムス

フランク・ウィリアムスは米軍大尉である。士官学校出のキャリアではない。二等兵として入隊し、昇進したノンキャリアである。ロジスティクスの専門家で、数少ないプロフェッショナルといわれている。身長六フィート、体重一七一ポンド、肌の色は黒、痩せ型、筋肉質、すらっとした感じで、鼻筋が通り苦み走ったイケメン。俳優のシドニー・ポワチエに似ている。一度離婚し再婚。彼は可能な限り過去を隠し〝独身将校〟を通している。それを可能にしているのは、初婚の子二人を父母に預けていることと、基地内の独身宿舎に住んでいることである。

フランクは、アフリカから連れて来られた奴隷の子孫である。アフリカン・アメリカンとは、最近フランクたちをいうときに使われるようになったが、かつてはネグロとかブラックといわれていた。彼らには先祖の怨念の記憶がある。それはアフリカで拉致され、アメリカに連れて来られ、奴隷にされた屈辱、悲しみ、苦痛、無念が生んだものである。奴隷にされたのは二〇〇年も前のことだが、怨念は親から子、子から孫へと伝承され、深層心理の奥深いところで、ちょうど地底のマグマのように燃え滾《たぎ》っている。

フランクの先祖はアフリカ大陸中部の村のリーダーの家だという。白人に誘拐され、北米のチェサピーク湾へ連れて来られた。誘拐された者たちは、四、五〇人のグループにされて、長い鉄の鎖を首にかけ、数珠つなぎにされて南の奴隷市場へ送られた。奴隷は二人ずつ留め金とボルトで手錠を結ばれた。肩幅の棒を両足にくくられて足枷《かせ》もかけられた。そして鎖の端は馬車に固定され歩かされた。女、子供は手鎖されずにその後ろに続いた。夜は森や野原で野宿した。食事も手錠をはめられたまま与えられ、用便も鎖につながれたまま、皆の見ている前で行った。食事の楽しみはなく、人間の最低限の羞恥心さえ無視され、動物並みの扱いである。町に着くと新しい衣服を着せられ、売りに出された。一人、二人と買い手がついた。

厳重な監視の下に奴隷をおくことは、奴隷商人にとって決して利益になることではなかった。監視のための経費、奴隷の体力、気力の消耗による商品価値の低下があるからである。奴隷を自由にして食と休養を与えれば、奴隷の体力はよい状態を保ち、高い値がつく。しかし逃げられては元も子もない。奴隷は捕らえられた直後から必死に逃亡しようとした。監視人を襲い、銃を奪って刃向かった事件も起きた。奴隷を逃がさないために監視せざるを得ない事情があった。

奴隷たちは長い船旅の中で極限の疲労状態にあり、いつ倒れてもおかしくない状態だった。それで弱り切った者から売りに出した。

奴隷商人は前もって、「仕事の経験を積んだ黒人。農耕、鍛冶、大工、料理、洗濯、アイロンかけ、裁縫など何でもできる。仕事のできる黒人多数入荷の予定、品不足の心配なし」という広告を出した。そして町に着くと、広場に並べてセリにかけた。

奴隷一人一人の価格は違っていた。男なら体が大きく、元気に見えるものに高い値がつき、女も健康に見える者にいい値がついた。町に着くと奴隷商人は奴隷たちを建物に入れて休ませた。シャワーを使わせ、よい食事を与え、十分に睡眠をとらせた。手枷、足枷、手錠を外した。町の建物には奴隷たちが逃げられない設備があった。すっかり元気を取り戻した奴隷たちの体に油を塗り、髪の手入れをしてからセリにかけた。

商品の奴隷が一人一人、連れて来られた。その直後に買い主たちは奴隷の身体検査をする機会が与えられた。買い主たちは奴隷の口を開けて歯を調べ、瞼を開いて目を見、上半身裸の体を前後から見たり、触ったりして品質を確認した。大方の奴隷が、嫌がって頭を振ったり体をねじったりするので、品定めにはかなりの時間を要した。奴隷の足枷と、その左右で奴隷の手をつかまえている看守たちも、買い主の検査を手間取らせた原因だった。このようなセリを途中の町で数回行い、最も高い値のつくルイジアナ州まで奴隷を運んだ。

フランクの先祖は体力があったからルイジアナ州ニューオリンズへ連れて来られた。そこで買われ、農園に連れて来られた。

ルイジアナ州の農園の規模には大小があった。大農園には二〇〇人を超える奴隷がいた。大農園は一万五〇〇〇エーカーの土地を持っていた。八〇〇〇エーカーにサトウキビ、三〇〇〇エーカーにトウモロコシ、一五〇〇エーカーに米を栽培していた。小さな農地に奴隷二、三名という小規模農園もあった。大小にかかわらず共通していることは、奴隷管理のための規律を定めていたことだった。そのほとんどは、たいてい次のような取り決めとなっていた。

冬は九時から五時、夏は八時から六時まで働く。奴隷小屋にウイスキーを置くこと、口論あるいは取っ組み合いをすること、暴言を吐くこと、盗むことなども禁じられた。大きな農園では、奴隷を監視する監督がついていた。監督が業務の指示を与えた。小さなところではオーナーが奴隷を監視し、業務の指示を与えた。また、許可なしで物を売ることも禁じられていた。奴隷が金を蓄え、自由を買い取ると、農園の経営が成り立たなくなる恐れがあった（自由な黒人の多くが、金で自由、地所を買った。そして独立して自ら事業を行った）。

監督が定期的に奴隷小屋を見回り、規則違反がないかどうかを調べ、倉庫、薫製室、馬小屋などの盗みがないように注意していた。

仕事を怠った、小屋に酒類を置いたなどの比較的軽い違反に対しては、食事や休暇を与えない罰、仲間とのレクリエーションに参加させない罰などが加えられた。無断外出や他の農園の者との交流などには体罰も加えられた。

違反者は休日にも畑作業が待っていた。通行証を与えず、外出の機会も奪った。土曜の夜のダンスパーティーに参加させなかった。「処罰対象者名簿」に載せられた者には他の奴隷の給仕をさせたうえ、何も食べさせなかった。支払われるはずの賃金を減額した。タバコの葉の虫を食わせた。屋敷の中の私設の牢屋にぶち込んだ。「生革鞭《むち》」あるいは「牛鞭」と呼ばれる残忍な道具で、肌が裂けるまで叩く罰が加えられた。

逃亡した者に対しては追っ手を出した。また州政府に協力を頼んで捜索させた。州政府によっては逃亡を州法違反として刑事罰の対象としているところもあった。逃亡奴隷に対しては重い罰が加えられた。奴隷を公認している州では農園経営に力を貸した。このような事情から、奴隷は農園主と州に対し反抗心を持つようになっていた。

農園側は奴隷たちの生活にある程度の自由は与えていた。奴隷たちに小屋と食料、衣服が与えられた。

大半の成人奴隷に、一週間分として、トウモロコシ、コーンミール少々、塩漬け豚肉またはベーコン三ないし四ポンドが与えられた。ほかに二、三の品が追加給付されることもあったが、これだけの食料では、量的には十分でも、バランスの欠けた食事にしかならない。農園主の中には奴隷の栄養面に配慮する者もいて、豚肉のほかに、糖蜜、野菜、果物も与えていた。そうしたところでは、奴隷もひどい栄養不良に悩まされることはめったになかった。待遇のよいところでは、ジャガイモあるいはサツマイモ、卵、鶏肉、牛肉、羊肉、ときには砂糖入りコーヒー、沿岸地方では、魚、エビ、カニ、ハマグリ、カキなどを与え、奴隷がときどき野生の鳥、獣などのご馳走にありつくことを許していた。

現金支出を切り詰めるため、奴隷の多くは「黒人用生地」という安い布を使ったみすぼらしい服を着せられていた。それさえも十分あったわけではない。長い夏の間なら、ボロ服を着ていても、索漠《さくばく》たる生活が一層味気なくなるといった程度で済んだが、冬はそうはいかず、身にこたえるし、健康面でも深刻な脅威となった。農園主は奴隷の医療費を負担した。妊婦や乳児を抱えた女奴隷に適切な注意を払っていた。

農園主は、政府から「奴隷たちには必要なものを与え、食物や衣類に不足がないように、家も住み安さに配慮して、病気の者、高齢者は優しく面倒を見てやるようにせよ」と、指示されていたが、こうした事柄に気を配った者は少なかった。

食料、衣類、住居および医療などの支出は、ある意味で、奴隷の労働に支払われる賃金の一部であった。しかし農園主は、これを維持費、すなわち奴隷財産の維持に必要な経費と見るのが普通であった。奴隷の権利を尊重する考えは皆無で、逆に収益を上げるため、経費を削減した。

同じ農園内に住む者との間での結婚は認められていた。他の農園の者との結婚には制限があった。二つの農園のオーナーの間で奴隷の売買についての話し合いがまとまって初めて結婚ということになった。この場合、奴隷がどちらかの農園に買われていくこととなった。

一見結婚の自由を認めたようなこの措置は、実は繁殖が目的だった。法律上の婚姻ではなかった。生まれた子は夫婦の子であるが、農園主の持ち物となった。そのため、子だけが他の農園に売られることも多く、嘆く母に消すことのできない農園主への恨みを残すこととなった。夫と妻、その子で構成される家庭は完全に無視された。

二〇年間も引き離されたある女性が、息子に次のように書き送っている。

「歳をとったらおまえに会えることを楽しみにしていますよ。……ねえ、いとしい息子よ。どうか歳をとった母さんに会いに来ておくれ。……おまえを愛しています。ケイトー。おまえも母さんを愛しているでしょう――おまえは私のたった一人の息子なんだから……」

またある男性は、子供たちとともに売られていってしまった妻にこう書き送った。

「子供たちの髪の毛を少しばかり、別々の紙に包んでその上に名前を書いて送ってくれ。おまえや子供たちと別れさせられるくらいなら、何かもっとひどいことがおっぱじまればよかったんだ……ローラ、私もおまえを愛しているよ。前と同じに……」

許可を得ての外出は認められていた。しかし外出先で、自由になった黒人との接触や、農園主になれない貧乏な白人との接触は禁止されていた。自由を志向し、農園主への反抗心を持たれては困るからである。そのために許可申請には、行き先、用件、出所・帰所時間を書くことが求められた。

外部の者と奴隷との面会は原則として禁じられていた。「卑しい白人」や「自由黒人」は現状を変えようとして不満を吹き込む。白人は黒人ほど働かないのに黒人より大事にされ、特権も持っているので、彼らと付き合うと奴隷は働かなくなったり不満を言ったりするようになるからだ。よそ者は農園に寄りつかせない必要があった。

エイブラハム・リンカーン大統領が奴隷を解放した後、奴隷という名称はなくなった。しかしそれまで「奴隷だった」という黒人階級が生まれた。

合衆国が奴隷を廃止したことで、州政府レベルで黒人を差別する法律が作られた。その法律は白人の地位を黒人に対して優位にした。法的な側面だけでなく、契約の面でも黒人は極めて不当な待遇を受けることになった。自由人となった黒人は、自由人である白人との間で自由に契約が結べることになった。しかし白人は黒人より経済的に豊かだった。経済的に優位な地位を利用して、白人は黒人を契約で縛った。自由人となった黒人が解放によって得たものは貧困の自由だとさえいわれた。

リンカーンの偉大さにケチをつけるつもりはないが、彼の奴隷解放も、ヨーロッパに大量の銀が輸入されて通貨となり、生活に革命を起こし、貿易の中心地が地中海からスペインの大西洋岸に移り、アメリカ北部の貿易を拡大させる商業改革が起きなかったら実現していなかった。

アメリカの南部は、農産物をイギリスをはじめとするヨーロッパ諸国へ輸出して繁栄を極めていたが、北部は輸出すべき農産物がなく、工業製品の販売によって経済を維持していた。この違いが、南部諸州は貿易の自由化を求め、北部諸州は工業製品の価格維持のため、安価良質なイギリスからの工業製品の輸入に高い関税を課す保護貿易主義をとらせた。この対立も奴隷解放に関係した。

折も折、ストウ夫人（一八一一～一八九六年）の著した『アンクルトムの小屋』が奴隷の悲惨な生活を活写し、多くの読者を得た。北部諸州は、この書が契機となって奴隷制反対の機運を高めた。

これが南北の貿易に対する態度の違いに連動した。

リンカーンは進歩的法律家だったから、当然人権意識は高く、奴隷制反対に理論的根拠を提示できた。それで奴隷解放を実現させたが、解放後の実質的平等実現にまでは手を回せなかった。奴隷解放後、黒人たちが、「リンカーン様は自由を与えてくださった。けれども貧乏の自由はいただきたくなかった」と嘆いたのは、この間の事情を言っている。このため奴隷解放は合衆国の解体を阻止するための方便で、奴隷解放が目的ではなかったとも考えられている。

とはいっても奴隷解放令は黒人に自由に活動する機会を与えた。強靭な肉体を使ってスポーツの場で名を挙げ、彼ら独特の音楽的才能を利用して歌手になり、あるいは音楽奏者として大成する者も出た。これら成功者たちは、その才能を生かすのに白人の数倍の努力を重ねた。努力を支えたのは白人の黒人差別に対する怒りに淵源があった。

白人は黒人の活動を快く思っていなかった。クー・クラックス・クラン（ＫＫＫ）という秘密結社が生まれた。彼らは黒人を脅し暴力を加え、殺害することさえ行った。ところが彼らの行為が司直の手によって処罰されることはほとんどなかった。警察を含め、司法関係者の大部分が白人だったからである。

黒人という下層階級に属することになってから一〇〇年近い月日が経った一九五五年、黒人はようやく、白人優位に挑戦する道を見つけた。

アラバマ州モンゴメリーの黒人女性裁縫師、ローザ・パークスはバスに乗り込み、バスの中間部の席に座った。バスは混み合い、白人の乗客も増えた。運転手は黒人に対し、中間部の席は白人用なので席を譲るよう呼びかけた。しかし、パークスは、かたくなにそれを拒否した。彼女はモンゴメリー市のバス規定違反で逮捕された。逮捕を知った黒人の間で、バスのボイコット運動が広がった。

事件翌日、バスを利用していた四万人もの黒人がバスをボイコットし、徒歩、タクシー、自転車、ヒッチハイクなどで町を移動した。その日の午後には、黒人の活動家たちが集まり、夕方には大集会を開き、引き続きバスをボイコットするよう呼びかけた。

黒人活動家たちは、「モンゴメリー向上協会（Montgomery Improvement Association（ＭＩＡ））」を結成し、牧師マーティン・ルーサー・キング・ジュニアがＭＩＡの総裁に選ばれた。

モンゴメリーのボイコット運動は、南部全域にわたる運動に発展した。キング牧師は、自分たちが闘っているのは「白人」に対してではなく「不正」に対してであり、また黒人たちが利用し得る最も大切な武器は「怒り」や「憎悪」ではなく、「愛」と「寛容」であると、繰り返し主張した。

キング牧師は投獄され、家が爆破されるなど、様々な嫌がらせを受けた。しかし、ボイコット参加者たちは、バス規定は憲法に反すると裁判所に訴えた。連邦最高裁は、規定は合衆国憲法修正第一四条に違反するとの判決を出し黒人は勝訴した。

ＭＩＡ内部では活動方針に関して対立があった。一部の参加者は、法の「暴力に対しては暴力をもって対抗すべき」と主張し、暴動を起こすことを主張した。これに対しキング牧師は、法に対しての闘争はあくまでも司法の場で行うべきであると主張し、暴力の下にある「憎しみ」「怒り」を捨てるよう主張するとともに、闘争の相手を白人ではなく、法の執行であると主張した。

この活動方針によってＭＩＡは白人の知識層を味方につけただけでなく、白人対黒人の対立という解決不能な問題を、法の下の平等の保障という、司法による解決可能な問題に変えた。黒人は物理的暴力を法廷闘争に転化したのである。しかし奴隷として受けた屈辱、怒りは残った。

一九六三年、ノースカロライナ州グリーンズボロの小さなレストランチェーン店のランチ・カウンターで、四人の黒人学生が席をとった。そこでは、黒人は買い物はできたが、座って昼食をとることは禁止されていた。ウェイトレスは彼らの注文をとらなかった。来る日も来る日も、四人の学生は店に寄ってカウンターに座った。ウェイトレスは彼らを無視し続けた。やがて、彼らの「座り込み」運動が報道され、ほかの黒人もほかのレストランのカウンターに座った。彼らは、白人から暴行を受けたり、唾を吐きかけられたり、ケチャップや水をかけられたりといった様々な侮辱や肉体的攻撃を受けた。その通報を受けた警察は事件を取り上げず、黒人を保護しなかった。

そして「座り込み」運動は、店から店へ、町から町へと広がりを見せ、レストランチェーンは客を減らし、売り上げを落とした。主なチェーン店は、黒人がランチ・カウンターで食事することに同意した。洗面所での隔離撤廃、白人と同じ条件で黒人の店員や職員を雇うことにも同意した。

アラバマ州バーミンガムで差別撤廃運動デモがあった。キング牧師ほか二二〇〇名が逮捕された。逮捕された父や母に代わって、六歳から一八歳までの黒人の子供たちもデモ行進をした。その数は六〇〇〇人にも上った。バーミンガム警察署長ユージン・〝ブル〟・コナーは、デモ参加者に対して警察犬を放つよう命じたり、消防士に消防用ポンプで放水させるなどの強行手段をとった。獰猛な警察犬に噛みつかれ、木の皮を剥ぐほどに強力な消防ポンプの水圧に打ちひしがれている黒人の姿が、テレビに映し出された。

ジョン・F・ケネディ大統領は、公民権運動を全面的に支持する声明を出した。白人至上主義者らが公民権運動の活動家の宿舎を爆破したことで暴動が勃発。ケネディが双方の過激派を威嚇するため連邦軍を派遣して、騒ぎはようやく治まった。

こうした動きに対して、地元のクー・クラックス・クランは、キング牧師が宿泊していたホテルやバプテスト・チャーチの連続爆破事件を起こした。このようなことが断続的に繰り返され、聖書の講義に参加していた四人の黒人少女の命が奪われるまでにエスカレートした。

奴隷解放一〇〇年を記念して、ワシントンDC市内でデモ行進が行われた。二十数万の黒人と白人も加えた参加者は、プラカードを掲げて市内を整然と行進。その締めくくりとして、キング牧師が、リンカーン記念館の大理石の階段から、「私には夢がある」で始まる聖句のような響きを持つ演説を行った。ワシントン大行進に参加した二十数万の支持者たちは、キング牧師の歴史に残る名演説に魅了され、〈I have a dream〉と、繰り返し唱和した。

キング牧師はその比類なき弁舌と確固たる非暴力主義、そして投獄をも恐れずに人種差別と闘った。彼の影響力が大きくなるに従って、FBI（連邦捜査局）は妨害作戦をエスカレートさせた。ケネディ大統領は、キング牧師の運動を支持していた。合衆国政府はキング牧師支持だった。ところが内部には、政府方針不支持の立場をとる者もいた。合衆国全体でもキング牧師の運動を支持する者はまだ少数派にすぎなかった。

大方の白人はキング牧師の活動は合衆国南部の人種差別撤廃運動で、それが全米的広がりを見せることはないと高をくくっていた節がある。それが合衆国の首都にまで広がり、政府内の反キング牧師派幹部は慌ててデモの妨害をした。捜査官の一人がキング牧師に自殺を促すメモを送るという事件も起きた。こんな無意味なことをするほど狼狽した者がFBIにいた。

ワシントンDCのデモを成功裏に終えたキング牧師は、その後、全米各地で差別撤廃運動を行い演壇に立った。テネシー州メンフィスのモーテルのバルコニーに立ったとき、キング牧師を白人の浮浪者ジェームズ・レイが狙撃、殺害した。だが、キング牧師の死は決して無駄ではなかった。

第二次世界大戦の後、アメリカ合衆国は、世界の警察、オピニオン・リーダーの役割を担っていた。その役割から、世界の人権状況についての発言も多くなった。国内の黒人差別を残すことは、まさに羊頭を掲げて狗肉を売ると、非難を受けることとなった。黒人差別の撤廃はどうしてもしなくてはならないこととなった。それが黒人の中に、差別撤廃は世界の要求、必ず撤廃されるとの自信を生み、人権闘争が激化していった。こうした状況が、ケネディの後任のリンドン・ジョンソン大統領の「公民権法」につながった。

一九六四年七月に、ジョンソン大統領は公民権法と呼ばれる法律を成立させた。この法律によって、公共の場でのあらゆる人種隔離は違法とされ、黒人を差別していたジム・クロー法は永遠に姿を消すこととなった。それればかりか、雇用、労働組合、連邦政府によって運営されている団体における差別も禁止されることとなった。この法律によって、公民権運動はその裾野を広げ、合衆国全体に波及するようになっていった。

公民権法が成立しても黒人が参政権を行使する道が大きく開けていたわけではなかった。無学、文盲の黒人は選挙で投票できなかった。連邦政府は一九六五年、「投票権法」を制定し、識字テストなど黒人への様々な選挙人登録の妨害策を排除した。またこの法律により、連邦審査機関が設けられ、選挙人登録が公平かつオープンに行われているか監視し始めた。南部での選挙人登録率は、一九六四年に四〇％に上り、さらに一〇年後には六五％にまで達した。リンカーンからジョンソンまでのアフリカン・アメリカンの活動の記憶は、彼らの骨の髄にまで染みついているもので、それが誇りであり、ガッツの淵源となっている。

こうした背景を知らなければ、フランクの性格を知り得ない。

黒人の残してきた実績も無視できない。

チャールズ・ヤングという黒人がいた。彼は黒人として三番目の陸軍士官学校ウエストポイントの卒業生だった。黒人最初の旅団長、黒人最初の国立公園長、そして外交官でもあった。人種的偏見もあって将軍にこそなれなかったが、その経歴は見事なものだった。彼にこのような経歴を残させたのは、合衆国軍隊組織の中では人格、識見、能力があれば、少なくとも最低限の昇進をさせる組織の方針と彼の努力があったからである。彼は第一世界大戦の前夜、病気のため退役したが、もし軍に残っていれば将軍になった可能性はあった。その彼の後を継いでベンジャミン・デービス・シニア、ベンジャミン・デービス・ジュニアが将軍となっている。軍の中の黒人の地位の向上は、当然、社会における黒人の地位の向上につながっていった。

フランク・ウィリアムスが最初に人種差別を意識させられたのは小学校でのことだった。

小学校は黒人だけの学校だった。一〇人の人間の顔が描かれたプリントが配られた。一〇人の顔の色は白から黒までの一〇段階の違った色だった。教師が児童に、「美しい顔は？」と聞いた。クラス全部が一番白い顔を上げた。頭のよいのは？　善人は？　の問いに対する答えもすべて白い顔だった。学校では白い顔の黒人の子が「モテ」た。黒人らしい真っ黒な子はいじめの対象になった者が多かった。教師も白みがかった黒人の子供のほうを可愛がった。

フランクは、母に連れて行かれた農園主の家で、「テーブルに座ってはいけない」「ソファに座ってはいけない」などと言われ、掃除が済むとガレージの木のベンチに座って休んだ経験がある。それがフランクに白人優位を植えつけた。

九年生になって初めて白人の教師に教わった。一〇年生（高校一年生）までは黒人学校だったが、一一年生に上がるときに白人黒人共学の学校に行くことになった。

南部の、黒人のコミュニティーでは子供のころから、目上の人に対して返事をするときには敬意を払って「イエス、サー」「イエス、マァム」、「ノー、サー」「ノー、マァム」と言うようにしつけられた。学校では白人の教師たちに、敬意に関係なくそう答えるように強制された。黒人の生徒たちは「白人教師は迫害者だ」「奴隷制のころに戻ろうとしている」と囁き合った。

フランクの一つ年上にビルがいた。ビルは自習室にいた白人の女性教師に「イエス」か「ノー」とだけ返事をし、「マァム」を言わなかった。

女性教師は言い直すようにとビルに注意したが、彼は従わなかった。女性教師は怒りだし、ビルの胸ぐらを捕まえようとした、しかし、ビルはそれに抵抗して、相手に平手打ちを加えた。ビルは放校になった。最終学年だった彼をどうにか卒業させようとした両親が、別の学校への転校を希望したが、学校が記録を渡さず、次の年の新しい学期が始まったら同じ学年から復学するようにさせた。

このような事情でビルとフランクは、同じ学年になった。この事件がフランクに「差別」を考えさせるきっかけになった。

フランクは一二歳になるまで白人から直接差別されたことはなかった。彼は黒人社会で生まれ育ち、黒人の教会、学校へ通った。白人とほとんど接する機会がなかった。

フランクが直接白人から差別を受けた経験は一二歳ころである。歯が痛くて歯科を訪ねた。入り口を入ると、座り心地のよさそうなソファ、その前のテーブルに雑誌が置いてあった。彼は窓口へ行った。そこには若い白人の女性がいた。「あなたはここにいるべきではありません。裏口へ回りなさい」と言われた。裏口へ回ると、まったく飾り気のない部屋の木製のベンチがフランクを待っていた。

母と継父

フランクは、ルイジアナ州ニューオリンズから南西へ車で二時間ほどの農園の中の奴隷小屋で、一〇人兄弟の三番目として生まれた。奴隷制度はなくなっていたから、かつて奴隷が使っていた小屋というのが正確かもしれない。そこはサトウキビと米を主産物とする農村である。

「オリーブ・ブランチ・プランテーション」という農園で、小さな小屋がたくさんあった。小屋は道に面し、向かいがまばらな木立になっていた。林の中に道路があった。道路はプランター（農園主）の家に通じていた。農園主の家から、小屋は林を通して見張ることができた。

木造の、頑丈だが粗末な小屋である。立ち並ぶ全部が同じ規格だった。出入り口は一つ。炊事場から入った。炊事場を抜けると寝室。その間は板で仕切られていた。寝室は夫婦の寝室、その奥が子供のものだった。夫婦と子供の寝室は板で仕切られ、開口部があった。それぞれの部屋に天井から吊り下がった裸電球が一つあった。長いカウチが一つ、夫婦の寝室にあるほか、家具はなかった。食事はそれぞれの部屋に運んで食べた。フランクは食事を部屋へ運ぶ途中にこぼして母に叱られたことが再三あった。

ペンキの塗っていない、雑に切った板を隙間だらけに張った外壁があった。内壁はなかった。窓は板でできていた。窓は上部を窓枠に金具で固定され、外側へ押して開閉した。ガラスは入っていなかった。冬の間、寒気を防ぐのは一枚の板の厚みだけであった。狭い、低い、空気が悪い、汚い小屋は、雨風を、不完全ではあるが避けて寝る場所以上のものではなかった。煮炊きは薪《まき》を使っていた。炊事場には流し台とかまどがあった。炊事場の床はリノリュームのような素材、寝室の床は木となっていた。隙間があって床下から風が来た。雨が降れば雨が漏り、風が吹けば風が通る。陽の光の差し込まない陰気な住居であった。トイレは小屋の外にあった。排泄物はトイレの裏の沼地に垂れ流す仕組みだった。フランクはその家で生まれた。

何かが落ちたような大きな音に目が覚めた。同じ部屋に寝ていた姉のスーザンとナンシーもそれに気づいて起きた。続いて母の叫ぶ声がした。目を覚ましたばかりのフランクには声は聞こえたが、意味を理解できなかった。続いて鈍い音、母の泣き叫ぶ声、姉二人が仕切り壁を出て父母の部屋に入り、「お父さん、やめて」という声、フランクも父母の部屋へ入った。

足を床に着け、上半身を起こしてベッドに座っている、顔が腫れ出血している母が朝の光の中にいた。その母に覆い被さる形で一方の膝をベッドに着けて、中腰の姿勢で右手を振り上げて母を殴ろうとする父がいた。その父の腰に二人の姉が抱きつき、父を母から離した。父は無言で家を出た。それきり家に戻らなかった。

その事件の前から父と母が言い争いをしていたことがよくあった。母が父を、「ウーマナイザー

〈女ったらし〉」と罵《ののし》っていた声が耳に残っている。小さいフランクには言葉の意味は理解できなかった。長じて、父母の離別は父の女性関係が原因だとわかった。

顔の傷が癒えたころ、母は荷物をまとめ、子供たちを祖父に預け出て行った。祖父は母の父だった。フランクが小学校一年生のころである。

祖父は孫たちにせかされて魚釣りに出た。「おじいちゃん、餌をつけて」「バケツを持ってきて」と言われて、その雑用を楽しそうにこなした。学校の授業参観にも父兄として出た。祖父は「宿題はなかったか？」と宿題を見てやり、「予習が大事だよ」と予習を強制した。フランクは祖父の強制を嫌った。理由をつけて、逃げた。逃げられなくなって机の前に座らされ、「不公平だよ、姉さんたちには勉強を強制しないのに、どうして僕だけ」と不平を鳴らすことも再三だった。「女は勉強しなくてもいいんだよ。よい夫を探すノウハウを身につければいいのだよ」とフランクの不平を跳ね返した。姉二人は優等生、フランクの成績とは比べものにならなかったが、祖父は決して姉たちの成績との比較はしなかった。

母は月に一度、月末の土曜日に帰ってきた。姉二人の髪の手入れをしたり、たまに買ってきた服を着せて、「ファッションショーをしなさい」と言って姉たちに家の中を歩き回らせた。フランクを膝に抱いて「学校は面白いの」「友達はたくさんいるの」と不在中の出来事を聞いた。持ってきた食材を使ってご馳走を作った。なかでもスパゲティ・ミートソースが母の得意料理で、炊いた米の上に茹でたスパゲティを置き、その上からミートソースをかけた。美味だったから、後日それが本当のスパゲティ・ミートソースでないことがわかっても、味はフランクの記憶に残っている。ほかにもいろいろな料理を作った。

日曜日の夕方、母は帰って行った。フランクは、「ずっとここにいられないの？ ここから仕事に行けないの？」と母を困らせた。「そこまで買い物に」と、母は祖母と連れ立って出かけ、戻ってこなかった。

二年ほど経ったある土曜日、母はいつものように帰ってきて子供たちとの一日を過ごした。帰り際に「これからはしばらくは来れないけど、クリスマスには帰ってくるから、お利口さんにしていなさい」と子供たちに言った。

母が去った後、祖母が、「たくさんお金を稼がないといけないので、ニューオリンズへ仕事に行くのよ」と話した。フランクは嘘だと思った。フランクに母との別れを納得させる作り話としか思えなかった。なぜかフランクは、母がこの町にいる気がしていた。

父は一度も祖父の家を訪ねて来なかった。祖母は「あなたたちの生活費はすべて母が出していて、父は一銭も出していない。悪い人だ」と怒っていた。

「クリスマスには帰ってくる」と言って出て行ってから約三年、音信を絶っていた母が帰ってきた。四歳になる女の子を連れて。姉二人は何の屈託もなく母を囲んでこれまでの学校のこと、生活のことを話した。連れ帰った女の子を姉たちは可愛がった。フランクは見るのも嫌だった。フランクは素直に母と話ができなかった。

「フランク、来なさい。抱いてあげる」。手を広げる母のもとへすぐには行かなかった。母は、フランクが抵抗を感じていると察したらしい。「この可愛い子は私が産んだ子よ。あなたの妹よ。私の産んだ子はすべて兄弟姉妹、仲よくしなさい」と言った。

祖父は母に、「ネルソンさんの家の家政婦の仕事を見つけておいたから、明日にでも挨拶に行きなさい。君たち家族の家も世話してくれると約束してくれたよ」と言った。

母がネルソンさんに世話してもらった家で四人の子の生活が始まって六ヵ月ほどしてある日突然、小さな旅行バッグを持った男が家に入ってきた。四〇歳くらいの中肉中背の風采の上がらない男だった。小柄な男は、「これから私が君たちの父になる」と言った。母は子供たちに男のことを話していなかった。姉たち二人は男を怖がっていた。フランクはこんな男は父親になってほしくないと思った。

「これからはお父さんにみんなのためにお金を儲けてもらうからね」

母はそう言った。法的に二人は結婚しなかったが、継父と母が同棲を始めたのはそれからである。

継父が姉のスーザンをセックスの対象と見だしたのは、彼女がまだ七年生のころだった。継父は仕事を休んでいた。母は仕事に行き、家には妹のナンシーとフランクがいた。継父はスーザンに「五ドルあげるからベッドルームに来なさい」と言った。スーザンは男が金を払って女を買う話を知っていた。「買う」意味を完全に理解していたわけではなかったが、ネガティブな響きで買う話が伝えられたことから悪いことだと思っていた。

「ちょっとすることがあるから、それを済ましたら行きます」

スーザンは返事をして、すぐ用事があるふりをして家を出て、祖父母の家に逃げた。スーザンは祖父母に継父の言葉を話した。「賢い子だね。ここにいなさい」。祖父はそう言った。

夕方、母が来た。祖父は母と二人で長い間話をしていた。スーザンは祖父が母に継父のことを話していると思っていた。「おまえはもう子供ではないのだから、短いパンツをはいて家の中を歩き回ってはいけない」。母は祖父との話が済んだ後、スーザンに注意した。スーザンは母が、「大変だったね。彼には二度とあんなことはさせないように注意する」と言ってくれるものと期待していた。母に裏切られた気持ちになった。

後日、母は「ダディはあなたにセックスを強要したことはないと言っている。あなたの思い違いではないのか」と言って、騒動はスーザンの誤解によるものと決めつけた。夫婦の間では騒動に影響されない、普段と変わらない日が続いていた。スーザンは祖父に、「母は継父の肩を持っている、私が誤解したのではない」と訴えた。祖父は、「おまえが嘘を言っていないのはわかる。とにかく継父には気をつけるように」と言った。

数ヵ月が経過した。スーザンがトイレに入っているとき、外から継父の声がした。「スーザン、私は君を愛している。小遣いをあげるから、私の部屋に来てくれ」。スーザンは鍵をかけた。継父は外からドアを叩いて、哀願するように何度も、「金をやる」「部屋に来てくれ」と繰り返した。スーザンは返事をしなかった。すると継父はドアに張り紙をしているようだった。スーザンは恐ろしさに震えながらドアの取っ手を押さえていた。継父が立ち去る気配があった。戸を開けて外へ出た。ドアに張り紙があった。それには、「君を愛している。いい子だから父の願いを受け入れてくれ。お金はたくさんあげる」と書いてあった。スーザンは張り紙をドアに残して祖父母の家へ行った。「もうあの家には帰らない、ここにおいて」。祖父に一部始終を話して頼んだ。

その日の夕方、母が祖父の家に来た。スーザンは、母は継父の肩を持つと思っていたから、その日の出来事を話す気になれなかった。別室で祖父が、「大事な子供にこんなことをさせていいのか、おまえがこの子を守ってやらないと、この子の一生は台なしになる」と言っているのが聞こえた。母は、「前のことはなかったことだし、今度もスーザンの勘違いではないの」と話していた。祖父は強い調子で、「おまえがスーザンを信じてやらなければ、誰が信じる。あの男がしたに違いない」

と言っていた。母は家に帰った。

数時間経って母が戻ってきた。「あの人が自分のしたことを認めた。スーザンに謝ってくれると言っていた」と祖父に告げた。そのときもスーザンは母と顔を合わさなかった。この一件があってから、スーザンは祖父母と一緒に住むようになった。

それから一年ほど経って、母が手術を受けた。そのときも継父はスーザンにセックスを求めた。前の二回のときとは異なり、彼女にははっきり拒否を言葉にする能力がついていた。

「incest（近親相姦）は犯罪よ。捕まれば刑務所へ送られるのを知っているの？」

継父はこの一言でもう欲望を押し通す気力を失った。

「お母さんは病気だよ。このことを話すと病気が悪くなる。言わないほうがいい」。スーザンは母に告げ口をする気はまったくなかった。どうせ父の味方だから母に話しても何にもならないと考えていた。フランクには話した。フランクは、「前のこともある、あいつを殺してやる」と息巻いていた。フランクは、金で妻の連れ子を買おうとする継父を憎んだが、暴力は加えなかった。

継父が仕事を失って、農園主から退去を命じられたことや、借りた家の家賃が払えず追い出されたりして、家族は何度も引っ越した。

電気を止められ、暗闇の中で過ごした日が何日かあった。水道も止まっていて、母に言いつけられて、フランクは隣家へ水をもらいに行った。姉スーザンが隣人に米を借りに行ったこともある。

転居先はどれもかつての奴隷小屋で、つくりや設備はほとんど同じだった。食事は米が主食だった。米は日本と同じ調理法で炊いた。ベーコン、豚足、豚の尾、豚の耳、亀、牛の舌、アルマジロも食べた。アルマジロはときどき家の庭に入ってきたところを、継父が銃を持って後ろから忍び寄って撃った。穴に入る前に捕まえないと、長い爪を使って土をつかみ、穴から引きずり出すことはとても難しい。一度、継父が穴に入りそうなアルマジロのしっぽを捕まえたが、引きずり出せず、銃で撃ってようやく捕まえた。アルマジロは皮が固い。母はそれから肉を取る方法を知っていた。

冬の間はウズラを捕った。アライグマ、ウサギなども捕まえて食べた。食べられるものは何でも捕って食べたから、庭に入り込んできた野生動物を見ると、「自殺行為だわ」と姉たちが言った。

肉類がないときは、小川でスズキを釣っておかずの足しにした。手に入る食料で生き延びることを余儀なくされていたから、野菜の代わりに、野生のカブやタンポポやビーツの葉を食べるようになり、カラードグリーン、ケール、クレソン、ヨウシュヤマゴボウ、捨てられる豚足、牛舌、牛の尾、ハムのかかとの部分（ハムホック）、チタリングス（豚の小腸）、豚の耳、豚の頬肉、牛の複胃（ミノ、センマイ、ハチノス、ギアラ）や皮を工夫して料理した。タマネギ、ニンニク、タイム、ローリエを加えて風味をつけて食べた。

子供のベッドは木の枠の上にスプリング、その上にマットを置いたものだった。二人の子供が一つのベッドに寝た。すぐ下の妹が、一人でカウチに寝ていて、ネズミにかまれたことがあった。

ルイジアナ州は亜熱帯地域に属する。湖が多く、夏は高温多湿であるが、冬は零下に下がるほど冷える日もある。夏は蚊が多かったが、蚊帳《かや》はなかった。蚊に刺されたまま寝た。刺されるのに慣れていたから刺されても何も感じなくなっていた。

冬は毛布一枚を二人で掛けて寝た。部屋に暖房はなかった。寒かったが、二人で寝ているので二人の体温が相互に作用してなんとか寒さを防いだ。温度がひどく下がった日に、あまりの寒さで昼近くまでベッドにいて学校を休んだことがあった。

寝室の床の上に子供たちが共有する洋服が置かれていた。いい服の取り合いによる小競り合いが日課だった。肌着は小麦粉などの袋で母が作ったものだった。

夜はトイレには行かなかった。蛇がトイレにいる――子供たちはそう信じていた。蓋付きのバケツが用意されていて、用はそれに足した。翌朝、子供がそれをトイレに運び、捨てた。そして容器をきれいに洗った。この仕事を好きな者はおらず、皆が敬遠していた。

母はフランクの父との間に三人の子をもうけた。そして父のわからない妹が生まれた。さらに継父との間に次々と四人の子をもうけた。母の子は、姉スーザン、姉ナンシー、フランク、弟Leonのほか、Charles、Harry、Marvin、Sophie、Randy、Dexter、Ronnaだった。継父はほかの女性との間に四人の子供がいた。どんな経緯で母と同居するようになったかフランクは知らない。

家族全員が集まって相談して何かを決めたことはなかった。すべて母の一言で決まった。母は子供たちに仕事を言いつけた。長女のスーザンが炊事、洗濯、そして掃除。スーザンはその一部を妹のナンシーに言いつけた。母は仕事に出ていて家事には手が回らなかった。「今晩はビーンにベーコンを入れて、米はいつもの量炊きなさい」とか、「スターチは薄めにして、アイロンかけは忘れないように」とスーザンに指示を出した。スーザンが一二歳ころになると、この命令は妹のナンシーに言いつけられた。母はスーザンを仕事場に連れて行き、自分の仕事を助けさせた。もちろん、スーザンは無報酬だった。手伝いができたことで、母は空いた時間でほかの家の家政婦の仕事をした。そのぶん収入が増えた。

母はフランクの仕事も見つけた。農園主の家の庭掃除だった。連れて行かれたところは大きな白いペンキ塗りの家で、フランクの家の一〇軒は入りそうだった。広い庭のところどころに大木があり、それからモスが垂れ下がっていた。裏庭にブランコがあった。亜麻色の髪、ブルネットの瞳の少女がブランコに乗っていた。フランクを見て、ブランコから飛び降りて小走りに勝手口から家の中に逃げた。乗る人のいないブランコが揺れていた。勝手口に並んで車庫の裏口があった。車庫には電話があった。シャワー室もあった。庭掃除に行くたびにフランクはシャワーを使った。石鹸を頭と体に塗り、温水でそれを流した。泡が落ちても、温水をしばらく楽しんだ。作業衣を掛けるフックが壁にあった。その一つにバスタオルが掛かっていた。体を包み拭く、ふんわりした感触が忘れられなかった。

この記憶は今でもフランクに残っている。その家の子と話したことはない。母に話してはいけないと言われた記憶はない。子供ながらに話してはいけない雰囲気を感じていた。もちろん向こうからも話しかけられたことはない。

フランクは家に入って母と二人でいくつもベッドを作ったこともある。マットを手で持ち上げてシーツを敷き、しわを伸ばす。その上に掛け布団を置き、頭の部分に枕、クッションを置くスペースをとって、布団の端をマット下に入れて固定する。その上にベッドスプレッドを掛ける。そして枕とクッションをベッドのヘッドボードに立てかけておく。作り終えて疲れてベッドの上に大の字になったところ、「駄目だよ、そこに寝ては。家の人に見つかったらもう明日から仕事はなくなるよ」と母が言った。テーブルの拭き掃除の後、椅子やソファに座ろうとするとやはり同じことを言われた。マスターやマダムへの受け答えは「イエス、サー」「イエス、マダム」だけにしなさいとも言われた。癖があって粗野な黒人英語が礼を失することを母が恐れたからである。フランクはまるで池に張った氷の上を歩くように、用心しながら仕事を終える方法を覚えさせられた。

継父は、冬は午前九時ころから午後五時ころ、夏は午前八時ころから午後六時ころまで仕事をしていた。朝、子供たちが寝ている間に仕事に出かけ、日が暮れて戻ってきた。彼の出勤・帰宅は判で押したように正確だった。無表情な顔をして仕事に向かい、そして戻った。継父は自分の意思ではなく、まるで誰かに遠隔操作されて動いているようだった。

仕事から戻ると手足を洗って家に入った。家にシャワーはなかった。夏、外で水浴びをすることはあったが、冬は体を洗うことはなかった。体を拭くだけだった。継父だけでなく、母や子供たちもシャワーなどの贅沢は年に何度か味わったにすぎない。

冷蔵庫はなかった。アイスボックスがあった。母が主人の家から氷をもらってきてそれに入れていた。氷を割って水に入れ、継父はまるで冷たいビールを飲むように一気に飲んだ。「うまい。ビールを小屋に置いてよければ、いつでも飲めるのだが」。継父はいつもそう言った。本当は冷たいビールを飲みたかったのだろう。アルコールを買う金はなかった。

継父は酒を好むほうだった。年に数回、イースター、カーニバルなどの際に安ウイスキーを買ってきて、酔いつぶれるまで飲んでいた。子供たちに軽口を叩きながらアルコールを口に運ぶときの継父の顔には、日ごろ見せたことのない歓喜が現れていた。

継父は仕事以外、ほとんど外へ出なかった。外で使う金がなかったからだった。子供たちにせがまれて、農園の売店へ行くことはあった。そこではツケで買い物ができた。売店でのクレジット買いは、後に給与から天引きされた。だから、そこへも頻繁に行くことはなかった。

フランクの母は農園主の家政婦の仕事をしていた。白人の農園主の家に自由に出入りができたが、一般の黒人は電話を借りるときに裏口からその家に入ることが認められているだけだった。

家政婦だった母は雇い主の朝食の支度も任されていた。暗いうちから家を出た。そのぶん帰りは早かった。「夕食は奥様が自分で準備されるから」と帰りの早いことを話した。主人に対し暴言や乱暴な言葉遣いをしてはいけないと思っていたのだろう。「奥様」という敬語に畏敬の念をにじませていた。うっかり主人の家のものを入れたまま持ち帰ったことに気づくと、パニックに陥った。夜遅くからでも、それを返しに行った。奴隷が主人のものを盗って厳しく処罰された先祖の記憶が母に生きていた。

父母ともに働いていたが、現金は不足していた。生活は苦しかった。継父と母との間でいさかいが絶えなかった。いくらかましな生活をと考えて父母は仕事を変えた。継父は農園を辞め、製糖工場に移った。製糖期の給料は農園よりはるかによかったのだが、製糖期が過ぎ休みになると給料はなかった。継父はほかに臨時の仕事を求めるのだが、見つからないことが多かった。

継父は製糖工場を辞め、エイヴリ・アイランドのタバスコソースを作る会社に職を代えた。仕事は唐辛子の栽培だった。幸い会社が奴隷小屋と同じ広さ、間取りの家を提供してくれた。家賃はなかったが、家賃相当分だけ賃金は安かった。

そこでの給与も家族を支えるのに十分ではなかった。継父はヤスリを作る会社に転職した。この会社は住居を提供しなかったぶん給料はよかった。母はその工場主の家の家政婦として働くことになった。その仕事の収入はわずかだったが、小さな小屋が、収入の不足分を補う形で無償だった。

フランクは高校に上がるまで自分の金を持ったことはない。使ったこともない。第一、家ではいつも金が不足していた。子供に使わせる金はなかった。

学校に上がる前、母や祖母に頼まれて、近所の店に買い物に行ったことはある。その駄賃をもらい、それでキャンディーを買ったことがあるくらいだ。家族の小さな欲望、衣類、靴、ボールなども与えられなかった。

着たきり雀だった。いつも「お金がない」とボヤキを聞いていたので、父母に何か買ってくれとねだったこともなかった。衣服が必要なとき、母は「Good Will」(中古品を無償でくれる店)にフランクらを連れて行き、靴、帽子、学用品をそこでもらった。

父母は教育に関心はなかった。学校に行きたくない子供の仮病を信じた。「風邪気味、学校を休みなさい」と本当に病気かどうか確かめないで、欠席させた。

当然、教育方針などない。よくいえば自由放任主義だった。しかし主義とはいえない。強いて主義らしいものがあるとすれば、学校教育の必要はないというくらいだろう。そして自分たちのそばにいて、自分たちの手足のようになり金を稼いでくれることを望んでいた。

中学を卒業する前、フランクは母に高校へやらせてくれと頼んだ。

「何様だと思っているのよ、いい家の坊ちゃまじゃあるまいし。すぐ働きなさい。弟や妹の面倒を見なさい」と母は言った。継父も親戚も母の肩を持った。母の父、フランクの祖父が母に言った。「おまえらは教育がどれだけ大事か知らない。これからは我々アフリカン・アメリカンも教育を受けて、どんどん社会の上へ上がっていかなくてはならない」と父母を説得した。

祖父に説得されて母は、「高校へは行かせるが、その代わりにこれまで以上に働き、弟や妹の面倒を見るんだよ」と言った。ところが高校二年の初め、フランクは継父に、「君が大きくなったのは誰のおかげと思うのか、今、君はそれを返すときだ。家の生活を助けるため、労働者になりなさい」と言われ、高校をやめさせられた。フランクは継父の身勝手な行動を憎んだ。

根性

フランクにガッツを吹き込んだのも祖父だった。祖父は祖母と二人暮らし。「長い間、軍人を務めたご褒美に、アメリカ政府から毎月生活するのに十分なお金が出る」「白人兵には黒人を差別する者が多い。彼らの蔑視は君のガッツに火をつける。その火は白人の二倍も三倍もの努力を引き出してくれる。軍は努力に報いてくれる」と祖父は話した。

祖父はチャールズ・ヤング大佐を尊敬していた。

大佐がウエストポイントで受けた差別をバネにして、白人の三倍もの決断力の速さ、確かさ、勇気と努力を重ねて得たことを、我々も学ばなければならないと話していた。決して満足できるものではなかったが、軍は大佐の努力を認めて昇進させ、合衆国もその実績を認めて外交官にした。軍も国も信頼できる。差別を不平、不満のもとにしないで、ガッツを生むエネルギーにしないといけない――。

孫たちに繰り返しそう言い聞かせた。物静かで、無趣味、持て余した時間を孫たちと一緒に過ごすことが唯一の楽しみだった祖父は、週に一度、孫たちを集め、決まってビールの小瓶三本を飲んだ。チーズとクラッカー、たまにリンゴ、ヨウナシを肴にした。孫たちにも、クッキー、チョコレート、飴玉、アイスクリームを準備した。それに釣られて孫たちは、祖父の話を聞いた。

話は立派な先祖のこと、奴隷にされて苦労したこと、自分の一生のことなどだった。話のネタが限られているから、同じ話の繰り返しとなった。夜、外は真っ暗、遊びに出ることはできない。孫たちは繰り返される話をあくびを噛み殺して聞いた。眠そうな目をしているフランクを膝に抱いて、「いいか、大きくなったらきっと軍人になるんだぞ。努力すれば必ず将校にしてもらえるからな」と頭をなでた。

祖父はフランクに「君は継父や母の奴隷ではない。ここにいては両親と同じ生活しかできない。

軍に入り、勉強して知識、技術を身につければよい生活ができる」と教えた。

フランクは軍に入隊するにはまだ歳が足りなかった。仕方なく継父に連れられて白人の経営する農園の農夫となった。農園には広大なサトウキビ畑と森があった。

農夫の朝は早かった。まだ暗いうちから起きだした。ルイジアナの夏の平均気温は摂氏二八度くらい、体にこたえる暑さではないが、湿度の高い寝苦しい夜は、ともすると寝不足になる。早起きにはけだるさが伴った。

広大な農園主の屋敷の中に、昔使われた厩舎があった。農夫たちはそこに集まった。コーヒーとちょっとした朝食が出る。そこで、その日の作業内容、作業分担が伝えられる。車で畑へ向かう。太陽が昇る午前七時ころ、畑に着く。準備をして午前八時には作業にかかる。一二時まで作業し昼食。昼食は農園主が持たせたサンドウィッチとサラダ、スープなど。午後一時三〇分には作業に戻り、午後三時にはその日の作業を終える。サトウキビは生育に約一年半かかる。最初の植えつけと収穫が最も忙しい。その時期には作業終了が日没になることもある。

フランクは祖父の言葉を守った。継父の尻を叩いて、仲間の誰よりも早く出、作業終了直前までそれこそ一所懸命に働いた。仕事に関して、継父を含めてほとんどの農夫に創意はなく、工夫しないのにフランクは驚いた。その理由の一つは、ほとんどが義務教育さえ満足に受けておらず知識が乏しいこと、もう一つは、言われたことしかしない先祖の癖を受け継いでいることだった。自らの意思に基づき知識を働かせて働いても一銭の得にもならない、言いつけられた以外のことをして叱責を受けることも嫌、それが先祖たちの考え方だった。機械的な仕事ぶりを農園主に叱責されると、「すみません」と謝るのだが、変わることはない。それを見てフランクはどうしようもないと思った。

農園主はフランクにトラクター耕作機の使い方を教えた。フランクは自動車運転免許を持っていなかったから、うまく運転できなかった。失敗すると、手を鞭で叩かれた。「若いから少しはましかと思ったが、やはりネグロはネグロだ」と言い、農園主はフランクの手に自分の手を被せて耕運機を操作した。やっとフランクが操作を覚えると、「迷惑をかけた罰としてペイデイを一週間延ばす」と言った。週給制だから、二週間は給与がないことになった。

受けた仕打ちをフランクは差別とは受け取らなかった。上下関係による命令と服従だと考えた。自分は元を正せば由緒正しい出自を持つと信じていたから、差別されるいわれはないと思い、卑屈にはならなかった。だが、「黒人ゆえの無能」と非難されるのには腹が立った。

サトウキビの丈は二メートルを超える。その中でサボることができた。運よくその中でサボることができても、農園主は後で仕事を検査し「三時間働いてこれくらいの仕事しかできないのか。サボっていただろう」と詰問した。溝を通す作業を「これでは水が流れない。貯まってしまう」などと指摘したうえで、「君たちは……」とまた「黒人ゆえの無能」を言った。「小言を言う前に、何をどうするか明確に指示すべきだ」とフランクは思ったが、反抗して給料日を延ばされてはと口をつぐんだ。「ネグロ」と侮蔑されるたびに、農園主の、黒人の歴史への無知を逆に蔑《さげす》んだ。

フランクの時給は二ドル九〇セント、一日八時間働いて二三ドル二〇セントだった。週五日働き、一週間で手にするのは一一六ドルの給与だった。

給料が取れることになってフランクは、自分のものが自由に買える期待があった。ところが給料日にフランクの手に入ったのは給与額の三分の一にも足りない三五ドルくらいだった。母がフランクの給料からの天引きで買い物をしていたからである。

受け取った三五ドルの三分の一も、弟や妹たちのためにといって二〇ドル余りが持っていかれた。手元に残ったのは一〇ドル余りのわずかな額だった。

社会人となったフランクには身なりを整える資金も必要だった。金が欲しかった。ガソリンスタンドでも働いた。さらに深夜、レストランの皿洗いもした。時間がいくらあっても足りない毎日だった。複数の仕事で得た収入が、友人との付き合いや季節の祭りへの参加費用となった。

結婚

祭りは多かった。宗教的な行事のほかに、農業の収穫祭、それも産物ごとに分けられて、シュガーケーンフェスティバル、ストロベリーフェスティバルなど、一〇種類近い産物の収穫期に合わせた祭りが行われた。その日は休日となり、晴れ着を着て、町に繰り出し、パレードを見た。企業や団体が趣向を凝らして楽隊を出した。マルディグラの祭りでは、ちょっとした品物がばらまかれた。家ではご馳走を作り、酒が用意された。

車の通行を止めて、道路でバンドが演奏し、観客が踊る催しもあった。

祭りのクライマックスは夜だった。何ものにも束縛されることなく、異性との交際ができるようになった。フランクの苦み走った端正なマスクが多くの女性の関心を引いた。フランクは祭りでのちょっとした出会いを逃さず、情事に結びつけた。友人から車を借り、関係を持った女性をドライブに誘った。多情な父の血は確実に彼に受け継がれていた。そんな女性の中から、二つ年上の、やはり黒人のローリーとのステディな関係ができた。

二人は祭りの日だけでなく、仕事が終わった夜、ほとんど毎日のように会った。

ローリーは義務教育を終えるとすぐ、町のホテルに働きに出た。全国チェーンのモーテルで結構客が入っていた。従業員はホテルの敷地内の寮に住むことができた。フランクはそこへ転がり込んだ。

ローリーに子供ができた。臨月までは寮に住めるが、子供が生まれると一緒に寮に住むことはできない。

「どうしよう」とローリーはフランクに相談したが、フランクがアルバイトをしても一戸建ての住む家を借りる資金はない。子供の面倒を見る人を雇う金はない。フランクにいい案はなかった。

ローリーが彼女の両親を説得した。

「結婚しないで同居するわけにはいかない」

「結婚してもいいよ」

二人はローリーの両親の家の別棟に住むこととなった。

フランクはオルガンの伴奏に合わせて聖堂に入った。証人として、農園主がフランクに続いた。農園主は列席者の中でただ一人の白人だった。牧師が聖壇に立っていた。二人が入場して聖壇の下に着くと、二人に入り口へ向かって立つように身振りで指示した。

聖堂の信者の席にはローリー、フランクの親類、縁者二〇人くらいが、男性は聖壇に向かって右、女性が左に座っていた。列席者の大部分が普段着のままだった。フランクはグレイの背広の上下だった。ローリーは貸衣装のウェディングドレスを着ていた。ローリーはフランクに貸衣装店で「礼服を借りたら」と勧めた。自分だけが礼服で釣り合いがとれないと考えたからだ。「列席者服装はカジュアルと指定したから、カジュアルでいいよ」とフランクは答えた。同居するための形だけのものだし、フォーマルにすることもない。フランクの理由は実はそれだった。

ウェディングドレス姿のローリーが、父親に付き添われオルガンの伴奏に合わせてバージンロードを聖壇へ向かった。大きいお腹はドレスで隠していたが、妊婦特有の大儀な歩き方までは隠せなかった。足元がおぼつかなく、伴奏のテンポに合わなかった。

牧師が聖書の一節を読み説教を始めた。その間にローリーがフランクの脇腹を肘で突いた。フランクが向くとハンカチを渡した。手を額の上に当てて叩くようなしぐさをした。ローリーの額に汗の玉が光っていた。摂氏三〇度を超える真夏の暑い盛り、冷房設備のない教会は蒸し暑かった。ローリーは厚化粧をしていた。ハンカチで拭いて化粧が落ちてしまうのを恐れていた。フランクはハンカチを広げ、ローリーの額に当て、手で軽く叩いてハンカチに汗を吸い取らせた。

牧師の説教が終わり、祈りを始めた。ローリーが小さな箱をフランクの手に握らせた。箱を渡されてフランクは、交換する指輪を家に忘れてきたことに気づいた。牧師はフランクに、ローリーを妻にするかと聞いた。聖堂内に聞こえる大きな声で、「はい」と答えた。

式の数日前、フランクとローリーは牧師から教会に呼ばれた。牧師は「結婚には、あなたたちと神との約束をする行事と、その行事の成立を参列者が証人となって見届けることが含まれている。

私が神に代わって問いかけるから、それに対してははっきりと参列者にも聞こえる声で返事しなくてはならない」と言って、神からの問いかけを書いた紙を渡した。そしてその場で牧師が紙面を読み上げ返事を求めた。フランクは大きな声ではっきり返事したが、ローリーの声は細かった。

「ローリー、顔を上げて聖壇のほうへ向かって答えなさい。そうすればあなたの声は神に届くでしょう」。牧師は指導した。

ローリーに結婚の意思を確認した後、牧師はフランクに、あなたはローリーを神のおきてに従って娶《めと》り、健やかなときも病めるときも富めるときも貧しいときも、敬い、慰め、助け、一生固く節操を守ることを誓うかと聞いた。

予行演習のとき、牧師は、節操を守らないと社会からも排斥されると言って、私生児を生んだ大女優がハリウッドを追われた話を例に挙げた。ハリウッドを追われた女優の話は昔のことだし、それは白人社会のこと、黒人社会では節操など元々ないし、節操を守らなかったことで黒人社会から追放された話は聞いたことがない、そんなことを思いながら、フランクは牧師の話を聞いていた。ローリーと知り合った後でも、フランクは数人の女性と関係を持った。

節操などという概念は、社会がそれに価値を認めルールとしたものである。黒人社会の結婚は農園主の労働力確保だけのために認められたもので、男女相互間に「添い遂げる」「貞操を守る」ことは求められなかった。逆に農園主の都合で男女は仲を裂かれた。それを知っているフランクが、牧師の話をどこかよその国のことと思って聞いたとしても非難はできない。

難産の末、キャロラインが生まれた。

「大丈夫か」。フランクはほかに言う言葉がなかった。

ローリーはそばに寝ている子を指して無言で笑った。フランクには、目を閉じ、表情がなく、ときおり手を動かし、口をもぐもぐさせる奇妙な形のキャロラインが自分の血を分けた子だとの実感が湧かなかった。「明日退院していいと医者は言うが、あと一日はここにいたほうがいいと思う」。ローリーはそう言ったが、フランクは首を左右に振った。支払う金のことを心配してのことだった。

キャロラインに泣かれると、止めようがなかった。フランクは抱きかかえて、「いい娘だから、泣かないで」とあやすのだが、泣きやまない。空腹が原因で泣いているのかと思って、ミルクを飲ます。それで泣きやむこともある。ミルクを飲ませようとしても、受けつけないこともある。おしっこの始末をすると泣きやむこともある。ミルクもオシメの交換もまったく効果がないこともある。フランクは、一緒に泣き出したい気持ちになる。

そんなときに女が役に立った。ローリーの留守を利用して女を呼んだ。情事の後、女がキャロラインをあやし、面倒を見た。ときにはフランクを寝かせ、明け方近くまでキャロラインの面倒を見た。そんな助けがあっても、やはりよく眠れないことには変わりはなかった。

退院してすぐ仕事に戻ったローリーの勤務時間は、隔週ごとに、昼勤、夜勤となった。夜勤明けは帰りが朝になる。フランクはキャロラインの世話でよく眠れない。朝帰ってきたローリーに、「なんでもっと早く帰ってこないのか」と怒鳴りつけたことが発端となって、「私だって一晩中寝ていないのよ、疲れているのは私も同じでしょう」とやり返され、「あなたに多くの収入があれば私は働かなくてもいいのよ」と、フランクの甲斐性のなさの非難へと発展した。フランクはそんな非難を聞いて仕事へ出かける日が多くなったが、仕事にも熱が入らない。

フランクが休みの日も、キャロラインの世話の役目が回ってきた。キャロラインに泣かれて、寝ているローリーを起こし、「おっぱいをあげてくれ」と頼む。一、二度はしぶしぶ起きて、キャロラインに乳を与えるが、三度四度と起こされると、「うるさいわね、どうしてミルクをやってくれないのよ。私は今夜も働かなくてはならないのよ。あなたは仕事に行く必要はないのでしょう」とローリーは怒りだす。

こいつさえ生まれてこなければと、フランクにキャロラインを恨む気持ちさえ生まれた。手がつけられないほど泣かれると、キャロラインを床に叩きつけたい衝動さえ生まれた。

フランクには、父が子の面倒を見ていた記憶はない。継父も自分の娘を抱いたことはなかった。その娘の面倒はもっぱら姉たちの仕事だった。

フランクには、子の面倒を見ない黒人の男親のＤＮＡが受け継がれていた。

入隊

フランクの入隊は、結婚生活に嫌気が差したことが引き金だったことは事実だが、自らの生活設計に軍人になることがあったことも動機である。「このままでは生活ができない。俺は軍隊に入ろうと思う。衣食住はタダだから、生活費を送金することができる」。フランクはローリーに相談した。生活の心配をしたからではない。妻や娘に自分の時間の大半を取られる生活に嫌気が差していた。幸いキャロラインが義母になついて、義母も孫の子守りを楽しんでいるように見えた。そんな事情もあって、ローリーは「そうね、そのほうがいいね」と、二つ返事でフランクの入隊を認めた。

フランクは海兵隊に入隊した。海兵隊は米軍の中でも白人の入隊者が多い。彼らと同じ隊員として生活を共にした。白人と起床を共にすることは初めての経験だった。彼らとの間に、洗面、食事はもちろん、多くの面で違いがあった。ナイフやフォークの使い方、そしてマナー。食事は、それまでのものより、軍の食事の質はよかった。衣類、靴は官給品で同じだが、私物は白人のものと違っていた。そうした違和感がなくなるのに時間を要した。

もっとも同僚の白人のフランクに対する違和感は、そう簡単には消えなかった。白人は、黒人に対してだけでなく、黄色人種に対しても優越感を持っている。黒人に対しては、永年にわたって「They only know eat and fuck.（彼らは食と性しか知らない）」と蔑視してきた。民度の低さは、民度が上がればいくらか消えていくのだが、白人の中には民度でなく、色に対して生理的嫌悪感を持つ者もいる。こうした者の黒人に対する差別意識は消えることはない。もちろんフランクにはそれがわかっていた。しかし白人の差別意識をバネにして努力しろとの祖父の教えに従って、白人の差別意識を逆手にとり、フランクは違和感を消していった。

当初、軍隊内での学業成績はよくなかった。高校の過程を終えていないことで、高卒の白人よりは学力がなかった。教師の中には、質問を繰り返すフランクを嫌う者もいた。それにくじけずにフランクは質問をした。授業で理解できないことを質問して理解を深めた。予習復習は必ずやり、白人の倍以上の努力をした。成績は徐々に上がっていった。訓練で、体力面では上の部に入ったが、とっさの判断力に欠点があった。即断力をつけるために、とにかく冷静に状況を観察し、その状況の下でスピーディーな判断をする習慣をつけた。白人を畏怖し、彼らに敬語を使っていたフランクは、しばしば同僚に敬語を使い、上官から「バカヤロー、そんな言葉を使って戦争ができるか！」と怒鳴られた。白人に対する畏怖は心の奥深いところに染みついていて、とっさに敬語が出た。四六時中フランクは、俺は白人と同じだと自分に言い聞かせた。上官の叱責は、フランクを軍隊の構成員にし、隊を組織的に機能させようとの意図から出ていた。フランクは努めて人種でなく、階級の上下を意識して言葉を使うようにした。

カルチャーショックが食欲を失わせ、神経をすり減らした。ローリーに電話をかける機会はなかった。ローリーからは週に一度、必ずキャロラインの成長を伝える長い電話がかかってきた。「〇〇ポンド体重が増えたの」「よく笑うようになったのよ」等々の言葉をフランクは疲れた頭で聞いていた。「会いたいでしょう。帰ってこない？」。ローリーは言った。元々妻子思いでない彼は生返事をした。ローリーはそれをつまらなさそうに聞いた。フランクは二週間に二〇〇ドルの送金だけは欠かさなかった。

入隊後、初めてのクリスマス休暇にフランクはルイジアナに戻った。キャロラインはもう二歳に近く、大きくなっていた。キャロラインはフランクが抱こうとすると、すぐ体を動かし手を伸ばして義母、義父の助けを求めようとした。それでもフランクが抱こうとすると、キャロラインは泣き出した。フランクはそれでキャロラインを義父母の手に抱かせた。

ローリーはフランクにディナーをせがみ、「制服を着てね」と言った。ローリーは、ホテルでは軍服を着用している黒人は、白人と同じように扱われることを知っていたからである。レストランでフランクは堂々と白人ウェイトレスに注文した。「かっこいい」。ローリーはフランクの態度をほめた。フランクはかなり立派な軍の一員になっていた。入隊前のフランクに戻るのには苦労した。型にはまった態度は、親類縁者を愉快にはしなかった。クリスマス休暇での親類縁者との交際に、フランクは疲れた。休暇の収穫は第二子を授かったことだけだった。

放蕩

年が明けてフランクはカリフォルニアのキャンプへ転属となった。軍務にも慣れ、階級も上がった。ルイジアナとの地理的な距離は遠くなった。

休日の楽しみ、そこでの東洋の美女との交際は、ルイジアナとの心の距離をさらに遠くした。休日のバー通いの中で会う東洋の女性たちとの交際に現《うつつ》を抜かした。彼女たちは男女同権の下で育ったアメリカの女たちとは明らかに違っていた。東洋人の女性は従順で優しい。東洋人たちとの付き合いは、俺はアメリカ人であり、一等国民であり、東洋人が持たないものをすべて持っているという自信を持たせた。フランクに黒人であることを忘れさせ、薄給であることも思い起こさせなかった。

フランクは、物資、武器、人員の輸送が任務の運輸担当部隊に配置された。後方と前線を往復する仕事だから、前線部隊ほどの危険はないが、それでも最も敵に狙われる部隊である。危険に備えるための搬送戦術を叩き込まれた。フランクは戦術だけでなく、運搬手段の車両の構造を詳しく調べ、故障の際に直ちに修理できる知識の獲得にも努力した。車専門の修理部門があったから、「余計なことをしないほうがいい」と仲間に言われたが、フランクはそれを続けた。いつも「それはわかるが、前線で車が故障したら、それを放置して徒歩で逃げるのはかえって危険だ。修理して車が使えるようにする必要がある」と言った。

フランクがそんなところにまで手を伸ばしたのには、自分は黒人である、それだけに白人の隊員にない知識を持っていなければ昇進はできないと考えていたからである。フランクの目論見は誤っていなかった。後にこの知識は実戦で役立った。それだけでなく、ほかのことでも同じ気持ちで創意工夫をしたことで、同僚の誰よりも順調に階級を上げた。そしてついに運輸部門の専門家として評価を受けるようになり、沖縄から中東、アフガニスタンに派遣された。実戦の中でも実績を残して勲章も得た。

フランクは士官となった。士官といっても専門職が就く准尉である。彼は祖父が彼に望んだ地位を得たことを誇りに思い、満足していた。

ローリーからは二週間に一度、キャロラインの状況と出産の予定、送金に関する電話が入った。送金は前借をしてなんとか続けたが、フランクから電話をかけることはなかった。ローリーから第二子出産の日が知らされた。フランクは軍務の都合を理由に出産に立ち会えないと返事した。ローリーは電話の向こうで「あなたは私や子供のことをまったく考えてないのね」となじった。そしてこれまでの不満を長々と言い続けた。フランクは受話器を耳から離し、テーブルの上に置いて、それを聞いた。

ローリーから出産費用の請求と、「無事男の子が生まれた、名前を考えておいてくれ」との電話があった。費用については、入院予定日を知らせてきたときにも請求されていた。前借の枠は、月が改まらないと受けられないこともあって、送金ができなかった。「もう送ったよ」。フランクは嘘をついた。数日後、月が替わり金を借りて出産費用を送金した。子供の名は送らなかった。

ローリーからの電話がないことでフランクは救われた気持ちになった。電話には子や家族の安否とともに必ず金の請求があった。遊びに金がかかり、前借をする。借金が月給から引かれる。手取りが減る。前借する。この悪循環の中で、ローリーからの金の請求の対応に苦労していた。それだけにローリーの声を聞くと、身構えてしまう。身構えてしまうと声の調子も変わる。ローリーが声の変化に気づかぬはずはない、そう思うと緊張が増す。ノースカロライナで電話を受けたときは、ローリーの声は快い気持ちで聞いたが、カリフォルニアに移ってからは、苦痛の源となっていた。

「あなたのように強い軍人にしたいと私の父が言って、ヴィクターという名をつけました」との電話があった。そのとき、長女の成長、フランクの父母の近況を知らせる長い電話となった。その電話の後、ローリーからの電話が途絶えた。

前の電話から二ヵ月ほどして、突然、実母から電話がかかった。

「ローリーが子供たちをうちに置いて行ったのよ。あなたたちどうなっているの」

前の長電話のとき、ローリーが何か言いたそうだったことを思い出した。それが離婚のことだったとわかった。

「どうなっているって、別に変わったことはない」

「何を呑気なこと言っているの。ローリーから裁判所に離婚の訴えを出したから、あなたに同意させてくれと言っていたのよ」

フランクは離婚の訴えに異議はなかったが、慰謝料を払う金はなかった。フランクは出廷したが、ローリーに代わって代理人の弁護士が出廷した。

「訴状について、あなたの意見は?」と裁判官が聞いた。「離婚すること、子供の親権者になることには異存はありませんが、ローリーに慰謝料は払いません。ローリーも子の養育費の一部を負担すべきです。それにローリーが子供を訪問するのを許すかどうかは、彼女の養育費負担についての意見を聞いてから述べます」と答えた。

フランクは、ときどき母に金を送ってやればよい、子供たちの養育費は父母に払ってもらうことにしていた。それでローリーから強いて養育費は取らなくてもいいと思っていた。慰謝料請求を放棄させるためには、養育費負担を問題にしたほうが得策と考えて提案した。子供たちに会うことを禁止するつもりもなかったが、これも交渉の手段として意見を述べなかった。

裁判官はローリーの代理人に慰謝料を請求するのかと聞いた。「請求しない」という答えが返ってきた。「養育費の負担についてはどうですか」。代理人は「その資力がない」と答えた。「資力がないことは理由にはなりません。ないならないなりに、できるだけの負担をすべきでしょう」と裁判官は言った。

待機していたローリーに代理人が電話をかけた。

「私の収入ではとても養育費は払えません。慰謝料を請求しないのですから、養育費はフランクが持つべきでしょう。それにこの数年、フランクは十分な養育費を出していません。私が子供の養育費を出していたのです」とローリーは言った。裁判官はローリーの月収、月々の出費などを聞いた。そのうえで代理人に、「あなたの依頼人に養育費の点で話をしてください」と言って休廷を宣した。法廷再開後、養育費の額をめぐっての交渉が続いた。結局、裁判所は離婚を認め、子の親権者をフランクとする、ローリーの慰謝料請求を放棄、養育費として一人週一五ドルをフランクの父母に持参して支払い、子供たちとの面会に制限をつけないとの決定を出した。

独身になって肩の荷が下りた。家族に電話しなければならないと、気にかけることもなくなった。下命されたことは、その日に終えることにした。ときには数時間、宿舎での仕事をすることも多くなった。上官の命に、たとえそれがどれほど嫌なことでも、決して不満を顔に出さず、「イエス、サー」と受けた。もちろん反抗などはしなかった。次第に責任のある仕事を任されることが多くなったある日、沖縄転勤の内命を受けた。

初めての沖縄転勤のとき、沖縄勤務の経験者たちから情報を取った。

「沖縄はいいよ、女はいつでも自由になる。日本人女性向け週刊誌には、イケメンの白人男性の写真、セクシィ黒人男性の裸身の写真が溢れていて、沖縄でアバンチュールを経験したOLの、『とても愛情表現が豊かなのよ、急に予期せぬタイミングでぎゅっと抱き締めてキスしてくれるの、自己紹介して握手するでしょう、手を離さないの。指をなでたり、爪に触ったり、素敵なネックレスだねと優しく首筋をさするの、そしてビューティフルスキンと言ってほめてくれるの』なんて経験談が載って、大都市の東京、大阪の女性に沖縄旅行を勧めている。

沖縄には毎日ジェット機で東京・大阪から何百人という若い女の子がセックスハントに来る。大部分が北谷《ちゃたん》の海岸で、ほとんど体を隠さない派手な水着を着て泳いでる。泳ぐといっても実は男に誘われるのを待っている。

すぐに引っかかるが、金を使わずに、逆に相手に金を出させてエンジョイするには少しペイシェントでなくてはならない。俺たちは英語のネイティブ・スピーカーであり、欧米人だ。日本人男性が日本人女性に与えられないものをすべて持っている。君がどんなに醜かろうが、自国では完全なルーザーであろうが、日本の女の子ならモノにできる。

相手を即座に安心させ、好意を持たれていると感じさせるためのテクニックは、相手のカップ（ロイヤル・ミルクティー）を取り上げて一口飲む。同様に彼女の皿から食べる。向かい側にではなく、隣に座る。『さん』をつけずに名前で呼ぶ。あるいは〝キュートなニック・ネーム〟をその場でつける。――すべて、日本の男性が出会ってすぐには絶対にしないことばかりである。

自己紹介をするときには、握手をしよう。そして握った手を一分ぐらい離さずにいよう。その後で、必ず彼女の爪か、指輪か、腕時計をほめ、それをもう一度彼女の手を握る口実にすること。とにかくほめ倒せ。日本の男性はめったに女性をほめない。『キュート』とか『プリティ』とか、彼女たちにわかるような英語で、彼女がいかに美しいかを伝えろ。

親しくなったら、相手から住所、電話番号を聞くことだ。彼女たちは三日くらいで帰って行く。そしたら毎日電話をかける。そうすれば向こうから飛行機の切符が送られてくることもある。フリートリップトゥトウキョウ、オオサカだ。俺は今までに一〇人くらいと交際した。フリートリップトウキョウもした。グッドラック、頑張れ。日本の女の子のほとんどは、好きな男のためなら喜んでやってくれる。『すごく疲れているんだけど、××をやらなきゃならないんだ』と言えば、彼女はやってあげようかと言うだろう。その申し出を受け、終わった仕事には感謝の言葉をたくさん並べて、『なんて君は素敵なんだ』と言うことを忘れずに。彼女が次に来たときは、もう頼まなくてもやってくれるはずだ。

もっともボーイハントをしている女だから長くは続かない。一、二回でもう教えられた電話がつながらなくなる。そのときはまた新しいのをハントすればいい」

「沖縄にはフィリピン、コリア、ベトナムの女たちがいる。大半がアメリカ人と結婚して沖縄に来ている者たちだ。ハズバンドが長期でアフガニスタン、イラクへ行くと、その留守の間、遊ぶ者が多い。一番いいのはフィリピンの女だ。ウエスタナイズされていて容易に意思の疎通ができる。だいたい彼女たちはボウリング場、ジム、ゴルフ場にいるから、そこで声をかけることだ。あとは君の腕次第。君はルックスがいいからすぐにガールハントができるよ」

「沖縄の女がいい。独身の中年の女がたくさんいる。基地に出入りの許された女友達に連れられて、クラブ、ボウリング場などに来ている。アタックすると、案外OKで、交際してくれるし、人生経験のある女だから疑い深く、すぐにセックスを求めないほうがいい。時間をかけて『結婚する』などと言って誘えば成功率は高い。優しい女が多いから、仲よくなれば君の言うことを素直に聞くようになる。看護婦、薬剤師、自分で事業をしている女が多いから、金には困らない。君は沖縄滞在中、金をかけずに沖縄女性と家庭を持つことができる」

沖縄に赴任して、フランクはすぐフィリピン出身の女性、マリヤと会った。マリヤは一二歳下だった。一緒に過ごす時間が多くなった。フランクはマリヤと結婚は考えなかったが、マリヤのしつこさに負けて結婚してしまった。しかし同居はしなかった。マリヤを基地の外の借家に住まわせ、自分は基地内の独身宿舎に住んだ。週のうち三日は軍務と嘘をついてほかの女性と情事を楽しんでいた。簡単に情事の相手は見つかった。

具志堅藍《ぐしけんあい》とはボウリング場で会った。交際が始まり、結婚を約束した。

「約束はなんとでもなる。後日逃げ出せばいいさ」

フランクはそう決めていた。

琉球の女

具志堅藍

　藍は沖縄本島の南のほうの村で生まれた。そこは沖縄戦の激戦地だった。

沖縄本島が本土防衛の拠点に決まったとき、藍の村からは三〇〇人くらいが、日本内地、あるいは島の北部へ疎開した。主に戦争で足手まといになる老人、子供だった。藍の祖父・真助は、妻・トヨ、幼い真正（藍の父）、ツルの三人を島の北部に疎開させた。

「壕を掘り、石垣を壊して、その石で壕を隠したよ。作業は軍の命令で、村の青年たちがやったよ」と、藍の村に住む戦争経験者の老人の話がある。青年たちというのは鉄血勤皇隊員だった。青壮年から一五〇人が鉄血勤皇隊（うち二六人の女子が女子部）として召集された。女子は看護助手となった。藍の祖父・真助は志願して鉄血勤皇隊員となった。

　沖縄方面軍司令部のあった首里《しゅり》が陥落し、島南部の壕におかれた病院に、首里の戦闘で負傷した兵隊が続々と運び込まれた。兵隊を治療する設備、薬、包帯は十分でなかった。

「艦砲射撃が始まってね、もう部落にはおれなくなって、与座岳へ避難することになった。歩けない負傷兵に手榴弾を渡して置いて行ったよ」

戦いが終わり、村の人口一六二〇人のうち六一五人が死亡していた。村の人口の三七・九％になる。世帯数では全二八二世帯のうち、戦死者がいる世帯は二一九世帯（七七・六％）、家族の半数以上が戦死した世帯は一〇七世帯（三七・九％）で、一家全滅した世帯が三三世帯（一一・七％）だった。

西北部の田井等《たいら》の収容所から解放され、藍の祖母・トヨは家族と村へ戻った。藍の父・真正はまだ小学生だった。村はすっかり変わっていた。一面焼け野原、道路はズタズタ。防風林、風よけの石垣がなくなっていた。台風に耐える家にしなくてはならない。ブロックの家が増えた。壁がブロック、屋根が板で、テント張りの家が建ち、簡易水道が引かれ、湧水場を利用することはなくなった。薪《まき》の代わりに石油が使われるようになった。水汲み場は井戸端会議場だったし、薪探しも共同作業だった。

畑仕事はできなかった。雑草に覆われたところどころに、艦砲射撃や空爆の穴が残っていた。破損した戦車、装甲車が放置されたままだった。不発弾もあった。用心深く草を刈り、穴を埋め、スクラップを取り除く作業を共同でした。

数ヵ月経って畑らしくなったが、植えるものがなかった。それを海外移民が助けた。移民たちは、それなりの成功を収めていた。沖縄戦が終わり、沖縄の窮状を知り、募金活動を起こした。集まった金で食料、衣類を買い、沖縄に送った。作物の種子、豚、山羊などの家畜まで送った。支援に助けられ、畑に作物が、小屋に家畜が育った。

米軍基地へ働きに行く者もいた。藍の村のすぐ近くにも米軍基地があった。米軍の仕事は作業といわれるものがほとんどで、低賃金だった。軍のメスホール（食堂）から出る残飯、鶏の空揚げ、ステーキ、チーズなどが報酬だった。残飯以外に兵隊がくれるチューインガム、チョコレート、クッキーのようなもの、メリケン粉、米、Cレーション（兵隊の携行食品）、アイスクリームの粉末などがあった。それらは結構金になった。

主食がサツマイモから米、パンへと変わり、副食の主役は昔どおりの味噌汁、それにポーク、卵などが加わった。戦前は、卵といえば病気のときだけ、ポーク缶詰など見たこともなかったことを考えると、食卓革命が起きたといっていい。

野良着が、洋風のシャツ、ズボンに取って代わった。その洋風野良着を着る者も少なくなった。晴れ着のような洋装をして村の外へ働きに出る者が多くなり、昼間、村の人口が減った。

バスが村を通るようになり、村外の者が村に来るようになった。村外だけでない、アメリカ兵の姿を見かけることも多くなった。「ンカシヤー（昔はね）」と、数里の町を往復して那覇《なは》で用を足した不便さを話し、便利になったのを喜ぶ老人はその口で、「クヌウチシマヤ（近々この村は）」と、村によそ者が入り、村人相互の付き合いが薄れ、村の結束、伝統が消えようとしているのを憂いた。軍作業の賃金が上がりだしたころから、多くの若者が村を離れて米軍基地の集中する島の中部に移り住むようになった。老人の憂いは杞憂とはいえなかった。

藍の家は、よそよりいくらか多くの畑を持っている裕福な農家だった。一時期は、製糖工場を持ち、砂糖運搬もしていた。

甘蔗（サトウキビ）汁を煮炊きするには、まず甘蔗汁を製糖小屋の壺に入れる。汁に混入した塵芥は、竹管から壺に流れ落ちるところで除去する。壺から汲み取り、鍋に入れて熱する。沸騰したころに、浮き上がった不純物をシーノー（すのこ）ですくい取り、石灰を入れ、茶褐色になったら、飴状に煮詰め、ころあいをみて火を止める。そして上げ鍋に汲み取り、棒で撹拌し、冷却して黒糖ができあがる。

この仕事のためにウージクワーサー（甘蔗を圧搾機にくわえさせる人）前右と後中央に各一人、ウージガラトゥヤー（甘蔗殻を取り除く人）前左に一人、ンマウーヤー兼ウージインジヤー・ウージガラカタミヤー（馬を追ったり、甘蔗を入れたり、甘蔗殻を運び出したりする人）一～二人、ヒーメーサー（釜に薪をくべる人）一人、タムンカタミヤー（薪を運んでくる人）一人、シーゾー（製造人）一人、シルクマー（搾り汁を汲み出す人）一人が、藍の家で働くようになった。

「藍ちゃんの家は大きかったよ。一〇〇坪くらいではなかったかね。一番座は一二畳くらいで四寸角の柱の赤瓦の家だったよ。馬小屋があってね。屋敷は広く昔砂糖を作っていた跡があったよ」

藍の家は代々農民で、甘蔗の栽培と製糖を行っていた。いつごろから始めていたのかは判然としないが、村民は大部分が農民で、琉球王国のころからその土地に住んでいた者たちの子孫である。その土地に縛られ、ほかの村への往来は禁止された。ほかの村との嫁取り、婿取りも原則として禁止されていた。ほかの村の者は多額の賠償金を支払って娘を嫁にもらっていた。村民は辿っていけば根は一つ、遠近の差はあれ、血縁がある。それだけに昔のことをよく覚えていた。

公式な記録によると、製糖は親類・友人など一五世帯くらいの農家が組を作り、共同で一つの製糖場（サーターヤー＝砂糖屋）を作り、輪番で使用していた。その組をサーター組と呼んだ。馬を動力とした。

製糖がサーター組の輪番で行われていた時期には、製糖小屋を利用する者、全員が製糖小屋を管理し動力の馬も各自で飼育した。責任者は置いていなかった。藍の家にあった馬小屋はそのころの名残だった。

動力が馬からモーターに変わったのは明治に入ってからのことである。そのころ、藍の家はモーターに投資して工場主となった。甘蔗から汁を搾り取る率、圧搾率が向上し、村人から甘蔗を集め、製糖を行っていた。

藍の家は生産した砂糖の出荷も行った。昔の出荷は、砂糖を那覇まで運んで引き渡す方法がとられた。村から那覇までは遠い。男たちが二人で一挺の樽を棒に通して担ぎ、那覇の砂糖商や納税所に運んだ。その後、手押し車（半車）に三挺か四挺の樽を載せ、二人の男が引き、二人の男が後ろから押した。道が悪い時代、往復に丸一日はかかった。道路がよくなり、荷馬車が利用されるようになり、四〜五挺ほどの樽を運べるようになった。一〇挺を載せて運ぶ専門職のバシャムチャー（馬車持ち＝運搬業者）が現れた。荷馬車で運搬することになって馬小屋を建て、馬方が働くようになった。ほかの村のサーター家の運搬も頼まれるようになった。

砂糖商は、その日の相場で買った。五ヵ所くらいの業者が砂糖を取り扱っていた。業者は砂糖を詰める樽や甘蔗用の肥料などの掛け売りをし、金も貸した。製糖期が支払日、払う砂糖代金から貸金を差し引いた。

一九一〇（明治四三）年、沖縄における最初の製糖会社の沖縄製糖会社（創立委員長・奈良原繁男）が資本金二〇〇万円で創立された。これが砂糖商に代わっていく。台南製糖株式会社が資本金三〇〇万円で創立された。同社は資本金三五〇万円の沖縄製糖株式会社を買収して、高嶺《たかみね》工場（三〇〇トン）、宜野湾《ぎのわん》工場（二〇〇トン）を経営した。資本金五五〇万円の沖縄台湾拓殖製糖株式会社を買収して西原《にしはら》、嘉手納《かでな》、豊見城《とみぐすく》の三工場（一〇〇トンおよび二五〇トン工場）を経営した。大型工場が設立され、農家に対し甘蔗の提供を求めるようになった。その結果、小規模な村の製糖小屋は徐々に廃業を余儀なくされた。藍の家は製糖工場を四代前の曽祖父の時代に廃業した。

子持ちのトヨは軍作業には行かず、農業で生計を立てた。女手一つで人手が足りない。村人が、「真助さんには世話になった。これくらいのことをしないと罰が当たる」と言って手を貸した。

仏壇のある仏間と、それに続く一番座、そこには二寸五分の角材の床柱にベニヤ板を貼った床の間がある。そこが客間、法事などの大きな集まりのときには部屋の間を仕切るふすまを取り外して部屋を大きくし来客を迎える。客の前に吸い物、てんぷら、刺し身の皿の入った盆が置かれる。座る位置にうるさいルールはない。空いている席に座る。ルールがあるとすれば、年上の人を上座に据え、彼らに対し敬語を使うくらいのものだ。敬語を使われた年嵩《としかさ》の者には尊大なところはない。気さくに年下の者と会話をする。命日や法事はこんな形で行われる。

先祖の法事の話題は戦で命を落とした人の思い出が中心だった。酒が入ると感極まり涙を拭く人もいた。「藍ちゃんの曽祖父の真優さんは偉い人だったよ。税金が払えなくなって困っている農民を助けたり、移民会社にいじめられている人を助けたりしたんだよ」。曽祖父を知る老人はいつもこの話をした。

農業は昼間だけの畑仕事ではない。昼の仕事が終わった後、作物の植えつけ時期、畑の管理、水の利用などの情報交換、学習が夜行われる。トヨの家やほかの農家での夜の集まりが、毎晩のように行われる。男たちは泡盛を酌み交わし、女は茶菓をとる。「食べなさい」と子供たちも茶菓のおこぼれにあずかる。そこでは、先祖の話、昔の話、戦争の話、噂など、集まりの目的以外のことで思わぬ時間が費やされることもある。

トヨはよその家の集まりには、子供たちを連れて出た。「子供たちは眠そうだ。泊めなさい」と家の主人がトヨに勧めた。子供二人がその家に泊まることもたびたびだった。

真正は中学に上がると、すぐ母を手伝った。やがてトヨの農業を継いだ。そして真正は地元の農業高校を出て、安子と結婚。生まれたのが藍だった。三年後、弟の真康が生まれた。

真正はキビ作りだけでなく、花卉園芸やタバコの栽培にも力を入れていた。村の公民館で、農業試験場の技師を呼んで研究会を年に何度か開いた。テーマはタバコの栽培、花卉園芸、甘蔗だったりした。

公民館は普段は閉め切っている。真正は窓、戸を開け、風を通す。掃除をし、湯飲みを洗い、湯を沸かし、茶菓を用意した。村役場から黒板を借り、農業試験場から渡された資料のコピーもした。若者の多くが現金収入のある仕事に就いていた。農民の多くが老人で、真正が動かないとこのような会合は開けない。「血は争えない。真助さんそっくり」と老人たちは言った。

老人たちは真正と酒食を共にするのを好んだ。真正も老人たちとの交友を大事にした。同年の者は真正を若年寄りと評した。しかし判断が片寄らず、その判断も速かったから、若い衆は何をするにもまず真正に相談した。藍は、真正の娘ということで、村の者に大事に、そして可愛がられて育った。藍が生まれたのは、沖縄が日本へ復帰することが決まりかけていたときだった。

中学に入ったころから、藍は真正の花の栽培の手伝いを始めた。真正は藍を公民館の勉強会に参加させた。湯茶の給仕は藍の仕事となった。年嵩の参加者たちの人気者になるのにそう時間はかからなかった。真正は、「目上の者には敬語を使いなさい。女らしくしなさい。相手を立てて、和を作るのに努力しなさい」と藍に口酸っぱく言った。

藍は何事にも慎重だった。根暗《ねくら》というのではない。自分の意見は言わず、相手の意見の聞き役に回った。相手の意見の誤りをとがめたてることはしなかった。誤りを正すのに、そっと自分の意見を言った。この性格は母・安子譲りのものに違いなかった。安子は夫唱婦随を地で行っていた。夫に従っただけではない。村の動きにも注意を払い、出すぎないように、遅れないように、皆と歩調を合わせる、「チケェー　トゥナイウ、ンジガーチーナー（近所隣の注意を払いながら）」沖縄の処世術の一つを守っていた。

安子は勤勉だった。朝早くから夜遅くまで働いた。この勤勉さは藍にも受け継がれた。行動を起こすまで遅い彼女も、いったん行動を起こすと熱中する。言いつけられたことが、誰もが嫌がる仕事でも、藍は不満な顔を見せずこなした。

旧暦の六月から七月にかけて綱引きがある。綱作りが大仕事だった。真正は先頭に立って村の若い者と材料の藁《わら》集めに奔走した。水田のない村には藁はない。遠く島の北部へ出向いた。費用がかかる、その寄付集めに村内の各戸を回った。領収証を作り、渡すのが同行する藍の仕事となった。

資金は、エイサー、陸上競技大会、角力《すもう》でも必要になった。元々エイサーは、村の若者が念仏踊りをして各家を回り、精霊を慰めるものだったが、第二次世界大戦後、コザ市で全島大会が行われるようになり、各村が競って入賞を目指して練習をするようになっていた。

衣食住の変化の中でも、古くからのシージャ方（歳の上の者）を敬う、長幼序列を大事にし、互いに助け合う生活態度は変わらなかった。藍はこの精神風土の中で育った。


一九七二（昭和四七）年、琉球が日本に復帰して沖縄県となった。渡日するのにパスポートが不要となり、日本へ入国する際に入国管理局の審査を受ける必要はなくなった。日本への交通の便もよくなった。

復帰後、日本航空のほかに全日空も乗り入れ、日本の多くの都市への空路が開けた。日本各地への船便も多くなった。日本からの人、物、文化が急速に狭い島に広まった。港、空港への道路が整備された。狭く、曲がりくねった道路が、広くなり、直線となった。那覇から名護《なご》までは二時間。

僻地といわれたヤンバル（国頭郡《くにがみ》）も交通網の恩恵を受けた。かつて名護―那覇への旅が一日がかりだったころ、旅立つ娘に、「船が名護沖に差しかかったら岡に白い煙が立つでしょう。それは私の見送りの合図なのよ」と言った母の話は、母の子を思う心を除いて、昔のこととなった。

テレビ、ラジオの普及は目と耳から日本文化を伝え、俗にヤマトグチ（大和口）といわれる日本語への違和感を小さくした。琉球方言（シマクトバ）しか使えない、シマクトバに翻訳した日本語しか使えない者は少なくなり、一応日本語の体をなしてきた。

メディアを通して流れる若い日本人の所作、ファッションは、沖縄の若者の人気を呼んだ。沖縄の若者の好みはメディアを通して変化し、形づくられていった。県民の目も、心も内地へ向かうようになった。高校生の大多数が進学先を内地、それも東京と決めるようになった。藍も東京への進学を決意した。藍はデザインを専攻し短大に入学、卒業後は東京でデザイン会社に勤めた。そして恋をした。だが、恋は不幸な結末に終わった。

東京での生活に疲れ果てて、沖縄に帰って静かな日々を送りたいと考えていた藍に、父・真正は、「結婚するなら島の人がいいよ、帰って来なさい」としきりに勧めた。

母は、毎日のように帰郷を勧める電話をかけてきた。何も聞かなくても父母には藍の苦境がわかっていたようだった。藍は東京を引き払った。

母は、「この人どうね」と藍に写真を見せた。婿探しを依頼していた人から届いたものだった。「近いうちに家に呼んで酒小（サキグワァ）飲まそうね」。そんな話をする日が続いたが、藍には結婚する気がなかった。

藍と小さいころからの知り合いの青年たちが訪ねてきた。すっかり変わっていた。子供のころの面影と所作はわずかしか残っていなかった。父母の農業は継いでなかった。村に住み、那覇や中部に仕事に出ていた。

「ヤマト、チャーヤタガ（大和はどうだったの）」「イイエンバイヤティー（いい案配だったの）」と方言で聞かれて藍は方言で返せなかった。東京での生活が方言を使うことに抵抗を感じさせていた。「まあまあでしたよ」と標準語で返した。上京して、藍は言葉で苦労した。ウチナーヤマトグチ（沖縄日本語）は話すたびに笑われ、軽蔑された。少しでも標準語に近づけたい、そんな努力の結果、笑われたり、軽蔑されたりすることの少ない言葉を使うようになっていた。

「上等ヤタンロー（よかったよ）」「アマァ、ナランサ（あそこは、どうも）」と方言で返事が返ってくるものとばかり思っていた青年たちは、標準語で返されて、話の接ぎ穂を探すのに困った。藍は男たちの沈黙に微妙な拒否反応を見た。

「ヤーヤ、シムサ、イチョーケー（あなたは手伝わなくていいから、座っていなさい）」と言う母を抑え、給仕をしたり、炊事を手伝ったりした。青年たちの応対には父母が当たることになってしまった。

藍は女性雑誌の購読をしていた。上京直後からそうしていた。東京の若者の装いに合わせる必要があったことと、彼女が勉強するデザインは、全体の形、色の配合などを学ばなくてはならない。そのためにも自らの服装に気を配ることは必要だった。帰郷してからも服装に気を配った。靴も色、形を服に合わせた。歩き方にも気をつけた。俗にいうシャナリシャナリというのではないが、それは地元の娘のバタバタではない。

地元の青年たちは、藍をヤマトネービソーン（日本の真似をしている）といって近づかなくなった。

沖縄で生まれ育ち、県外へ出たことのない若者は、ヤマトナリ（日本の生活に慣れた）した女性を警戒し軽蔑する傾向があった。沖縄には、ヤマトンチュ（日本人のことをこの県ではそう呼んでいた）に利用され続けた苦い歴史が受け継がれていた。そのため日本人の真似をする者を蔑視した。村の女友達はほとんどが結婚していた。藍が帰ってきたことを知って、模合《もあい》の席に誘った。模合は一〇名くらいの組が、月に一度、掛け金を持って村の食堂に集まる。掛け金は一万円だから一〇万円が集まる。その金を組の者が順番を決めて取る。数時間、食事をしながら親睦を深めていくものである。模合のメンバーは、ほとんどすっかり家庭の色に染まり、話題は夫や子供のことだった。

豚が食材の中心となる土地柄なのに、藍は豚の三枚肉スウチカー（塩漬け豚）や豚でだしをとった汁に手をつけなかった。体形を気にして食を細くしていた。そう言えばいいのだが、言わなかった。メンバーが「パクパク」やる所作と、藍が思案気に口を細めて箸を運ぶそれとでは際立った違いがあった。このグループにも藍は「ヤマトナリして」と見られ、受け入れてもらえる雰囲気は生まれなかった。

村に藍の居場所はなかった。島の中部コザ市で小さな店を開いた。カーテンを主にして、室内装飾を扱う店だった。そのころの沖縄はまだ室内を飾る習慣が一般的でなかった。沖縄本島中部にはアメリカ人の家族が多く住んでいた。アメリカ人にはその習慣があった。彼らからの需要を見込んで店をコザ市にした。

英語が必要となり、藍は近所の英会話教室に通った。店の客はアメリカ人のほか、フィリピン、ベトナム、韓国の女性で、全員が英語で話しかけてくる。学校だけでなく、店でも彼女たちを教師として藍は英語の勉強をした。

発端

具志堅藍がボウリング場へ出入りするようになったことが事件の発端である。

ボウリング場は、地元沖縄人を相手に開設されたものだが、米空軍嘉手納基地の二番ゲートから約一キロのところにあり、軍人の立ち入りが禁止されていたわけでもないので、多くのアメリカ兵が出入りしていた。場内にはたくさんのベンチがあり、プレーヤーは投球の合間に休んだ。場内には軽食を出す小さな店があって、プレーヤーや来客に利用されていた。

藍がそこへ行ったのは、フィリピン人女性の友人に誘われたからだった。友人は、美容師や看護師など、日ごろ男性と会う機会の少ない女性たち八人が作るグループの一人だった。藍も室内装飾という女客相手の職業のため男性と会う機会は少なかった。それを知っているフィリピン女性が藍をグループに入れた。

ボウリング場にはアメリカ兵のグループもいた。基地内には、そこより大きく、設備も格段にいい、しかも無料同然でプレーできるボウリング場があった。だから彼らがそこに来るのはガールハントが目的だった。

フランク・ウィリアムスもそんなグループの一人だった。

藍がグループに入る前から、二つのグループはときどき一緒にプレーしていた。仲のよいグループだった。二つのグループの交流はボウリング場の外でもあった。男性グループが軍基地内のクラブの夕食に誘えば、お返しに女性のグループが居酒屋、カラオケに誘ったりしていた。

藍がグループに入るとすぐフランクがボウリングの教師役を志願した。藍はボウリングをしたことがなかった。フランクは彼女の手を取ってボールの握り方を教えた。握り方はなんとかなったが、いざ投げる段になると、ボールから指が抜けない。投げるフォームを作って見せた。真似してみるが、うまくいかない。フランクは藍の背中に被さるようにして藍の腕を支えてボールを投げさせた。技術を教えてもらう気持ちの藍にはフランクへの警戒心がまったくなかった。すっかり仲よくなった。

居酒屋、カラオケでは藍が先生となった。フランクを自分の横に座らせ、料理の説明をし、フランクの手を取って箸の握り方、使い方を教えた。フランクの歌える英語の歌詞のついた歌を選んで歌わせた。

藍は自然な対人関係を持てた。同文化同民族間では生活習慣、言語の小さな違いでも意識するが、異民族間では違いがあることが前提となり互いに相手を知ろうと努め、違いが緊張を生むことはない。藍はフランクからアメリカ流の文化を吸収しようとしてすっかり警戒することを忘れていた。

フランクは白のトヨタウィンダムをボウリング場の玄関に停めると、運転席から降りて助手席のドアを開けて、藍を乗せた。雨の日には藍のために傘を差した。クラブでは藍の後について腰に手を当てて軽く押してエスコートし、椅子を引いてテーブルに座らせた。ダンス・フロアへは手を引くようにして藍を案内して、軽く会釈して踊りに入った。大仰《おおぎょう》なしぐさに触れられた腰に緊張が、握られた手に拒否反応が出たが、それも取れ、やがて藍は洋画の女主人公のような気持ちになった。

フランクは、ルイジアナ州の出身で一度結婚し、二人の子供がある、妻とは離婚し、子供をフランクの父母に預けていて「現在独身」と話した。

「嘘だわ、あなたはハンサムだし、たくさん彼女がいるでしょう」。藍は思ったままを言った。「信じてくれ、僕は独り身だ」。藍の手を取り、目を見てフランクは言った。こう言われても藍はなんとなく吹っ切れない気持ちでいた。

仲間のフィリピン女性が、沖縄女性にしていた忠告が頭の隅に残っていた。

「アメリカの男はセックスだけよ。結婚の約束はほんの挨拶代わり、決して本気ではない。知り合ったらすぐベッドに誘う。一度関係ができると毎日のように求める。遊びなんだから結婚の約束は信じないほうがいい。十分金を使わせてからベッドを共にすること。毎日求められたら三回に一回くらいにして、二回は逃げることよ、沖縄の女の人はアメリカ男性の言うことを何の疑いもなく信じる人が多い。そして子供までつくらされてあとは男に逃げられる。そのうえ男のために使った金が借金となって苦しんでいる人もいる。気をつけなさい」

そう口酸っぱく言っていた。それが頭にあって、吹っ切れない気持ちにつながっていた。

「アメリカ男性はすぐセックスを求める動物」。そんな話とは裏腹に、フランクはベッドに誘わなかった。アメリカ人には稀な、動物的でないところが、次第に藍にフランクを信じる気持ちを持たせていた。

軍のクラブのディナーで、藍はいつもより数杯多くワインを飲んだ。それはフランクとの交際が始まって六ヵ月くらい経ったころのことだった。

藍のアパートを訪ねた日からフランクは、ほとんど毎晩アパートに来た。風呂に入り、夕食をとった。基地内のカミサリーから食材を買ってきた。それを調理するのが藍の役目だった。味にはうるさくなかった。買ってきた食塩を使って自らの塩加減を作り、香辛料を使った。肉の焼き方に注文をつけた。下戸ではなかったが、缶ビールなら二本、ワインならグラス二杯くらいを飲んだ。それ以上飲まない。将校が酒飲み運転をしてはいけないからと言った。午後六時ごろ来て、一一時には戻って行った。泊まることはなかった。フランクはいつ集合命令が出るかわからないから、寝るのは基地でないといけないと理由を説明した。早く退役して基地で寝泊まりしなくてもいい身分になりたいと真顔で言うこともあった。

フランクはシャワーに入って着替えた後、汚れた下着を必ず持ち帰った。「私が洗っておくから」と言っても、「軍人は規則で肌着は自分で洗わなくてはならないのだ」と言った。藍は下着、靴下を買っておいた。「これを着なさいよ。汚れたのを着て帰るのは嫌でしょう」と勧めたが、「出張のときに持って行くからここに置いておいて」と、フランクは下着を着なかった。一緒に住んでいる女に、私が買った下着を見せたくないのではないかと、藍は疑った。藍に「男を怒らせまい」「嫌われまい」という気持ちが生まれ、詰問できなくなっていった。男の生活、行動、さらには感情にまで気を使わなければならなくなった自分に、しっかりしなくては駄目だと言い聞かせたが、詰問はできなかった。

フランクは、「ボウリングをやめることにした。君もあのグループから抜けろ」と言った。運動にもなるし、続けましょうと言ったが、無駄遣いをやめて金を貯め、休みに旅行をしたい、君が続けたいのなら続けてもいいが、送り迎えはしないと言われ、結局、藍はグループから抜けた。

藍を心配した美容師の洋子が店へ訪ねてきた。

「フランクといちゃついているってね、よしなさいよ。彼にはれっきとした奥さんがいるのよ」。洋子はきつい調子で言った。「いちゃつくなんて、そんなじゃないのよ」「私たちより一〇歳も若いフィリピンの女よ。名前はマリヤっていうの。ずいぶん前だけど、あなたがグループに入る前に、グループにも顔を出していたのよ」。そう言って洋子はマリヤとフランクとの馴れ初めから現在までを細かく話した。二人はコザ市内のアパートに同居しているはずだと言った。

ショックだった。洋子の話が意図のある告げ口のようにも聞こえた。しかしもし話が本当なら、フランクとの関係を考え直さなくてはならない。意を決して藍はフランクを訊問した。

「藍にプロポーズする数ヵ月前まで、フィリピン出身の二〇歳くらいのマリヤという女の子と結婚していた。マリヤがアメリカに行くために形だけでいいから結婚してくれと言われて結婚したのだ。同居していない」とフランクは弁解した。そしてマリヤは若すぎて合わないこと、彼女には若い米兵の彼氏がいること、自分は日本女性らしい教養のある藍が好きなこと、年齢的にもそれほど離れてなく、マリヤと違って落ち着いていて、一緒にいるとピースな気分になれる、そして「結婚してくれ」と口にしたのである。マリヤから、若いＧＩと結婚したいから別れてくれと離婚の申し出があったので、正式に離婚したとも言った。

「今あなたはどこに住んでいるの」「軍のＢＯＱ（独身寮）さ」「食事、洗濯はどうしているの」「食事は基地内で食べている。制服は洗濯屋に出し、下着は自分で洗っている」「下着は持ってきなさいよ」「ありがとう。軍人は自分で洗うことに慣れておかないといけない」「基地の外には住めないの」「将校は何かあるとき直ちに連絡のとれるところに住んでいないといけないのだ。外には住めない」

フランクは、海兵隊基地内の将校の独身寮に藍を連れて行った。部屋には藍に見覚えのある服があった。女物は一切なかった。

「ここが私の住んでいるところだ。規則でここは独身者しか住めない。マリヤと同居することはできないのだ。信じてくれ」「一度結婚して二人の子供ができたが、妻とは別れた。子供は私の父母に預けている。この結婚以外にほかの女性と結婚したことはない。私は本当のことを話した。君と結婚したい」

真っすぐ藍の目を見て、少し微笑みを浮かべて話す。フランクが嘘をついているようには見えなかった。

「子供たちは、お父さんと一緒に住みたいと言わないの」

「言うけど、仕事でそれができないことを知っている。週に一度は電話しているし、ときどきプレゼントも送っている」

藍は子供を産みたくなかったが、フランクは避妊を嫌った。父母や村の者が、外人との結婚を快く思わないことを知っていて、二人の関係をステディにすることに迷いがあったし、結婚しないで子供を産むことだけは絶対にしたくないと決めていた。

男と女へと関係が変わっていった生活の中で、フランクは「愛している」「結婚したい」と口癖のように言った。藍は、その気持ちが本当かどうかの判断がつきかねた。避妊なしの行為をしたいばかりにとも疑ったりもした。長い独身生活の中で芽生えた男に対するネガティヴな気持ちが深層心理にあった。

「ニューオリンズに子供たちを迎えに行こう」

フランクはそう言って旅程と切符を藍に渡した。驚いた。何の相談もなかったからだ。「子供たちと生活してみて、この子たちの母親になれるかどうかを決めてほしい」とフランクは言った。子供たちが受け入れず、子供たちと生活できないのなら結婚はないのだから、重要なことだった。藍はフランクの結婚の申し出が本気だと信じた。

藍は週一度、実家へ戻っていた。「アメリカへ一週間ほど行ってくる」と、藍は弟の真康に話した。「何しに行くのか」と聞く真康に、何も話さなかった。

藍は嘘をつけないたちだった。小さいころからそうだった。問われて、言わなければならなくなったら話す、そうしていた。

真正と安子は、藍の婚期が遅れていることを気にしていた。村には婿になりそうな青年はいない。村外の知り合いに、「いい青年を藍に紹介してほしい」と頼んでいるのだが、縁談が持ち込まれたことはない。藍がアメリカ人と交際しているらしいとの噂が伝わった。将校で真面目な人で独身という話も届いた。二人は藍が幸せになってくれればいいと、内心喜んでいた。そんな折、真康から藍の渡米の話を聞いた。先方の両親に許可をもらいに行くのだろう、先方の許可が出たら、今度は私たちの許可をもらいに来るのだろう、夫婦はそう話し合っていた。

安子が野菜、米、味噌、それに一〇万円を持って藍のアパートを訪ねて来た。「長く行くの」と安子は聞いた。「往復一週間よ。お土産は何がいいの」

安子は渡米の用向きは聞かなかった。藍は自分から言い出さない、時が来たら話すはず。今は聞くべきではないとの配慮からだった。

フランクの両親は年金生活を送っていた。フランクをはじめ子供たちは全員独立して家を離れ、空いた子供部屋をフランクの子供が使っていた。両親の話では、その家はフランクが買ってくれたということだった。藍の来訪をとても喜び、息子や孫を頼むと藍に言った。両親は車を運転して、藍を観光に連れ出した。フランクは久し振りの帰郷で、友人、親類との交際に忙しかった。

娘のキャロラインは一一歳、ヴィクターは九歳、二人とも夏休みに入っていた。二人はすぐ藍になついた。藍が土産に持っていった服が気に入ったらしく、それを着て観光について来た。朝食は、ビスケットというスコーンのようなパンとフレーク、ミルク、オレンジ、グレープジュース、それにコーヒーを父親が準備し、夕食はアメリカ南部の料理を母親が作ってくれた。献立は毎日違っていた。藍の英語が十分でないことを気遣って、手真似で料理の作り方を教え、「やってみなさい」と、藍に調理させた。うまくいかないと藍の手を取って教えた。

夕食の後は、リビングで、フランクと両親、藍が遅くまで話をした。今後の沖縄での生活のことが主な話題だった。父親はバーボンに細かく砕いた氷を入れて飲んでいた。三日間の滞在で、フランクの家族が温かく迎えてくれたことを藍は感じた。二人の子供を連れて、フランクと藍は沖縄に戻った。

アメリカから帰ってすぐ、藍は自宅で父母と弟・真康に、フランクと結婚したいと話し、許可を求めた。

「アメリカ人なの。とてもいい人なの。おじいさんのこともあるし、どうしようかと思ったのだけど」。恐る恐る藍は話した。「戦争のことは、もう古いことだし、おじいもアメリカを恨んではないと思うよ。しかし本当に大丈夫ねぇ」と、父はフランクの人柄を気にしていた。藍は、彼は結婚したことが二度あるが、前の人とはきれいに別れている。子供が二人いるが、二人とも自分になついていて、二人を沖縄に連れて来た。フランクの家族は結婚に賛成していると話し、「大丈夫よ、きっと幸福になれるさ」と言った。「おまえさえよければ」と父は言い、母は涙ぐんでいた。「外人なんかと結婚させて」との世間の批判に耐える気持ちでいる両親を見て、藍も泣いた。

藍はフランクとキャロラインとヴィクターを実家へ連れて行った。フランクは、藍が教えたとおり、両親の前に正座して深々と頭を下げて、「よろしくお願いいたします。藍さんハッピーにします。責任です」とたどたどしい日本語で言った。キャロラインとヴィクターも、フランクの横に並んで座り、彼にならって頭を下げた。

祝宴が設けられた。大きなテーブルに安子の心尽くしの料理が並べられた。冷えたビール、泡盛、フランクも冷えたアメリカ製の缶ビールを一ケース、それに二、三キロはあるステーキのヒレ肉を土産に持って来ていた。

テーブルに真正、真康、フランク、キャロライン、ヴィクター、それに真康の長男・真治が残った。子供たちはすぐ仲よくなった。男たちはビールで乾杯した。アルコールは、言葉に代わる役割となり、男たちは親しさを増し、藍と安子は炊事場と座敷を料理を運ぶため何度も往復した。結婚式をその年の年末に挙げることが決まった。その夜、フランクとキャロライン、ヴィクターは真正の家に泊まった。二人の子供を残して、フランクと藍がアパートに戻ったのは翌々日の夕方だった。

キャロラインとヴィクターは、アメリカへ戻る前までの二ヵ月近くを、真正の家で過ごした。二人はその二ヵ月の間にかなりの日本語力がついただけでなく、真正をグランパ、安子をグランマ、そして真康夫妻をアンクル、アントと呼ぶ間柄になっていた。真治とはまるで兄弟のような間柄になった。キャロラインとヴィクターは、父フランクに代わって、具志堅家との間に確かな親類関係を作り上げた。そして二人だけで帰米の途に就いた。

一一月に入ってすぐ、フランクのカリフォルニア転勤が決まった。フランクは相変わらず基地のBOQに住み、藍のアパートに通っていた。藍はもう避妊の心配をしなくなっていた。双方の両親が結婚に同意し、子供たちが藍と彼女の両親になついていることなど、確実に結婚できる環境が整った。

欺罔《ぎもう》

フランクは、一二月一〇日ごろグアムで結婚式を挙げたいと提案した。アメリカの父母も式と披露宴に参加し、アメリカ側の費用は自分が出すが、沖縄からの出席者の費用は藍が負担してほしいと言った。

一一月末、フランクは新しい勤務先、カリフォルニアへ向かった。

藍は、友人の洋子、ひろみと結婚式と披露宴の打ち合わせをした。話を聞きつけて、藍のほかの女友達も来たから、狭い藍のアパートは足の踏み場もなくなった。友人たちは披露宴のプログラムを決め、余興の出し物と担当を決めた。

沖縄の結婚披露宴は小さなものでも一〇〇人、大きい宴だと五〇〇人もの客を招待する。司会は、琉球芸能の役者や地元のアナウンサーといった、プロに依頼することが多い。宴は、琉球舞踊「御前風」で始まる。琉球王国の「君が代」などといわれている厳粛な踊りで、これも琉球舞踊のプロが踊ることが多い。宴の合間に新郎、新婦の友人の出し物がある。披露宴はちょっとしたショーの観がある。締めは、参会者の群舞カチャーシーで終わる。

藍の場合、式も披露宴も外国で行うのだから、おおがかりな宴にはならないが、友人たちはいくつかの余興を準備した。「藍の披露宴だから、ぜひ参加する」と言った友人が十数人を超えた。旅費、祝儀を合わせれば、費用は一〇万円を超えるが、それでも参加してくれるという友人たちの申し出に、藍は涙を流した。藍は、参加してくれる人たちのもろもろの費用負担を父に頼んだ。

村の人たちも真正の家を訪ね、続々と参加を申し出た。「何代にもわたってお世話になっているのだから、ぜひ参加したい」と言ってきたのは、村の世帯数の半数に当たる三〇〇世帯だった。「お気持ちはありがたいが、グアムから帰って来て、こちらでも披露宴を開きますから、そのときに参加してください」と断るのだが、それでも式には「ぜひ参加したい」という人もいて、結局三〇人を超える人数となった。真正は参加者の費用負担を決めた。

結婚式と披露宴の前日早朝、総勢五〇人を超える大グループが成田経由でグアム入りした。アメリカ側の参加者はまだ着いていなかった。

参加者のほかに、二五〇人にのぼるご祝儀参加があった。沖縄でのご祝儀の相場は普通の交際の場合一万円、親しい者はその遠近によって祝儀の額は変わる。親類なら五万円は下らない。これらのご祝儀が出発前に藍に渡された。

日程は二泊三日だった。到着してすぐ藍は教会を訪ねた。ガラス張りの祭壇を通して、恋人岬と大海原を望む美しい教会だった。バージンロードの左右の席の入り口には花が飾られていた。三〇歳を過ぎてやっと幸福の入り口に立つ実感が湧いてきた。私と彼があの祭壇の前にぬかずいて、神に誓いの言葉を述べるのだと思うと藍は胸が熱くなり涙が出た。

教会を出て、藍は花屋で極楽鳥花（ストレリチア）、プルメリアなど、熱帯の生花とブーケを選んだ。沖縄では見かけない花だ。

衣装は純白のウェディングドレスだけにした。「お色直しの後に和服に着替えては」と勧められたが、出費を抑えるため洋装だけにした。費用の負担、ご祝儀のお返しなどを考えると、どうしても自分にお金はかけられなかった。写真も参加者全員の集合写真だけを頼んだ。披露宴会場では、友人がスナップを撮ることになっていたので、プロのカメラマンはオーダーしなかった。

友人たちは披露宴会場の下見をしていた。ステージはなかったので、新郎新婦の席の正面を広く空けて、ステージ代わりとした。琉舞の伴奏の三線は座って弾く。床に座るわけにはいかない。そこで会場の隅に三線奏者のための椅子を置いた。会場設営が済み、友人たちは余興の練習を始めた。


アメリカからの便は午後到着とのことだった。弟の真康が出迎えることになっていた。その前に、真康はアメリカ側のホテル予約を調べておこうと思ったが、どこのホテルに泊まるのかを聞いていなかった。真康は自分たちが滞在するホテルのコンシェルジェに頼んで、グアムの主立ったホテルに予約を調べてもらったが該当する予約はなかった。気になった真康は、藍に「ホテルの予約がない」と言うと、「ひょっとしたら基地内の宿泊施設じゃない」と藍は言った。グアムにも米軍基地があり、そこに宿泊施設があった。真康はコンシェルジェに、旅行会社にフライトの乗客名簿を調べてくれと頼んだが、「名簿は飛行機が到着した後でなければ公開されない」ということだった。

真康は午後二時過ぎ空港へ行った。三時間ほど空港にいて、アメリカ本国から到着した数便の旅客を迎えたが、フランクの姿はなかった。

明日かもしれないと真康は思ったが、それでは午前一一時のチャペルでの式には間に合わない。アメリカ本国からグアムへのルートはホノルル経由と成田経由の二つがある。ひょっとすると成田経由かもしれないと真康は思った。成田経由ならグアム到着は深夜の二時とか三時になる。それなら式に間に合う。真康はきっと成田経由にしたに違いないと思った。真康は念のため、コンシェルジェに、フランクの勤務先、彼の両親の自宅に電話をかけてもらったが、「呼び出しているが、誰も出ない」とのことだった。やはり成田経由、そう思った真康は、深夜、成田便の迎えに出たが、成田からの数便の客の中にフランクの姿はなかった。

式はキャンセルになった。その直後、泣き崩れている藍に宛て、「吹雪のため、飛行機が飛ばない。式、披露宴は次の機会まで延期してほしい」とのファクスがフランクから入った。

披露宴は慰労会に変わった。藍も家族も参会者への謝罪に忙しかった。吹雪という天災なのだから許してほしいと懇願した。藍や家族は、本当に吹雪で来られなかったのかと疑う気力さえ失っていたが、参会者の中にはカリフォルニアで吹雪があるとは信じられないと思う者もいた。参会者の踊り、友人たちの合唱、余興、そしてカチャーシーの乱舞は、式と披露宴中止という暗いムードを吹き飛ばした。

グアムから戻り、藍は家族と一緒にご祝儀返しで村内を回った。

「吹雪がひどくて飛行機が飛ばず、式も披露宴も中止になりました。いずれまた式と披露宴をやることになると思いますが、いただいたお志に対してはお返しをしておきたいと思います」と挨拶した。

「カリフォルニアで吹雪のあったニュースは聞いたことがない、気候の温暖なところで吹雪などあるはずはない。騙されているんだ」

そんな噂が囁かれていた。しかし、藍の家族を非難する者はいなかった。

妊娠

グアムから戻って一ヵ月のち、藍は体の異常に気づいた。妊娠しているのではないか疑いを持った。病院へ行かなくてはならなかった。「お腹の赤ちゃんのお父さんは？」と医者に聞かれたらどう答えよう？　結婚もしていないのに子を持つとはと非難されるのではないか。心配が不安を生み、医者に診てもらう決断がつかなかった。

看護婦の敏子を訪ねた。中学校の同期で病院に勤めていた。事情を話して、「私はまだ結婚していないでしょう。お腹の子は誰の子と聞かれたら困るのよ、どうしたらいいの」と相談した。「あなたは前世紀の遺物みたいな人ね、産婦人科の患者の多くは、結婚しないで妊娠した人なのよ。私がついて行ってあげる。医者に診てもらいなさい」と笑い飛ばされた。

妊娠との診断が出て藍は当惑した。一方では自分の体内に新しい生命が宿っていることに感動もした。「産もう」、そう決心した。グアムから戻った後、フランクからは言い訳と謝罪の電話がかかってきた。藍は釈然としない気持ちでいたから、こちらからは電話はかけないと決めていた。しかし赤ちゃんができた以上、そうもしていられなかった。藍はフランクに、「あなたの子ができたの、喜んでちょうだい」と電話をかけた。「ブラボー！」、電話の向こうでフランクの興奮して喜ぶ声が聞こえた。フランクは、電話口で饒舌になった。狂喜しているようだった。

「二人に新しい生命が生まれたことは素晴らしいことだ。私は父親として生まれてくる子に、この世で与えられるすべてのものを与えることができる。生まれたら二人でこの子を大事に育てよう。今は君にとって一番大事なときだ、くれぐれも体に気をつけてくれ。ちょっとした君の病気でも胎内の子供に影響を与えることになる。私は今、また沖縄で勤務できるように運動している。子の出産には立ち会えるかもしれない。心から君を愛している」

フランクはそんなファクスを書き送ってきた。

残暑の厳しい季節、藍は譲治を産んだ。入院中、知人・友人がひっきりなしに祝いに来た。ベッドのそばのサイドテーブルには、すべり落ちそうなほどの祝儀が積まれていた。

藍はフランクに、「とても可愛い男の子で譲治と命名した。あなたがいて出産に立ち会い、名前もつけてくれたらと思ったが、仕事の都合で出産に立ち会えなかったことは理解している。この子の将来のためにもよき父親になってください。私たちはまだ結婚していません。そのため現在、譲治は父親のない子として私の籍に載っています。この子のために一刻も早く結婚し、あなたの子として戸籍の訂正をしなければなりません」と書き、譲治の写真を入れて送った。

「藍！　君と譲治は元気か。きっと元気だと思う。私は二人に会うことを楽しみにしている。譲治は本当にきれいな子だ。私は彼が私の子であることを誇りに思っている。来年六月、私は沖縄に戻る。海兵隊のキャンプ・コートニーで働くことが決まっている。そちらへ着任次第、僕はあなたと結婚する。そして譲治と三人でよい家庭を持つ。結婚すれば仕事をやめて譲治の面倒を見てほしい。私は本当に幸せな男だ。君と譲治の二人と素晴らしい家庭を持つのだから。君は信じないかもしれないが、これまでの私の生活は不幸だった。重要なことは三人で一緒に住むことだ。一人で譲治の面倒を見させてすまない。私の努力が足りなかったことを反省している。これからは三人で一緒に住むことが大事だと思う。私は君のよい夫、譲治のよい父となりたい。手紙をくれ、私も六月まで連絡をとり続ける。君と譲治への愛を込めて」

と返信をしてきた。

藍は育児に追われた。譲治の成長は目まぐるしく、一日一日と変わっていくのに藍は喜びを感じていた。

だが、フランクは約束の六月になっても転勤して来なかった。譲治が可愛ければ可愛いほど、父のない子にしてはいけない気持ちが強くなり、藍はフランクとの電話のたびに、「結婚してくれ、譲治の父になってくれ」と繰り返した。

嬲《なぶ》る

フランクから、「ラスベガスで結婚式を挙げよう。その後に新婚旅行を兼ねて君と譲治と一緒に沖縄に行く」との電話があった。藍はフランクに、ホテルの予約を頼んだ。

「君のほうから何人来るかわからないし、こちらで予約をすると高くつく。フライト、結婚式、レセプション込みでそちらで予約してくれ」。フランクはそう言った。

藍は、今度は父母と弟、それに譲治の五人だけでラスベガスへ行くことにした。

前回は多くの人に結婚を知らせ、ご祝儀までもらっている。今度は誰にも式を知らせられなかった。藍たち一行は、那覇―成田―ロサンゼルスと空路をとり、ロスからラスベガスへはレンタカーで行き、一泊と式とレセプションの予約をした。旅程をフランクにファクスした。

結婚式の前日、フランクはホテルの玄関で藍たちを迎えた。「お父さんや子供たちは？」と聞くと、「父は急病、母はその看病で来られない。子供たちも学校を休ませられない。式を挙げるだけだから、君の家族と僕たちがいればいい。譲治もいるし」とフランクは上機嫌で、藍たちの荷物をベルボーイに渡し、手際よくチェックイン手続きをとった。

「パスポートと切符、貴重品を出しなさい。セイフティ・ボックスに預ける」。そう言ってフランクは全員の切符、パスポート、財布を受け取り、セイフティ・ボックスの手続きをとった。セイフティ・ボックスは金庫のようなものである。貴重品を入れ、鍵をかける。鍵は二個あり、一個はホテル、ほかは預け主が持つ。預け主は署名を登録する。開錠のとき、預け主が署名し鍵をホテルに渡す。開錠はホテルがする。

「鍵をなくすと弁償させられるから大事にしなさい。それからドルを使うので、財布から出しておいた。ドルを君たちに預けると、騙されたり盗まれたりするから、私が預かる」。フランクは父、弟、それに藍の持っていた合計三五〇〇ドルほどの金を預かった。

夕食でテーブルを囲んで、彼は真正、真康とワインを飲み、意気投合していた。疲れているだろうから君たちは部屋へ行きなさいとフランクに言われ、藍と譲治は部屋へ戻った。

藍はフランクの帰りを起きて待った。なかなか戻って来ない。きっと話が弾んで帰って来られないのだろうと思い、疲れていたので寝た。藍が目を覚ましたとき、外は明るくなっていた。フランクはいなかった。彼のベッドには、使った痕はなかった。父親たちの部屋で寝たのかしらと思った。藍は父たちの部屋へ行った。「フランクは、君が部屋に戻って一〇分くらいして、藍と譲治とゆっくりしたいと言って出て行ったよ」と真康は説明した。

藍と真康はフロントへ向かった。

「ご主人ですか、午後八時ころ、ルームキーを返して出て行きましたよ」

藍は、ベルデスクで午後八時ころ、レンタカーの鍵をフランクが受け取ったことも確認した。

藍は、フランクが忘れ物でもして自宅に戻ったのかもしれない。もうすぐ戻って来るだろう思って部屋へ戻った。枕元の電話のメッセージランプの点滅に気づいた。交換に電話すると、フロントで手紙を預かっているとの答えが返ってきた。ホテルの便箋を使って書いたフランクの手紙には、

「藍　申し訳ないが結婚できない。譲治は美しい子だが日本人の父が要る。私はアメリカに住み沖縄へは行かない。君たちはＬＡへ帰るがいい。フロントデスクでタクシーを頼むといい。君たち

の金はもう使ってしまった。君が借りたレンタカーは俺が使う。マリヤには家族がいない。私たちは六年間も結婚している。近くまた子供ができる。君にはよい家族がいる。譲治は日本人だ」と書かれていた。

藍は泣いた。譲治を抱いて「ごめんね、ごめんね」を繰り返した。

事情を知った真正は、「この子は日本人なのだ。藍、父はなくてもいい。私たちがついている。立派に譲治を育てていこう」と慰めるしかなかった。

家族の誰もがフランクを非難しなかった。それだけに藍は、「フィリピン女性と別れた。君を愛している」と言ったフランクを信じてしまったことを悔いた。

ホテルの入り口で、右手人差し指でちょっと譲治の頬を触って、「ハロー、マイサン」と言っただけで抱こうともせず、チェックイン手続きを始めたフランク。あのとき藍は、疲れている自分たち家族をいたわって、一刻も早く休ませようとした配慮だと感謝さえしていたが、こうなってみると、譲治を自分の子と思わず抱く気さえ持っていなかったのだ、チェックインの手続きを急いだのも、藍たちを早く部屋に入れ、自分は家へ帰るためだったのだ。フランクの悪意は、ドルを財布から抜き取り、「盗まれるといけない」と恩着せがましく嘘をつき自分が盗んだこと、レンタカーのキーを自ら預けて、自ら取って運転して去って行ったこと。すべてその準備だったのだ。

刑務所にぶち込んでやりたい。怒りが藍に鬱勃《うつぼつ》と湧き出した。

藍はホテルの日本人従業員に事情を説明した。ホテルには帰りの運賃まで賭博で使い果たしてしまう客に備えて、専門の係を置いていた。係は藍の件を日本領事館へ通報した。

藍に電話をかけてきた領事に、藍はフランクを警察に訴えてほしいと頼んだ。

「そう言われても、こちらは日本と違ってなかなか告訴は受けつけない。それに日本人がアメリカ人を告訴するとなると、言葉の問題もある」

領事は告訴できない事情を話した。その説明は、日本国として強い態度で出られない言い訳に聞こえた。

藍は、「絶対に許せません」「なんとか訴えてください」と頼み込んだ。領事は、「アメリカ軍人の犯罪となると、安全保障条約との関係もあってなかなか一筋縄ではいきません。やってはみますが」と言い、渋々「ではその男の住所と氏名は」と聞いた。このときになって初めて藍はフランクの住所を知らないことに気づいた。ファクスばかりで、封書の手紙をもらったことはなかった。ファクスの番号を告げた。そして、「あなた方親子が当面住むところと帰国のための援助をします。数時間後にあなた方を世話してくださる日本人の方から電話をかけてもらいます」と言った。「フランクの告訴の件も必ずお教えください」と藍は頼み込んだ。

日本領事館の計らいで、ラスベガスに住む沖縄県出身の恵子・ヒガ・ウィルソンという女性の家に世話になった。

恵子はアメリカ軍人と結婚し、夫が退役した後、ラスベガスに移り住んだ。恵子は以前、沖縄の米軍基地のグローブアンドアンカークラブでキャッシャーをしていた経験があって、ラスベガスのホテルの賭博場のキャッシャーをしていた。彼女は夫と二人でベッドルームが三つある、小ぎれいな家に住んでいた。子供はなかった。夫は昼間仕事に出かけた。彼女の仕事は夜勤で、昼間は藍、家族の面倒を見た。

ラスベガスでは日本人が窃盗などに遭い無一文になることがある。領事館は被害者の金の面倒は見たが、金を盗んだ犯人を警察に告訴した話は聞いたことがない、今回の事件も警察へは告訴しないのではないか、それに日本人はアメリカ人より低く見られていて、日本人の言い分は通らないことが多いと恵子は言った。

忙しいだろうから何度も電話すべきでないと躊躇《ちゅうちょ》しながらも、フランクに対する怒りが領事館へ何度も何度も電話を入れさせた。担当の領事は不在、返電を頼んだが、返電はなかった。フランクへファクスで連絡をとったかどうかもわからずじまいだった。

数日後、恵子は仕事を休み、車で藍家族をロサンゼルス空港まで見送り、食事やバス代にしてくれといって、藍家族に二〇〇ドル余の金を渡した。

藍は沖縄県警に告訴の手助けを頼むことにした。遠縁の元警察官・平敷兼好と沖縄県警察本部刑事課の警部に事情を話した。

警部は、沖縄に駐留する米軍人・軍属が基地の外で犯した罪についての捜査権は沖縄県警にある。しかし事件はラスベガスであり、結婚詐欺の疑いはあるものの、フランクはアメリカ本国にいるので沖縄県警が彼を調べることはできないと言った。

「多額の航空運賃、ホテル代は沖縄の旅行社に支払った。事件は沖縄で起きたといえるのではないか」と平敷が言った。

「金はフランクではなく旅行社に入っている。利益は旅行社が得たと解釈するのが普通ですよ」

「ラスベガスで金を盗ったのは、明らかにフランクが利得したことになる」

「それは向こうで起きたことですよ。私どもの手が届かないところのことです」

「アメリカ兵ということには変わりはない。その彼がどこであろうと、日本人の金を盗んだ。逮捕して厳しく調べれば自白する。それができないのは地位協定という変な条約があるからだ」

「先輩、怒る気持ちはわかりますが、私どもがアメリカで捜査できないのは地位協定のためでなく、独立国アメリカでの捜査はアメリカの捜査機関しかできないのは当然のことです。アメリカの捜査機関も日本では捜査はできません」

そう言って、警部は海兵隊捜査部の電話番号を平敷に渡し、「立場上、私のほうから軍の捜査局への電話はできません。また、この電話番号を私からもらったとは言わないでください。私にできるのはこれだけです。あとは先方にアメリカでの捜査を頼んでください」と言った。

「前もって約束をとってくだされば、中佐も時間がとれたのですが、あいにく今日は約束が入っていまして皆様とお会いできません。私が代わりにお話を伺います」

年のころ五〇を少し過ぎた平服の男が言った。差し出された名刺にはＮＩＳ次長と記載されていた。ＮＩＳは海軍捜査部の略称である。階級が名刺に記載されていないのは、彼がシビリアン（民間人軍属）であることを示していた。

彼は基地正門のパス発行所の不手際を詫びた。

パス発行所の担当者が、「ＮＩＳからの事前の訪問許可がないと基地の中に入れるわけにはいかない」と言い、同行した平敷が、「米軍人に騙されたのでその捜査を頼みに行くのだから通せ、我々には通る権利がある」と返したが、担当者は、「事前の通行許可は規則で定められたものだ、それを破るわけにはいかない」と突っぱねた。

「貴様は沖縄人だろう、どうして我々の気持ちがわからんのか。おまえの応対は県民を馬鹿にしている。許せない。マスコミに訴えて貴様らの応対に抗議の記事を書かせる」

平敷は大声で怒鳴った。パス事務所のほかの職員が驚いて席を立ってきた。責任者らしいその男は、「怒らないでください。ＮＩＳと言いましたね、今電話を入れて許可を求めてみますから、少し待ってください」。その男は、自分の席に戻ると電話をかけた。

しばらくして男は受話器を机の上に置いて、「ＮＩＳの担当者の名前をいただけませんか」と言った。「捜査を頼みに行くのだ。誰が担当になるかわからん」と平敷はぶっきらぼうに言ったので、男は席に戻りまたしばらく話を続けた。「ＮＩＳで検討してから返事するとのことです。しばらくお待ちください」。三〇分が過ぎた。ようやくＮＩＳから迎えに来ることになった。ＮＩＳ次長が謝った不手際というのはこのことだった。

藍と平敷がパス発行所に着いたのは午前九時を少し回ったころだった。そしてパスが発行されたのは午前一〇時三〇分を回っていた。約一時間半、藍は平敷と係とのやりとりを聞き、係の動静を見ていた。アメリカの出入国管理官のパスポートの審査を待って長い列の後ろに立たされているような気になっていた。謝ってもらうのは当然だった。

次長の態度が慇懃《いんぎん》丁寧なのは平敷の抗議、とりわけマスコミへの依頼のことが伝わっていたためのようだ。無免許や酒気運転のような沖縄の人が犯したら記事にならないものでも、米軍人が犯すと新聞社が取り上げることを知っているので、米軍は報道によるダメージは極力避けたいと考えている。

「お話にはどれくらいの時間が必要ですか」と次長が聞いた。「三〇分くらいです」と平敷が答えた。次長は腕時計を見た。そして傍らの通訳と小声で相談していたが、「三〇分ですと通訳の時間を入れると一時間以上かかります。事務所は一二時から一三時までは閉めます。それでどうでしょう、スタッフがエスコートしますから基地の中で食事をして午後一時ごろ戻ってきてくださいませんか」と提案した。

次長はフランクの氏名、社会保障番号、配属部隊を聞いた。藍が知っていたのは氏名、生年月日と将校ということだけだった。氏名はプリントで書くように言われた。階級も将校というだけでなく、少尉、中尉というように、具体的に書くように言われたが、藍は正確な階級は知らなかった。事件の経過については平敷がまとめたメモに基づいて説明した。次長は平敷の話をメモにしていた。平敷への質問はしなかったが、次長はときどき通訳に質問をした。一時間以上かけて話し終えた次長は平敷に、「ほかに話すことはありませんか」と聞いた。次長の事情聴取には真面目さがあった。藍と平敷が後に「事件を取り上げてくれそうだ」と言ったほどである。

「上司に報告し、私どもとしてできることをいたします。場合によってはもう一度来ていただくかもしれません。のちほどこちらから連絡いたします」と次長は言った。

二ヵ月後、NIS部長名で手紙が届いた。それには、「フランクが他の部隊に転属しているため、この事務所が直接フランクから事情を聞く権限がなく、彼の現在の勤務地を管轄するNISに依頼して事情を聞いてもらった。彼は『あなたと結婚の約束をしたことはない、金を騙し取ったことはない。譲治は自分の子供ではない、グアムに遊びに行く話はした、しかし他の用事ができて行けなかった。ラスベガスへも遊びに来てもらったが、金は盗んでいない』と言っている。本来、フランクの取り調べはラスベガス警察しかできない。私どもとしては法律で許された範囲で可能な限り事情聴取をした。告訴をするのなら警察へ出してください。追伸　フランクに子供がいるのですから養育費も必要でしょう、そのことで軍の法務部に電話しておきましたから、もし相談をなさるのなら電話してください」と書いてあった。

法務官は大尉で女性だった。ＮＩＳから送られたと思われる書類に目をやりながら、「こんな男がいるからアメリカ人は誤解される。これがアメリカ人のステレオタイプとは思わないでください」と前置きして、アメリカでは未婚でも子の親に対して養育費を請求できる制度がある、請求は男の住んでいる州政府に出さなくてはならないと説明した。

「手紙を出して請求できるのですか」、藍は聞いた。手紙を出して、請求書の書式をもらうこと、それには請求の際に出すべき書類などについての注意書きがあるのが普通だから、その説明に従って書類を作ることと説明したうえで、「州によっては本人確認のため、直接本人が州の担当者に提出するようにしているところが多い」と法務官は説明した。多額の旅費を使ってわずかな児童手当のようなものをもらうのは引き合わない、そう思ったから法務官の説明は藍の興味を引かなかった。

「提出した後、州は本人から事情を聞き、本人が子供を自分の子だと認めれば、本人の給料から扶養料を控除する手続きがとられます」

「いくらくらい取れるのですか」

多額の金が取れ、フランクが破産状態になれば復讐できると思っての質問だった。

「額は本人の給与の額によって違います。一概にいくらとは言えません」

藍は、責任追及にはならない、やはり警察に頼んで刑務所に送るべきと考えた。

「沖縄からラスベガスの警察へ告訴することはできますか」

「どうですかね、私にはわかりません。直接警察へ聞いてみてください」

藍は法務部のほうでラスベガスの警察と接触して告訴を出してくれと頼んだ。法務部は、フランクはもうこの部隊にいないし、それに藍がフランクの妻でもないのでこれ以上の協力はできない、当法務部の職務外のことで、これは好意で行っている、今回は藍と法務官との個人的な相談というだけのことで、ラスベガス警察へは何もできない、と言った。そして外国人事件を扱う日本人弁護士のリストを手渡して、日本人弁護士に事件依頼を勧められた。

フランクによる二度の手ひどい仕打ちで、藍の父母が受けた精神的打撃は二人の体重を減らし、白髪を増やす形で目に見えていた。何も言わないが、二人が親類・友人や村人への対応で辛い日々を送っていることは藍にはよくわかっていた。それにフランクのラスベガスでの仕打ちと置き手紙は、藍の楽しかった一つ一つの記憶を、あたかも墨で黒く塗りつぶしたようにおぞましいものにしていた。絶対にフランクは許せない、その気持ち以外の何物も藍の頭にはなかった。

「そうですか、私を推薦してくれたのですか」

K弁護士は嬉しそうに言った。事情を聞き終えて、

「米軍は個人にかかわることについてはできるだけタッチしないようにするものなのですが、私を推薦したことは異例ですね」

NIS、法務部の、この件で行ったことはどれも本来の職務外のものだ、この種の申し出を受けて調査、相談を行ったのは異例で、そうさせたのはフランクの行為のひどさに義憤を覚え、こんな奴は許せないとの気持ちが彼らにあったに違いないと加えた。

藍はフランクに対し告訴をアメリカ側に出したいと頼んだ。

「やってみましょう」とK弁護士は引き受けた。

一ヵ月ほどして、藍は提出を求められた旅行社発行の航空運賃、宿泊代などの領収書などをまとめてK弁護士事務所に届けた。そのときK弁護士はフランクの住所がわからず告訴が出せないと言い、軍の法務部にフランクの住所の提出を求めているが、藍のほうでも調査してくれと言った。

書類を届けて一ヵ月ほど経った。K弁護士から、軍法務部はアメリカの個人情報を保護する法律

が障害になって、フランクの住所は教えられないと回答してきたと連絡が入った。

フランクの友人の名前、住んでいたところは知らないかとK弁護士に聞かれ、フランクに会った当初、ジョン、ロバートというファーストネームだけで自己紹介された数人の友人はいたが、フランクと親しい関係になった後、ジョンとロバートと会う機会はほとんどなくなった。ときおり軍のクラブで会ったが、先方も東洋系の女性連れで、互いに別のテーブルを使った。もちろんファミリーネームも知らなかったし、彼らが現在、沖縄にいるかどうかも知らなかった。藍は改めてフランクが二人の関係をほかには漏らさないため細心の注意を払っていたことに気づかされた。

藍はフランクに「どんな仕事をしているの」と聞いたことがあった。フランクは「軍の仕事は秘密だ。もし私のやっている仕事が敵に知れたら大変なことになる。秘密が藍から漏れたとわかったら、君はスパイとして軍に取り調べられる。スパイは重罪である。死刑になった者もいるくらいだ。二度と俺の仕事のことを聞くな」と怒った。ロジスティクスの重要な仕事というのは、藍の友人で沖縄を離れたアメリカ人女性から聞いたものだった。それ以来、藍はフランクに仕事のことは聞かなかった。だからフランクが海兵隊将校だということ以外、勤務部隊、その所在を知らなかった。

K弁護士に事件を依頼したとき、父・真正は、「ワッタァ、シムンドー、ジンチカランケー（私たちはいいから、金は使いなさんな）」と言っていた。藍が自分たちのために怒り、事件依頼をしていることを知ったからである。

調査が長引き、藍がふさぎ込んでいたときには、「アメリカートオーテン、カナランシガ（アメリカ人とケンカしても、勝ち目はない）」と言って、もう依頼を取り下げたらどうかと何度も勧めた。真正は、譲治の生活費、学費は自分が出すから、心配しなくていい、もう告訴はやめなさいとも言った。

私立探偵の情報として、フランクらしき男がラスベガスに住んでいたことは確認できた。近所の者はフランクが軍人で週末以外には家にいなかったこと、妻はフィリピン女性でパートに出ていたが、どこに勤めていたかは知らないこと、週末によくフィリピン人らしい女性たちが訪ねてきていたこと、主人の転勤で引っ越し、引っ越し先はわからないなどという情報だった。K弁護士は、近所の者の話から、フランクが越して行ったのは藍たちがラスベガスを訪問したすぐ後のことではないかとの意見を述べた。結局、フランクの所属部隊も、連絡先も住所もわからなかった。K弁護士は何もできないまま辞めた。事件を依頼して一年半が経過していた。

「許しておけない。単なる結婚詐欺ではない。あなたの父母、親類、村を巻き込んだ社会に対する犯罪だ。米軍人の占領意識丸出しの暴挙だ」

沖縄県宜野湾市にある国際連合の出先機関、国際福祉センターのH女史は怒った。藍が味わった苦痛の話を聞いたときのことだった。

「弁護士に頼みましょう」と言い、H女史はI弁護士の事務所に藍を連れて行った。I弁護士は米軍、米国を相手の多くの事件を扱っている凄腕の弁護士ということだった。

藍の話のところどころに質問を交えながら聞いていたI弁護士は、「こんな思い上がり者まで生まれたんですか。何でもアメリカの言いなりになる日本は完全にナメられてしまっていますね。日本人もアメリカ人にいいように扱われているんですね。悲しいことです」「事件を公表し、アメリカバッシングの世論を喚起するほか、あなたを救うことはできないかもしれない」とつぶやいた。

「しかし」と言い、I弁護士は考え込んだ。

「公表するだけでは何の効果もないでしょう。フランクを訴えなくてはなりません。問題は本人がここにいないことです。外国にいる者に対して日本の司法権が及ばないし、日本の警察、裁判所にアメリカにいるフランクの事件の裁判権がない」と独り言のように言って、またI弁護士は考え込んだ。

「お願いします、いくらお金を準備すればよいのですか」

「日本で手続きがとれるのなら、私はお金をいただかなくてもやりますが……事件を政治問題化しても、事件を訴えることができなくてはあなたが救われることはないでしょう。やはり事件はアメリカでやるしかない。残念ながら私には、アメリカの手続きは進められません」とI弁護士は言った。

フレンチ弁護士

提訴

藍は、肩、二の腕に力を入れ、拳を握り締めていた。顔の筋肉も緊張させて、「許しておけません。私だけでなく、私の家族、村の者をも侮辱したのです。できれば仕事をクビにし、処罰してくださ い」。強い口調で、アメリカ人女性弁護士ローリー・フレンチに言った。その言葉をきっかけに、抑えに抑えていたフランクに対する憎悪を、英語と日本語を交えて一気に吐き出した。

やっと質問できる落ち着いた状態になった。激高した話を、もつれた糸を解きほぐすように質問を重ね、米兵が二度の結婚式をすっぽかし、その後雲隠れして行方不明となり、手立てを尽くして男の刑事責任を追及しようとしたが、努力は実らずにいることを理解した。

フレンチは、藍とフランクが夫婦同然の関係にあり子供までいる、そんな関係で結婚詐欺だと訴えても、アメリカの警察は取り上げないこと、ホテルで金を任意に渡したこと、車の鍵を預けたことも、金を使っていい、車を運転してもいいとの承諾を与えたと解釈される。だから盗みも犯罪性が弱い、と説明した。

本人が日本にいないのだから、刑事告訴はアメリカでしなくてはならない、告訴するには、告訴の書類を弁護士に作ってもらわなくてはならない。それには最低五〇〇〇ドル（約五〇〇万円）くらいはかかる。この費用も大きい。仮に弁護士が告訴しても、犯罪性が弱い事件だから警察が事件を取り上げる可能性は低い、刑事告訴はしないほうがいい。あなたや家族の気持ちはよくわかるが、告訴が子供の譲治のためになるかどうか考えたことがあるのか。子供にはよい生活と教育のために金が要る。子が将来日本人として生きるほうがいいか、それともアメリカ人として生きるほうがいいかも考えなくてはならない。もしアメリカ人として生きるのなら、それが仮にどんな悪い男でも、フランクは必要である。彼の協力がないと、譲治はアメリカ人にはなれないのだから。今、彼にさせることは刑務所に入ることでなく、子を認知させ、扶養料を払わせることだとフレンチは説得した。

アメリカ合衆国のどの州も、州民の福祉を取り扱う機関で、子の扶養料請求事件を取り扱っている。彼らの仕事は、州に住所を持つ扶養義務のある者（大半が男性）に対し扶養料支払いを勧め、それに従わないと司法手続きをとることである。

弁護士に「譲治のことを考えなくてはならない」と言われて、藍はショックを受けた。これまで憎しみの鬼になっていて、心にはフランクへの復讐しかなかった、譲治のことを考えなかったことのショックだった。

譲治を育てるには金が要る。フランクにはそれを負担する義務がある。経済的義務だけでなく、父親としての義務もある。それらの義務を果たすのは当然のことである。それらの義務を法的に強制することができれば、譲治のためになるだけでなく、被害を受けた者の溜飲を下げることにもなる。収入からできるだけ多額の養育費を出させ、フランクを苦しめ、金銭の負担という処罰を与えてやろう。そのためにはまずフランクに譲治が自分の子だと認めさせ、そのうえで譲治の養育費を出させる。藍の考えはこのように変わった。

「今、譲治は私の戸籍、私だけの子として記録されています。戸籍に父としてフランクの名前を記入することはできるのですか」

「フランクが認知し、それがアメリカの公文書に記載されれば、それを基にあなたの戸籍にフランクが父として記載されます」

藍は手続きをとるように頼んだ。

「住所はどこなの」。藍はメモを出した。

Sahar da Ave. Las Vegas　NV89104——この住所は国際福祉センターのH女史が調べてくれたものだった。地番はなかった。

「この住所は勤務先のものと思うけど、そこに今も勤めているの？」

フレンチは、地番なしで手紙が届くのは大きな組織ぐらいしかないと考えて聞いた。藍にはわからなかった。

フレンチが調べたところ、思ったとおり住所は職場のものだった。職場は住所でない。フランクの住所確認がまずフレンチの仕事になった。フランクと同じ氏名の全米の電話番号を調べた結果、フランクのものかもしれない三件の住所が見つかった。古いものはノースカロライナ州と、その後移動したラスベガスだった。それらは前住所だった。最近の住所と思われたのは同じラスベガスで、通りと地番の違うものだった。そこへ電話をかけた。

フレンチはフランクの家の電話と思われる番号を押した。フィリピン訛りの英語を使う若い女の声が出た。

「フランクと話したい」

「いません」

「私は弁護士だが、フランクの子供のことで話したい。何時ころ電話をかければいいか」

「子供のこと？　何を言っているのよ。あなたは悪い女に騙されているのだろう。フランクは誰にでも優しくする。それで誤解される。フランクが私以外の女と寝ることはない」

「あなたは本人でない。本人と話したい」

「私は法律上の妻だから当然話ができる……その子がフランクの子なら、そんなことはないはずだけど、DNA鑑定を出しなさい。もしフランクの子なら養子にする」

「それはフランクの意見か」

「そうだ」

「でもとにかくフランクと話したい。職場の電話番号を教えて」

その申し出を、女は断った。フランクと接触するには勤務先の電話番号が必要だった。だが軍人の勤務先の電話番号を探すのは難しい。その調査にまた時間がとられた。

だがついにフレンチはフランクの勤務先に電話をかけるまでこぎつけた。

「君はアメリカ人の弁護士だろう。ジャパニーズの事件を受けて、同胞のアメリカ人を訴えるのか」

「私は同じ女性として、あなたのしたことは許せない」

「俺は命を懸けて日本を防衛したんだ」

「それはどういう意味」

「俺の命はフリー（無料）ではない。危険を冒す代償として、日本女性を遊び相手にすることが許されると言っているんだ」

「そんな無茶苦茶なことは言わないでください」

「無茶苦茶じゃない。中国や北朝鮮に占領されたら、日本人の女は全部彼らの慰みものにされるさ、俺たちが守ってやっているんだ。それくらいの役得は当然さ」

「そんな論理はアメリカもアメリカ人も持っていない。法律を使って、あなたのその非論理的な主張を粉砕しますからね」

「どうぞ、やりなさい。俺は徹底的に闘う」

鑑定

フレンチからフランクが闘うと言ったと聞いて、藍は驚いた。そんなことを言うはずはないと思った。フランクが送ってきた、彼の署名入りのファクスを示して、聞き違いではないかと、何度も聞いた。

フレンチは、訴訟となれば、自分を守るために平気で嘘をつく人もいると、例を挙げ訴訟について説明し、話を扶養料申請へ移した。そしてフランクが父でないと主張する可能性があるので、譲治のＤＮＡ鑑定をするよう藍に指示した。

訴訟になれば、譲治は自分の子でないとの主張が出るので準備して、と伝えただけだった。ところが藍には、「自分の子でないという主張をする」こと自体、どうしてもわからなかった。藍にはフランクとの長い関係の記憶がある。その中でフランクが譲治の誕生を喜び、父として義務を果たすと約束したことがあって、「自分の子でない」と主張するはずはないとの思い込みがある。それに、フランクのこれまでの悪行が重なっているのだから、いけしゃあしゃあと「自分の子でない」と主張しても、裁判所は悪い男の言葉は信じないとの思い込みがあった。

藍は、裁判官の結論は自分と同じだから、DNA鑑定など不要と考えるのだが、どのみち鑑定は「譲治がフランクの子」になるのだから、訴訟に使わなくても一応やってみようかと考えた。

藍はDNA鑑定事務所を訪ねた。人当たりの柔らかい、話の聞き上手な老齢の女性が応対に出た。「DNA鑑定は、子供と父親が一緒に来てもらわなくてはならないのです。二人の身分証明を確認して写真などを撮って、試料を採取するのです。この手続きを怠ると後で鑑定試料が本人のものでないとクレームがつきます」と鑑定依頼を断った。藍は、子の父はアメリカにいて一緒に来られない、父のほうはアメリカでDNA鑑定をしてもらうしかないと話した。裁判所へ提出する鑑定でなければ引き受けられるが、父親と子のDNAが同一であることを調べるには、どうしても父親の試料がないといけない。父親の試料があれば、親と子のDNAが一致か不一致かはわかる――。

そう前置きした老婦人は、「フランクさんの毛髪は手に入る?」と聞いた。本人は沖縄にいないので手に入らないと答えると、着ていた衣服に毛髪がついていないかと聞かれた。フランクは着衣を残していなかったが、彼の野球帽とレインコートがあった。数日後それらを鑑定事務所に届けた。老婦人は受け取りながら、「帽子とレインコートからフランクさんの毛髪が出てくるとよいのですが、試料を鑑定者へ送付します」と言った。

三週間ほどして、ＤＮＡの鑑定書が届いた。帽子とレインコートから鑑定試料は採れなかった。フランクのＤＮＡの鑑定はできなかった。

藍はフレンチに、フランクについては鑑定試料がないので鑑定できなかったことを告げ、フランクの毛髪か唾液を採る法的手続きをしてくれないかと頼んだ。今、毛髪や唾液を採るための法的手続きをとるのは難しいので、事件提訴後に強制的にとることにすると言った。申し立てを急ぐことになった。

却下

扶養料申請手続きは、州福祉部への申請書提出から始まる。福祉部は日本の厚生労働省のような行政機関である。

書類を受け取ると、福祉部はまず扶養料支払い義務者を呼び出す。義務者が扶養料支払い義務を認めれば、支払額、支払月日、支払方法を協議して決め、あとは扶養料が実際に支払われることとなる。もし支払い義務者が支払いを否認すれば、福祉部が申請人の代理人原告となって支払い義務者を被告として扶養料請求訴訟を提起する。その後は裁判所が被告の支払い義務の存否を判断することになる。

フレンチ弁護士は、ネバタ州福祉部のチャイルドサポート課長宛てに手紙を出した。それには「フランクが沖縄で米軍人として滞在中、藍と同棲し、二人の間に譲治が生まれた。フランクは沖縄を離れた後、所在がわからなくなった。フランクは父であることを否認する可能性がある。しかしながらこちらはフランクが譲治を自分の子であると認めた手紙がある。貴国社会保障法には、住所国籍の如何にかかわらず、子の扶助の申し立てを行うことができるとされている。二人は正式に結婚はしていない。フランクは現在、貴州に居住している。フランク、藍二人の間に生まれた子の写真を同封する。申請書の書式送付をお願いしたい」と書いた。

待てど暮らせど返事はなかった。たまりかねて電話を入れた。録音が応対に出た。いくつかの数字を押して、やっとチャイルドサポートの課長に電話がつながった。

「過日そちらへ扶養料書式送付要請の手紙を出した者です。あの件どうなりましたか」

「日本からの手紙ですか? 記憶にありません。待ってください」

課長は電話を保留にして、ほかの課員に手紙のことを聞いた様子だった。

「受け取っていません。日本からの申請といいますが、申請者はこの州の者ですか」

「いや、日本人です」

「日本人？　日本人の申請は受け付けていませんよ」

「社会保障法によれば、日本人の申請でも受け付ける義務があるはずです」

弁護士は語気を強めた。

「そうですか、では書類をもう一度送ってください。検討してみます」

結果を聞いて、藍は、「沖縄人の問題など取り上げないのだ」と思った。戦場となって島民がアメリカ軍と戦った歴史、基地の被害が相次いでも、沖縄人の意見が無視され続けた事件、アメリカの強引さなどの記憶が、そう思わせた。

「駄目だと思っていました」

そう藍は言った。フレンチ弁護士はこちらからの手紙が届いていなかっただけだと説明した。届かないはずはない。受け取った側に沖縄人を助ける気がないのでゴミ箱に捨てたのだという藍に、「そんなことはないと思う、法律には国籍に関係なく扶養料請求ができると書いてある」「沖縄人は日本国籍でないと思っているのよ」「いやそんなことはない」と、二人の間に無益な議論が続いた。「今度の手紙にはフランクの悪行のすべてを書いて出す」という弁護士の言葉に、もう一度やってみようという気になって、藍は手続きを進めることにした。

改めて作った要請書には、フランクがアメリカ合衆国軍隊の一員として、在日米軍基地（沖縄）に配置され、彼は、「自分は命を懸けて日本の防衛に当たっている、自分の命は無償ではない、命を懸けている危険に対し日本、日本人は代償支払い義務を負っている。代償を日本女性が性的な役務で支払うことは当然である」との誤った考えを持っていて、フランクのこの考えは、アメリカ合衆国はもとより、貴州が賛同できないものである、と記した。

フランクは一度離婚した。その婚姻で二人の子が生まれた。現在、子らは両親に預けている。その後再婚した。再婚の相手はフィリピン国籍の女性である。その女性と婚姻関係にありながら、フランクは具志堅藍（以下「藍」）に「自分は独身である」と嘘をついた。その後、藍に対し結婚するための同意を求めるためと嘘をついて、彼女を自分の家族に引き合わせたのち、自ら彼女の父母に藍と結婚したいと申し入れて承諾を取りつけた。この申し入れも結婚する意思のない単なる偽りの演技であった。

フランクは沖縄からアメリカ本国へ転勤した。その直後、藍は懐妊していることを知り、その事実をフランクに電話した。フランクは藍に、懐妊を喜び、子を育てる責任を持つとのファクスを送ってきた。

子ができたことで、藍は法的に結婚しなくてはならないことをフランクに告げた。フランクは、グアム島で結婚式を挙げ、法的に夫婦となろうと返事した。両者の間で結婚式の日取り、式を挙げるホテルが決まった。フランク側からは父母、子二人が出席することになった。藍の側からは父母、兄弟、友人を含め数十人が出席することになった。強調したいことは、フランクは本当に結婚式を挙げること、法的に夫婦となることを考えておらず、嘘をついたことである。

藍はホテル、結婚式、披露宴の手配を済ませた。そして多くの参列者の切符を購入し、一行はグアムに渡った。結婚式の前日のことである。その日、フランクはグアム入りをしなかった。翌日早朝、藍宛てにフランクからファクスが入った。猛吹雪のため飛行機が飛ばないというものだった。

藍はグアムから帰り、しばらくして譲治を産んだ。この誕生をフランクに知らせたところ、子の出生を喜ぶ気持ちと今後親子三人で住むため沖縄への転勤運動をしているとのファクスがフランクから来た。譲治を父親のない子にしてはならないと決心し、藍はフランクに、結婚して譲治を自分の子としてくれと何度も頼んだ。

フランクからラスベガスで式を挙げたいとの手紙が来た。藍の父母と弟、それに自分と譲治だけで、フランクが指定した式の日に式を行うホテルへ、ロサンゼルスからラスベガスへレンタカーで着いた。フランクはホテルで藍たちを迎え、手際よくチェックイン、セイフティ・ボックスの手続きをとり、ドルを預かり部屋の鍵を皆に渡した。

フランクは藍と譲治を部屋へ案内し、「疲れているだろう、休んでいなさい。俺は君の父母たちと話してくる」と言って部屋を出ていった。藍は疲れで眠った。翌朝、藍はフランクが部屋に戻っていないことを発見した。調べたところ、フランクは藍の現金を盗み、藍たちが借りたレンタカーを運転して去った。

置き手紙があった。それには、結婚できない、マリヤと結婚している、彼女には身寄りがない、君には身寄りがある、譲治は日本人だとあった。

このフランクの行為は結婚詐欺である。藍たちの所有する現金を盗み、藍が管理していたレンタカーを奪ったことは立派な窃盗で、処罰に値する行為である。

もっともこの請求でフランクの処罰を求めるものではないが、フランクの扶養義務が存在することを認定する明白かつ十分な証拠がある。そして譲治の赤ん坊のころから現在までの写真、それにＤＮＡ鑑定書を証拠として添えた。

藍の友人の嘆願書もつけた。友人の嘆願書には、藍が一人で苦労していることや、フランクの行為は、藍だけでなく、社会に対する非人道的、悪質な行為だと書いてあった。

再提出して数週間が経過しても、何の返事もなかった。フレンチ弁護士は電話を入れた。課長不在。再度電話。また不在。フレンチは応対に出た課員に返電を乞うとの課長宛てのメッセージを残した。返電はなかった。しばらくしてネバダ州は、せっかく提出した要請書を返却してきた。日本人はアメリカのチャイルドサポートプログラムを利用できない。したがって本件書類を受理できないとの理由が記されていた。

藍は却下の手紙を見て、譲治とフランクの親子関係を認める手立ては、やはりなかったのだと思った。

「アメリカの基地からの収入に頼って寄生虫のように生きている沖縄のことなど取り上げないよ」。藍はそう言った。

「藍さんは、沖縄、沖縄というが、あなたは日本人だ、ちゃんとした国籍がある。アメリカは友好国日本を無視したり、差別したりはしない。受け付けなかったのは担当者が不勉強で法律を知らないからだ、異議を申し出て、必ず申請書を送らせるから、手続きを進めよう」

「アメリカは日本の言うことなど聞かない。日本はアメリカの言いなりだ。日本国籍といっても、日本は沖縄を基地として利用することしか考えない。沖縄の言うことなど聞く耳を持っていない。日本が沖縄の言うことを聞かないのは、アメリカのよく知ることだ。弁護士さんの言うことは意味がない。無駄だから手続きはもうやめよう」

「ここまで来て投げ出してはいけない。法と判例は、私たちの主張を支えている。心配しなくていい。必ずフランクに譲治を子供だと認めさせ扶養料も取る」

藍の弱気をフレンチが叱った。

異議申し立て

フレンチは直ちにネバダ州の要請却下決定に書面で異議を申し立てた。異議申し立て書には、「一九九九年一月一四日のロス判事は外国に在住する米男性の子の申請はこれを受理し、扶助すべきと判決した。

ロス判事は社会保障法第四五四(四)(一一)は州際(州と州との間のこと)間の申し立てについて他州の居住者の申し立てを認めているし、同四五四(六)(A)は外国に居住する米国市民の子についても同様に取り扱うことを明示していると判決した。判事は同法規則三〇二、二三(四)(一)と三〇三、二(四)(二)および三は外国在住者の申請を制限していない。これらの判決および法律をもとに本件不受理決定を撤回し、受理し書式の送付を求める。なおもし貴州が再度この申請を却下するのなら、当職は裁判によって貴州の判断の誤りであることを明らかにする」

と書いた。

数週間が経った。ネバダ州は何の反応も示さなかった。フレンチは電話した。担当課長は不在、課員は「異議申し立ては精査中」との課長メッセージをリレーした。「決定はいつごろ」との質問に、「私は精査中と伝えることしかできない」との返事。

「必ず異議は通る。もし異議が通らなければ旅費は払ってもらわなくてもいい、私が渡米して再度説得する」とフレンチは言った。そこまで言われては、藍は手続きを進めるほかはなかった。

フレンチは、テキサス州副検事総長だったゲイリー・コズウェルの紹介で、National Child Support Enforcement Association（NCSEAと略称される）のメンバーになっている。この会は、扶養料請求を行う弁護士だけでなく、請求を受ける側の職員などが会員となっている組織である。この会の会合は、扶養事務を扱う公・私の団体から多くの人が参加して年に数回開かれた。新しい知識の紹介、子の扶養料についての法制度手続きの問題点についてのセミナーと、参加者全体のパーティーがある。パーティーの席で参加者間の自己紹介、情報交換が行われる。フレンチはその研修会合に参加し、知識と人脈を作り上げていた。

フレンチはNCSEA会員の名簿からネバダ州のネルソン弁護士を選び、州の不受理に対する異議申し立て事件の受任を依頼した。臨戦態勢ができあがって、フレンチは、「ネバダ州に、以後この件は、貴州弁護士のJ・ネルソンが担当する」と通知した。

申請書の書式を送るとの通知がついに来た。フレンチは藍に、外国人を差別することはないと言ったことが間違いでなかったことを重ねて強調した。そしてこれで申請を出すことはできることになったが、「また外国人問題を蒸し返す恐れもある、渡米して問題を最終的に解決する」と言った。

ネバダ州は書式を送ってきた。フレンチは手数料を添えて申請書式を提出した。その後、藍宛てに、「あなたの件は手続を進めています。もうすぐいい知らせを送ることができます。申し立て料二ドルを送ってもらいましたが、法改正により手数料は不要となりましたので二ドルの小切手を送ります」との手紙を送ってきた。

しかし喜んだのもつかの間、手紙の後またパッタリと連絡が止まった。フレンチは、調子のいいことを書いてきたが本当はやる気がないのだ、直接談判しなくてはならないと思って渡米した。渡米してみると、ネバダ州福祉部で担当者が代わり、藍の件が進んでいないことを知った。

お役所仕事はアメリカも日本と同じである。まず書類の不備を指摘する。どこが不備でどう直すかまで教えてくれない。不備を自ら調べ修正しなくてはならない。そして再提出するとまた不備の指摘。こんなことで思わぬ時間を食う。やっと受理されても担当者が代わると、新しい担当者が新しい修正を命じるといった調子なのである。

手続きは進めていると書いてきたが、進展していなかった。ことによると誤った解釈で手をつけていないと思ったから、再度、州の不受理決定が法律の解釈を誤った不当なものであることを指摘した。受理を確実にするためだった。

前の担当者が送った書式は、この件の書式ではないと言って、新しい担当者は改めて書式を渡した後、これを使って申請をやり直すことを指示した。そう言われても、また何かの理由をつけて、日本人の件を進めない不安がフレンチにはあった。

「日本人でもこの制度は利用できるのですね」

「もちろんです。私は日本人が利用できることについて何の疑いも持っていません」

フレンチはフランクの家に電話を入れた。マリヤが出た。ネバダに来ている。できたらフランクと話し合いたい。そして合意のうえで問題を解決したい。合意ができないと、州があなたの夫を裁判所に訴えることになると伝えた。マリヤはフランクからそちらへ連絡させると言って電話番号を聞いた。数日間のネバダ滞在中、フランクからの電話はなかった。法廷闘争に持ち込むつもりなら、やむを得ない、そう考えてフレンチはフランクに連絡することを断念した。

フレンチは、ネバダ州に新しい書式による申請書を提出した。新申請書には、この申請は前にまったく同じ内容のものが提出されていることに留意されたいと書いた。申請が二つあって混乱を生じさせることを避けるため、わざわざ断りを入れたのだ。

ところが懸念したように、申請が二つあることで混乱が起き、処理が遅延する事態が起きた。ネバダ州は「事件を正式に受理した。一八〇日以内に何らかの決定がそちらに届かなければ、当事務所宛てに連絡されたい。この件の担当者はTである」として、電話番号が書いてあった。やっと役所が正式に申請を受理した。

最初の申請書を提出してから七ヵ月後のことだった。

ところがまた連絡が途絶えた。

原因は、前に提出されていた申請書がネバダ州クラーク郡に届いており、受理したもののクラーク郡は書式が違うことで何もしないで放置していたところに、新しい書式を基にした申請が届いた。受け取ったネバダ州福祉部の受理係が、前の申請がすでにクラーク郡に回付されていることを知り、再度の申請書をクラーク郡へ回付しなかった。

受理通知は出したが、クラーク郡は書式が違うとして手続きを進めず放置していた。担当者は、新しい書式を渡したときに、前の申請を取り下げるように指示すべきだった。結局、新書式の申請書をクラーク郡に送るとともに、前の申請を却下する手続きをとった。つまらないことのために、時間が浪費された。

事務上のミスで申請が宙に浮いた形になっていたときに、藍にはまだ、沖縄差別、日本人差別の考えを頭から消すことができずにいた。

藍の申し出を受けても日本領事館は地元の警察との交渉を渋った。そして藍の世話を同郷の者に押しつけた。まるで厄介者を扱う感じだった。在沖縄米軍の藍への対応には気遣いが見えた。しかし気遣いは、事件がマスコミに取り上げられたときに非難されないよう時間をかけ丁寧に話を聞いだけで、結局、何もしてはもらえなかった。沖縄県警察は藍の申し出を、在沖縄米軍へ取り次いだだけだった。県警は「申し訳ないが、我々にはこの事件を取り扱う権限が与えられていない」と言った。

沖縄では、地位協定という条約の名前は、子供でも覚えるほど聞かされている。大人はその条約が基地を造らせ、米軍人を甘やかしているという話を耳にタコができるほど聞かされている。アメリカと日本は、基地から生じる公害を沖縄に押しつけ、日本の他府県に公害が及ばないようにしている。つまり日米両政府は、沖縄を差別している。それがアメリカ、日本は、沖縄人を差別するとの固定観念を藍に持たせていた。

ネバダ州も米軍とグルだと思い込んでいた藍は、正式に調査を進める通告を受けて初めて、「差別はしないんだ」との実感を持った。こんな対応を受けたのは初めてだった。

今度は逆に自分の味方だ、任せておけばいいと思う気が生まれた。もう事件は解決したも同然との楽観が生まれた。

クラーク郡訟務局検事スチュワート・ベルから、フレンチに、「新申請の事件番号は四一九―九〇―三三四二Aです。さっそく本件を調査局へ回し、フランク・ウィリアムスの調査を開始します」と手紙が来た。それから二ヵ月後、調査局から、

「我々の調査の結果、ウィリアムス氏は貴殿の記載した住所には居住していないことが判明した。同氏はメリーランド州ハイアットヴィル、パルマートンテラス六四八に居住している。この住所に居住していることは米海兵隊も確認している。したがってネバダ州には本件の管轄がないので手続きを終了します」

との手紙が届いた。すべてが振り出しに戻った。

藍とフレンチはその通知に失望した。だが、ネバダ州の担当者は、調査局にフランクの住所を開示した。州内に住所がないことを理由に事件を終結する場合、相手方が本州内に居住していないことだけを明示するのが実務の慣行だが、この場合、フランクの移転先住所を開示したのは、担当者がこの事件へ肩入れしてのことだった。

さらに担当者は、フレンチに、メリーランド州へ申請書を提出した場合、自分に知らせるように、自分からメリーランド州の担当者に電話を入れて、ネバダ州における本件取り扱いの経過を参考にするよう伝言する旨の電話をかけた。

結果には失望したが、フレンチは、確実にフランクを追い詰めている確信を得ていた。だが藍はそうではなかった。譲治を認知させられないと心配した。

「もうすぐ認知させる。落胆しないで」と藍を力づけた。

通訳人

フレンチはメリーランド州福祉局へ電話を入れた。四、五ヵ所、電話が回された後、担当のジャクソン・マウリスにつながった。事件受理の即答は得られなかった。事件の概略とネバダ州での経過とネバダ州の法的見解、ロス判事の判決について詳しく述べ、担当者の連絡先を伝えた。「数日後に電話してください」マウリスは言った。

マウリスの対応は冷ややかだった。ひょっとしたら日本人に対する偏見を持っているのではとの不安があった。

数日後マウリスは、「申請は受理できるが、当州の法律ではこの種の事件の親権者は自ら法廷に出廷する義務を負わされている。あなたの依頼人は出廷できるのか、通訳はどうするのか?」と聞いた。

メリーランド州は藍の事件が話し合いで解決できないものと判断していた。裁判になれば、メリーランド州の法律では親権者、つまり藍は法廷に出なければならない。マウリスはそのことを言っていた。メリーランド州の法律では、裁判は英語で行うこととされていた。藍が出廷すればその証言は英語で行わなくてはならない。マウリスはフレンチに、藍は裁判の進行を理解し、自分の意見を述べることができるのかと聞いた。

藍にその能力はなかった。通訳を探さなくてはならなかった。日本の場合、法廷の通訳は裁判所の通訳名簿に登録されている者を裁判所が選ぶ。通訳人に支払われる通訳料は原告または被告が裁判所に納付する。その金を裁判所から通訳人に払う。つまり日本では通訳は裁判所の通訳である。

メリーランドの法廷通訳は原告または被告が選び、選んだ者が通訳料を支払う。通訳人に費用を支払った者の通訳である。通訳委任者は、通訳人に法廷が始まる前に資料を渡し、事件の概要を説明する。この準備は通訳人に自分の側に有利に通訳をさせるために行う。もちろん通訳に「自分に有利に偽りの通訳をせよ」との指示をするのではない。証人や原告、被告の証言は微妙なものになることが多く、通訳人の主観を加えて通訳しなければならないことが多い。このような場合に、通訳人の主観と通訳委任者の主観を一致させるために準備をする。通訳人は前もって決めておかなくてはならなかった。

それはともかく、藍が通訳人を探してからメリーランド州へ申請書を出すこととなった。

藍は通訳人をスーザン・キューピーにしようと思い至った。彼女はアメリカ人であるが、日本語を書くことも話すこともできた。

スーザンとはここ数年、交流がなかった。アメリカにいることはわかっていたが、どの州にいるのかはわかっていなかった。二ヵ月ほどの努力の末、藍はやっとスーザンがボストンに住んでいることを突き止めた。

スーザンと藍が知り合ったのはボウリング場だった。藍はボウリングをしたことはなかったから、友達と一緒に来てレーンの外の見物席に座っていた。スーザンは藍に近づき、プレーするように勧めた。藍は躊躇した。スーザンは藍の控えめな態度に好感を持っていた。アメリカ人と交際を始める土地の者が、努めてアメリカナイズして奇妙な積極性を持ってアメリカ人と付き合うことが多いのに、藍にはそれがなかった。藍のほうは、近づいてきた外人が女性であることに安心感を持っていた。

ときどきボウリング場で会っていたのが、二人だけでボウリングをしたり、居酒屋へ行くような関係に発展し、スーザンが藍の店に遊びに来るようになり、外人の客を店に連れて来ることもあった。藍にとってスーザンはアメリカの言葉、文化を教えてくれる先生となった。

そのお礼に藍はスーザンを居酒屋に誘った。日本のものは何でも勉強してやろうという気だったスーザンはすべてが珍しく、藍を質問攻めにした。食べ飲んでいる時間よりも、藍にとっては英語で説明するのが長く、時間はまたたく間に過ぎた。

スーザンは藍の紹介で、お茶、お花、そして日本語教室に通うようになった。お茶もお花も日本人の通うところだったから稽古日には藍がついて行った。先生の言葉を藍が通訳する。藍は和英辞典を片手に通訳した。

時間があるとき二人はいつも一緒だった。スーザンは思ったことはすぐ口に出す。藍はなかなか自分の意見を言わない。この正反対の性格がかえって相手を理解する助けになっていたのかもしれない。二人は、相手の性格から考え方を推察できるようになって、本当の友人となっていった。すべて割り勘だった。この関係は、相互に経済的に迷惑をかけない気持ちの現れだった。

沖縄人は、外人にすぐPX、カミサリーでの買い物を頼む。外人も沖縄人を利用して金儲けをしようとする傾向がある。ところが二人の間にそれはなかった。もらえば返した。どの国でも行われている健全なコモンセンスがあった。利用という考えはなかった。二人の関係を知る者は姉妹のようだと言った。

藍はスーザンの力を借りようと思った。「助けてほしいの。あなたに法廷で通訳になってもらいたいの。それにフランクとまったく連絡がとれないのよ」

彼女の夫はフランクの元同僚、現在もフランクとの交流があり、フランクの現在の職場も知っていた。スーザンは近々フランクに会って扶養料を支払うよう説得すると言った。スーザンは藍に、「私のベストフレンドなのになぜもっと早くこの問題で協力を求めなかったの」と恨みを言った。電話を通して旧交が温まった。

事情を聞いてスーザンは友達なのに水臭いと思ったけれど、相手に可能な限り迷惑をかけないというのが藍の心だと知っていたから、非難する気は起きなかった。依頼を受けるとスーザンは直ちに行動を起こした。旅費、宿泊費を含め、すべて自分の金を使った。子の教育も終え、蓄えもあったから、支出する資力はあった。

スーザンはフランクをずいぶん前から知っていた。フランクには若いフィリピン出身の妻がいた。記憶では二人の間には子はない。フランクには前妻の間に二人の子がいたことも知っていた。従順でおとなしい藍を騙したのは、間違いなくフランクだ。猫を被って独身を装ってフランクが騙したに違いないと思うと、スーザンは彼に対し敵意に近い感情が生まれていた。こんな悪いアメリカ人がいるから反米感情が強くなるのだ。フランクはアメリカ人の面汚しで恥だ。許してはおけない。スーザンは気持ちの高ぶりを抑え切れなかった。

スーザンは夫にフランクの勤務先を聞いた。「何かあるのか」と個人情報を知らせることに消極的な夫に事情を説明して、フランクの現在の勤務地、住所、上司の名前を調べてもらった。海兵隊にはロケーターという、隊員の勤務地を探索するプログラムがある。一般人は使用できないが、現役の軍人なら利用できる。それを使ってフランクの住所、勤務地の調査を夫に頼んだのである。

すべての情報を得たスーザンは、「フランクの部隊長と私のミーティングのアポをとって」と夫に頼んだ。

スーザンはフランクの部隊を訪問した。部隊長の少佐に会った。「キューピー中佐夫人です」。部隊長室に入るとすぐ自己紹介をした。間髪を入れずスーザンは、フランクの非行をまるで検事の論告のような厳しさで糾弾した。そしてフレンチが送ってきた英文申請書の写しを渡した。

「あなたの部下のフランクは、沖縄勤務中、友人の藍に結婚すると嘘を言って騙した。そして子供まで産ませている。その子を自分の子として認めた。ところが行方をくらまし子の扶養料を払っていない。私は友人として藍が気の毒でならない。部下にこんなことをさせておくと、あなたの指導力が疑われる。もし何もしないのなら将軍に直訴する」と通告した。さらに、「沖縄県民はフランクの行為に怒りの抗議デモを行っている。もし貴官がフランクに扶養料を払わせないなら、沖縄の抗議の声はペンタゴンをゆるがすことになる」と脅した。少佐は驚いた。

「わかりました。重大な事件です。さっそく法務部に調査させて、あなたの友人の女性を救えるようにいたします」

少佐は法務部長にスーザンの説明を要約して伝え、「直ちに調査し、生まれた子の扶養料を支払わせなさい。もしそれができなければ、中佐夫人は事件が国際問題に発展すると言っている。くれぐれも日本人婦人が満足するようにしなさい」と命令した。

法務部長はフランクに少佐の話を告げた。そして、「現地沖縄では君の非行がマスコミで取り上げられ、政治問題に発展しそうな状況だ。事態が悪化すると日米の同盟関係が悪化しかねない。そうなると軍としても君の行為を糾弾しなくてはならなくなる。自分の子供を養育するのは当然のことだ、払ってやりなさい」と説得した。

フランクは沖縄勤務中、米軍兵の犯罪がもとで外出が禁止された経験があった。そんな折、赤鉢巻をした多数の男女が基地のゲートに押しかけていたのを見ていた。その中を自動車で通った。道を開けてくれないのである。ピケ隊員を押し倒さないようにゆっくり、ゆっくりと車を進行させた。一フィートくらいのところに憎しみを込めた目、目、目を見ながら、十数分かけて通り抜けた記憶もよみがえった。現地の反米運動が激化、そのあおりを受けて、軍の法務部が彼の非行を探して刑事処分、行政処分に付し、これまでの実績が無になってしまうのは困る。誰だって叩けばほこりは出るものだ、フランクはこの際、折れるしかないと考えた。

フランクは謝罪した。そして藍の要求を受け入れると約束した。

スーザンは少佐から電話がないのを怒っていた。足音を響かすように秘書を無視して部屋に入ると、「どうなりました」と書類に目を通していた少佐に聞いた。剣幕に押されてソファーを勧めて少佐は、「よいニュースがあります。法務部長を呼びましょう」とスーザンの怒りをなだめた。

法務部長は、「説得に時間を要しましたが、彼は中佐夫人の申し出をすべて受け入れると言いました。本人から直接聞いてください」と言って電話をかけてフランクを呼び出し、受話器を渡した。

「扶養料は藍の要求どおりに払います」とフランクは電話の向こうで言った。スーザンは、口約束だけでは困る、州政府で法的な手続きをとって、その中で問題を解決したいがそれでいいかと聞いた。

「あなたの要求どおりにします」とフランクは答えた。

「いい仕事をしてくださってありがとうございました。これで私の友人とその子は生きてゆけます」。スーザンは少佐と法務部長に頭を下げた。それから法務部長にフランクの住所を教えてくれと頼んだ。

法務部長がフランクの住所を書いた紙をスーザンに渡した。それにはフランクの住所はバージニア州となっていた。スーザンは渡されたのがフランクの住所であることに何の疑いも持たなかった。

スーザンはその足でバージニア州のチャイルドサポートエイジェンシーに出向き、藍の窮状を訴えた。そして力を貸してくれと頼んだ。日本に在住する日本人からの請求申し立ては例がないと窓口は言った。母がアメリカ人でなくとも、子はアメリカ人の子、つまりアメリカ人だ。州は当然扶養料を払う義務があるとスーザンは言い立てた。窓口は返答に詰まった。代わったスタッフは改めて事情を聞き直して、一応請求手続きをとることを検討しておくと言った。

スーザンは扶養料請求手続き書式を取るとフレンチに送付した。早急にこの書類を作り、バージニア州に送ってくれとも書いた。

判決

フレンチはバージニア州に書類の届いたころを見計らって、担当の女性に「申請書、過去にアリゾナで申請が受理された事実を示す資料、具志堅藍・具志堅譲治のパスポートの写し、フランクの写真、収入を証明する文書を送りました。これで十分であると思いますが何か不足があればご指示ください」と電話した。

担当の女性は、「バージニア州法では藍さんと譲治さんはこちらの裁判所に出廷しないといけませんよ」と言った。おそらく、送った申請書を読んで、フランクが父でないと主張する可能性があり、二人の出廷が必要であると考えた。フレンチは二人の出廷を約束した。出廷のための準備、旅行に時間がかかるので、出廷期日をできるだけ早めにお知らせ願いたいと要望した。

フレンチは、フランクから父でないとの主張は出ないだろうと考えていた。裁判所は父でないとの主張が出れば藍と譲治、それにフランクから鑑定試料を採る。そして鑑定を行う。フランクはこの手続きを知っているはずだから、裁判では父であると認めると読んでいた。

ところが案に相違して、裁判でフランクは父でないと否認した。フレンチは藍にバージニアの裁判所へ出廷しなければならないと告げた。藍は二つ返事で裁判所への出廷を約束した。「そして旅費もすぐ準備できる。そうそう譲治のパスポートはどうなるのかしら、早く申請しないと」と、質問とも相談ともつかないことを言った。

まるで観光旅行にでも行くような藍の浮かれ方に不安を感じ、フレンチは「フランクは裁判ではあなたの敵になるのよ。しっかり闘う決心を固めないと駄目じゃない。あなたの言葉一つで裁判の結果は変わるのだから」と少しきつい助言をした。

藍にはスーザンからの連絡で、フランクが譲治を子と認め扶養料を払うと約束したことがあった。それに州の協力的態度に勝訴を確信してもいた。それらで確かに心は弾んでいた。

藍は譲治を連れて県庁へ行き、パスポートの申請手続をとった。藍は譲治の顔を見れば、フランクは譲治を自分の子と認め、扶養料を支払うはずといった思いが生まれていた。「譲治よ」と言って、「パパに抱いてもらいなさい」と、子の手をフランクへ渡す。譲治が嫌がる。譲治は一度もフランクに抱いてもらったことはない。フランクが譲治を抱く。そんな情景がふつふつと湧いてくるのである。

「譲治にみっともない格好はさせられない」。県庁からの帰路、近くのデパートに寄った。子供服を見て回った。目移りするほど多くの品揃えの一つ一つを丁寧に見て、気に入ったのをマークした。藍は売り場店員に、「数日中に来ますからとっておいてください」と頼んだ。二、三日のうちにゆっくり時間をとって他のデパートも見て回り、その後で買いたいと決めていたからである。

バージニア州で裁判は開かれた。

藍がスーザンの通訳で、フレンチ、相手方弁護士の質問に答えた。難なくすべてに答えた。裁判官は中立書の記載事項を順次読み上げて、「このとおりですか」と聞いた。質問は丁寧で、追及するようなふうはまったくなかった。遠くから来られたことに感謝しますという言葉で質問は終わった。藍は判事の態度、質問に、自分に対する好意を感じていた。フランクはフレンチにやり込められた。答えは「覚えていない」「知らない」が多く、質問に答えてはいなかった。裁判官はフランクに質問しなかった。

審理が終わって藍はフレンチに「譲治をフランクに会わせることはできないか」と聞いた。フレンチは会わないほうがいいと言った。フランクが譲治を抱き締めると頭に描いていた夢は実現しなかった。

審理が終わって、藍は、外国人の自分のためにフランクを追跡し、子の認知、扶養料請求手続きで訴追した州が示した誠意、フランクに藍の宿怨を込めたフレンチの尋問攻撃を許した裁判官の態度に感謝した。心が軽くなり、フランクへの憎しみが消えた。数年、心にたまっていた彼への恨みが嘘のように晴れ、体中が軽くなった感じを覚えた。

沖縄でのアメリカ軍法会議は、沖縄人の立場に立って行われたことはない。米軍人が交通事故で人をはねて死に至らしめても無罪となった。沖縄人の軍法会議に対する不信は、後にコザ暴動の大事件を起こす原因となった。藍はこれらを新聞報道を通して詳しく知っていただけに、ネバダ州、裁判所の対応に感動もした。

二〇〇二年七月八日、沖縄に戻った藍にバージニア州裁判所から、DNA検査の結果、フランクが父親である確率は九九・九九％である。フランクが譲治の父であることを確認するとの決定が届いた。

藍は譲治を抱いて、「フランクはあなたのお父さんよ。譲治、ほら、判事さんが認めたのよ。もう誰もフランクがあなたのお父さんでないとは言えないのよ」と決定書を見せて泣いた。それから一〇日経った七月一六日、バージニア州裁判所はフランクに月一〇一七ドルの扶養料の支払いを命じる判決を送ってきた。

四年を超える闘いだった。告訴であらゆる努力が退けられ挫折。提訴が玄関払い、あわや取り下げという崖っぷちに立たされて絶望した。眠れぬ多くの夜。頭の靄《もや》は晴れず、体のふらつきは頻発した。そんな中で闘い続けたのは、母としての譲治への義務、譲治に父を失う悲しみを持たせたくない思いからだ。それらが闘いを続ける気力になった。

闘いは終わった。勝った。フランクと譲治との親子関係が認められた。譲治は父のない子ではない。それさえあればいい。いつの日か譲治が父との心の通いを持つ。その夢に酔った。勝利には心身の消耗、経済的損失を伴った。藍は店を休んだ。そして四年分の不眠を補った。

上訴

藍は朝一時間ほど早く起きて近くの海岸を歩き、日光を浴び潮の香を吸った。朝食を準備し、それから譲治を起こした。朝食の調理は長い間忘れてしまっていた。新しい生活パターンが始まった。

フランクの代理人から州の判決は無効であるとの異議が出された。フランクの住所がバージニア州になく、州に事件の管轄がないことが理由だった。バージニア州裁判所は藍の弁護士にフランクの住所補正を命じた。

スーザンの提供した住所は、フランクの部隊での独身宿舎、普段、寝泊まりしている居所だった。そこはバージニア州だった。フランクの住民登録はメリーランド州にあった。フランクは土、日と休みの日にメリーランド州の住所に戻っていた。スーザンは法務部長が渡したバージニア州の居所を住所だとしてフレンチに送った。

フレンチはスーザンから住所をもらったとき、ネバダ州の調査では、フランクの住所はメリーランド州となっていたから、スーザンにそのことを話し、住所は間違いではないか聞いた。スーザンは軍の法務部長がくれた住所だから間違いはないと言った。フレンチは、スーザン提供の住所を基にバージニア州に申請書を出した。補正はできなかった。住所のあるメリーランド州に改めて申請するしかなかった。

フランクは部隊長に、「この判決には従えません。私は部隊長の指示どおり、判決に従うつもりでしたが、妻が反対です。判決の住所が私の宿舎となっています。そこは住所ではありません。不服を申し立てます」と言った。

部隊長は、フランクが住所をバージニア州と認めれば問題がなくなるので、「どこが住所であろうと、内容が正しければ、それでいいではないか。君の妻が認めないのは君と妻との問題ではないか、判決を認めなさい」と諭した。だがフランクは聞かなかった。

スーザンはフランクに会った。

「あなたは男らしくない。住所が違うといって子を認知せず、扶養料の支払いを免れるつもりでしょう」と責めた。

フランクは妻が病気でそうするよりほかになかったと言って診断書を見せた。そしてなんなら私と一緒に病院へ行き、医師から直接病状を聞いたらどうかとも言った。「病気が本当でも、あなたには譲治を子と認め、扶養料を払う義務があるのも事実でしょう。それなのに、どうして判決を認めないの」「あなたはこれまでどれほど藍と譲治を苦しめたかを考えたことはあるか」と怒った。

フランクは深々と頭を下げて、「どうかお許しください。私の罪が大きいことを知っています。私は神にも許しを乞います。私は直接藍に手紙を出します」と言ったが、何度責めてもフランクは異議を取り下げるとは言わなかった。

上訴の知らせを聞いて藍は冷めた気持ちになった。感情は動かなかったが、体も動かなくなった。仕事を休んだ。

フレンチは、藍にメリーランド州へ申請を提出することを伝えようとしたが、彼女は仕事場にも住宅にもいなかった。ようやく藍が実家に戻っていることを突き止め、メリーランド州に申し立てをすることを伝えた。そして親子関係を認めた決定もあり、フランクに月一〇一七ドルの扶養料支払いを命じた判決もある。メリーランドはほとんど問題なくバージニアと同じ判決を出すと付け加えた。藍は家族と相談して数日中に返事すると言った。

フランクからファクスが来た。

「愛する藍と我が子譲治へ

どうか私を許してください。私は弁護士の言葉に従って心にもない異議を出しました。ラスベガスではマリヤに言われて嘘の置き手紙をしました。私がこの世で愛しているのは藍と子の譲治の二人だけです。譲治は私の子です。今一緒に住んでいるマリヤが癌のために多額の医療費を出しています。その負担は人間として行わなければならない行動の一つです。そのため月々一〇〇〇ドル余りの支出はできません。部隊長のところで譲治名の貯金通帳を作り、そこに月々五〇〇ドルずつ確実に入金していきます。この支払いは州の決定によるものでなく、私のあなたへの約束として払います。

また、来年には退役します。そうしたら私は沖縄に戻り、三人で暮らします。

どうか私の謝罪を受け入れ、人道的見地からマリヤを救うため、任意の支払いをさせてください。

心から愛を込めて　フランク」

藍は、よくまあシャアシャアと言えるものだとあきれて返事をする気になれなかった。

「姉さん、彼が来てるんですよ」と弟の真康が藍に電話をかけてきた。真康は意表を突かれたのだろう、肝心の来訪者が誰であるか言わなかった。来訪者がフランクだとわかって藍が驚いた。わざわざアメリカから来た用件は送ってきたファクスのことだとわかった。グアム、ラスベガスと人を裏切っておいて、普通の人なら訪ねて来られない。いったいどんな心臓の持ち主か。

藍は会わないことにした。真康にあなたのほうで話を聞いておいてくれと頼んだ。あれほど会わないと言ったのに、真康が居場所を教えたのだろう。フランクは通訳を連れて押しかけてきた。藍は不機嫌を隠さなかった。フランクはバージニア州が譲治をフランクの子と認めた決定を基に譲治の名前で銀行口座を開いた。それに月々五〇〇ドルの支払いをする。米軍のほうに譲治を自分の子として扶養家族にした。家族だから軍人家族の特権すべてをエンジョイできる。沖縄米軍基地へ入るパスの申請も用意した。メリーランドへの扶養料請求手続きはしないでくれ、もしこの提案に応じなければ徹底的に闘うと、話して帰った。

フランクは闘いを諦める性格の持ち主ではないことはわかっていた。仮にメリーランドの裁判所に提訴し直し勝訴しても、彼は金を払わず、また争いを起こす。そうなればまた闘わなければならない。そのたびに弁護士を雇い、出費を強いられる。

闘いの中で一喜一憂しなくてはならない。すでに心労が原因で何度も医者通いした。体も持つとは思えない。約束してもフランクは毎月五〇〇ドルの扶養料は払わないだろう。そのために自分が経済的に苦しい思いをする。それは我慢できる。フランクは親子関係が存在する決定は認めた。今、彼にできるのはそれだけだろう。親子になっても不誠実の塊の彼が譲治に父らしいことをすることはない。それでも譲治にとっては彼が父親であることは国籍の取得、渡米のために大きな意味を持つ。少なくとも心の支えにはなる。父親がいるのといないのとでは大きく違う。フランクが老い、子を頼る日も来るだろう。そのときに二人の間に強い親子の絆が生まれる。

この島は沖縄県でも日本国でもない。ましてやアメリカ合衆国でもない。航空母艦のような基地である。一朝戦いが起きれば、敵の攻撃の標的になる。戦いがない平時でも、地上戦の経験、基地の危険性を四六時中声高に叫んで、基地反対運動が住民の危機意識の覚醒に努める。心静かな生活はない。

基地反対以外の意見には耳を傾ける日米両政府も、こと基地反対にかかわる意見となると、まるで聾唖《ろうあ》のように「聞かざる、言わざる」になる。

島が、島民が忘れようと努めている悲惨な地上戦の記憶の中に住まわされ、人としての静かな生活ができない。自分には譲治に過酷な生を与えた責任がある。このうえ譲治に基地の宿命を負わせ、生命を危険にさらさせてはならない。

藍はフランクの頼みを聞いた。

フレンチから、メリーランドへ申請をし直せと何度か催促されていた。どこで聞いたのかフレンチはフランクが沖縄に来ていることを知って電話をかけて、「おねんねして関係を戻して騙されないようにしなさいね。彼は嘘つきなんだから」と忠告し、早くメリーランドへ申請を出せと言った。

藍は弟を介してメリーランドに扶養料請求申し立てをしないと伝えた。

「メリーランド州のソーシャルサービス・デパートメント・チャイルドサポート・エンフォースメント代表、メリサ・ロジャー女史に対し、
当事務所は依頼人具志堅藍が同人とフランク・ウィリアムスとの間の扶養料請求事件の住所補正申し立てをしないことを通知いたします。これまで貴所の金銭では評価できない貴重なご援助に対し、心からお礼を申し上げます。ご指導、ご協力まことにありがとうございました」

フレンチは断腸の思いで書いた。

アメリカ合衆国バージニア州裁判所の判決書が残った。判決書の当事者は原告具志堅藍、本人具志堅譲治、被告はフランク・ウィリアムスである。本人は原告と被告との間に生まれた子供である。原告と本人の姓が具志堅となっているのは、被告と婚姻していないため、子は母の戸籍に子として記載されていることによる。扶養料請求の判決では原告、被告のほかに本人の氏名も記載されることになっている。扶養料は、子の養育費と言い換えたほうがわかりやすいかもしれない。

判決主文は、「被告は原告に対し毎月一〇一七ドルを原告の住所に持参または送金して支払え」と、なっていた。主文は裁判所がフランクに対し発した命令である。フランクはこれに従わなければならない。もし従わないと裁判所はフランクの給料を含むすべての収入、資産を差し押さえるとなっている。判決のほかに裁判所が藍に宛てた住所補正命令書もあった。それには訴状に記載されているフランク・ウィリアムスの住所に判決を送ったが彼はそこに住んでいなかった。そこでフランク・ウィリアムスの住所を補正（明らかにして届け出ること）してください。補正はこの書面を受け取ってから三週間以内に行うこと、もしこの期間の延長をする必要がある場合、理由を付した延長申請書を当裁判所に提出してくださいと、あった。

藍はフレンチに、「補正はしない、もう手続きは進めないでほしい」と言い、藍は住所の補正をしなかった。結果、判決は一片の紙切れとなった。

「二人の間で和解したから補正しないと言うのですよ。補正すれば確実に金は取れたのですよ。月一一万円は大金でしょう。判決を部隊に送って養育費を給与から毎月天引きすれば、フランクの軍での信用はなくなる。復讐できるのですよ。復讐すれば自分だけでなく、被害を受けた親や村の者も満足できたのですよ。和解したら、フランクは軍に裁判で勝訴したと言うでしょう、軍も藍が理由なく訴え敗訴したと思いますよ。抱っこされてチューされてぼーっとなって不誠実な男の言うとおりになったんですよ。まったく馬鹿ですよ。琉球の女は本当に男に弱いんだから」

フレンチ弁護士は怒りを隠さなかった。

アメリカを選ぶ

藍の店は米海兵隊普天間《ふてんま》飛行場の北、米空軍嘉手納基地の南にある。

普天間飛行場は辺野古《へのこ》移設が予定されているところで、嘉手納基地は広大な弾薬庫を持つ東洋一の飛行場である。

夜が明けるのを待ち構えたように、嘉手納基地から鋭い金属音を残して戦闘機が発着する。尖閣へ飛来した外国機へのスクランブルである。

普天間飛行場からはオスプレイの発着が頻繁にある。店の前は街頭宣伝車の経路となっている。拡声器から反戦、反基地、反辺野古の宣伝が流れる。

扶養料請求事件が順調に進行しだしたころから、藍の復讐の気持ちが沈静化し、譲治の将来への配慮が顕著となった。

混血の譲治が生活するのなら、沖縄よりアメリカのほうがよい、それに沖縄は数年内に戦場になるとの思いが、譲治をアメリカへ移住させる方向へ気持ちを動かした。それがフランクに譲治を認知させ、アメリカの市民権を得る条件で和解する道を選ばせた。

フランクは約束の扶養料は送ってこなかった。それどころか電話の一つもかけてこなかった。しかしそれは和解のときに折り込み済みのことだった。

朝、譲治を車で学校へ送り、店の掃除をする。昼食時、藍の店で近くの会社の女性従業員たちが弁当を使う、その子たちのためにコンビニで即席のスープ、味噌汁、お茶を買う。

午後は近隣の主婦が来る。藍は絵もやっていたから、愛好家の仲間、華道もやっていたからその仲間も来る。同じ境遇の元アメリカ兵夫人たちだ。そこでインテリア、子供についての相談、それぞれの私生活の話、他愛のないおしゃべりをする。

「このイケメンさんはいつ来るの」

写真は譲治がアルバムから引き出して置いていたものである。事件に忙しくアルバムの写真まで頭が回らなかった。和解の後に破り捨てようと思ったが、どんな男でも譲治の父には変わりない、それに譲治のフランクへの気持ちは自分のそれとは違うかも、と写真を残した。

「病気が治らないのよ。いつのことになるやら」

藍は聞かれるたびにそう答えた。藍は友人たちにフランクが米軍将校で戦線で負傷し、闘病生活をしていたが、除隊したと話していた。

「あなた、寂しくないの?」。友人たちは聞く。

「寂しいわよ。でも年に一度は会いに行っているから、なんとか辛抱できますよ」

これはいつもの嘘。

午後五時過ぎ、藍は譲治を迎えに学校へ向かう。譲治にマクドナルドで食事をとらせた後、塾へ送る。店に帰るのは午後七時ころとなる。その間、店の表に「午後七時に戻ります」と書いた札を掛けておいた。この札の時間の部分は空欄になっていて、日によって違う時間を書き入れた。

午後八時ころ、日計表の作成にかかる。老眼鏡を使いパソコンに向かう。スタンドの下の頭髪の白いものが目立つようになっている。午後八時三〇分過ぎ、譲治を塾に迎えに行く。これが午後の日課である。日曜は店の定休日。月二回、譲治と二人だけの休日を過ごす。

藍は年に一度、譲治の夏休みに合わせて店を閉めた。譲治に英語力をつけさせること、外国慣れさせておくことと考え、外国旅行をした。行く先はアメリカ、ヨーロッパであった。フランクに会いに行くことはなかった。

譲治は手のかからない子だった。医者とは無縁、食事の好き嫌いがない。幼稚園、小学校の低学年まで周りの友達との問題も起きなかった。小学校四年になって、譲治はクラスの者に「アフリカ」「ネグロ」と揶揄《やゆ》された。学用品を盗まれることもあった。担任へイジメへの対応を頼んだ。注意して譲治の様子を見ていたが、その後変わった様子はなかった。五年に上がると譲治は急に大きくなり、六年生ではクラスで大きいほうになった。体力がつき、気も強くなった。勉強もできた。中学に入るともう譲治をからかう者はいなくなった。

藍は譲治との別離がそう遠くないことを悟っている。

追記

私は歴史家でも、その研究者でもない。琉球史を読んで疑問を持った。疑問解消のため史実の現場に行き、住民の話を聞いて、私なりに琉球史を読んだ。それが本書の歴史である。歴史家の通説とは異なる部分が多数あるが、私の読み方のほうが琉球、琉球人、そして翁長知事理解に役立つと考えている。

また本書で紹介した事件は、フレンチ弁護士の事件記録にある。ただ、姓名、地名などはそれらに記載されているものと同じではない。関係者二七名からの聞き取り調査も行ったが、事件の性質上、氏名は公表できない。

フレンチ弁護士の、具志堅藍に対する怒りが激しいので、「どうしてそんなに？」と、事件記録をお借りしたのが始まりだった。怒るのは無理もないと思ったが、何か釈然としないものが残った。疑問を解こうとしたが、藍の協力はなかなか得られなかった。ようやく彼女が重い口を開いたとき、私は彼女の決断に、沖縄人ならではの、戦争、基地に対する恐れ、危険意識を見た。沖縄人理解に役立つと考えてこの話を本書に加えることにした。

沖縄と日本の闘いは始まった。判決で事件は解決できるが、感情のもつれは残る。相互の主張、挙措《きょそ》を、価値観の違いを念頭に、憎悪、恨みを持たずに理解、そして和解で辺野古事件を解決してほしい。それが本書出版の理由である。

二〇一五年　秋

参考文献（発行年代順）

「大琉球航海記」バジル・ホール　一九五五年　琉球新報社
「沖縄」比嘉春潮・霜多正次・新里恵二　一九六三年　岩波書店
「倭寇史考」菅貞人　一九六五年　新人物往来社
「沖縄の自由民権運動　先駆者謝花昇の思想と行動」大里康永　一九六九年　大平出版社
「沖縄史を考える」新里恵二　一九七〇年　勁草書房
「沖縄からの報告」瀬長亀次郎　一九七〇年　岩波書店
「日本思想斗諍史料　衝口発　鉗狂人」鷲尾順敬　一九七〇年　東京名著刊行会
「琉球新報八十年史」琉球新報八十年史刊行委員会　一九七三年　琉球新報社
「沖縄から琉球へ」仲宗根源和　一九七三年　月刊沖縄社
「沖縄県史7　移民」沖縄県教育委員会　一九七四年　沖縄県教育委員会
「沖縄国際海洋博覧会公式記録」沖縄国際海洋博覧会・沖縄国際海洋博覧会協会　一九七六年　財団法人沖縄国際海洋博覧会協会
「逆流の中で」浦崎康華　一九七七年　沖縄タイムス社
「東恩納寛惇全集4　南島通貨志の研究」東恩納寛惇・琉球新報社　一九七九年　第一書房
「沖縄歴史散歩」大城立裕　一九八〇年　創元社
「中部製糖二十年のあゆみ」中部製糖　一九八〇年　中部製糖
「伊平屋村史」諸見清吉・伊平屋村史発刊委員会　一九八一年　伊平屋村

「沖縄大百科事典　上・中・下」沖縄大百科事典刊行事務局　一九八三年　沖縄タイムス社
「沖縄人民党の歴史」沖縄人民党史編集刊行委員会　一九八五年　勁草書房
「徳田球一全集　5」徳田球一　一九八六年　五月書房
「アメリカ南部の奴隷制」ケネス・M・スタンプ　一九八八年　彩流社
「伊是名村史　中巻」伊是名村史編集委員会　一九八八年　伊是名村
「琉球―中国交流史をさぐる」浦添市教育委員会　一九八八年　浦添市教育委員会
「伊是名村史　上巻」伊是名村史編集委員会　一九八九年　伊是名村
「字誌なかま」字仲間誌編集委員会　一九九一年　浦添市字仲間自治会
「沖縄一千年史」真境名安興・島倉竜治　一九九三年　琉球史料研究会
「小湾字誌」小湾字誌調査委員会　一九九五年　小湾字誌編集委員会
「字誌たくし」沢岻字誌編集委員会　一九九六年　沢岻字誌編集委員会
「沖縄　反骨のジャーナリスト」池宮城秀意　一九九六年　ニライ社
「中国史3　五代―元」松丸道雄ほか　一九九七年　山川出版社
「日本史概説　上」「日本史概説　下」坂本太郎　一九九七年　至文堂
「事件記録　原告具志堅藍　被告フランク・ウィリアムス」一九九八年　バージニア州第28巡回裁判所
「琉球歴史の謎とロマン　その一」亀島靖　一九九九年　環境芸術研究所
「中国史4　明―清」松丸道雄ほか　一九九九年　山川出版社
「SOUL BY SOUL」Walter Johnson　一九九九年　Harvard University Press
「地域総合研究第30巻第2号」二〇〇三年　鹿児島大学附属地域総合研究所
「糸満市史　資料編7」糸満市史編集委員会　二〇〇三年　糸満市

「ふたつのアメリカ史　南部人から見た真実のアメリカ」ジェームス・M・バーダマン　二〇〇三年　東京書籍

「倭寇」呼子丈太郎　二〇〇四年　文芸社

「当山」　二〇〇五年　当山自治会

「沖縄戦新聞」　二〇〇五年　琉球新報社

「普天満宮略記」普天満宮　二〇〇六年　普天満宮

「土地連50年のあゆみ　通史・資料編」土地連50周年記念誌編集委員会　二〇〇六年　社団法人沖縄県軍用地等地主会連合会

「我喜屋字誌」字誌編集部会　二〇〇六年　伊平屋村字我喜屋区

「沖縄県民斯ク戦ヘリ」田村洋三　二〇〇七年　光人社

「ABRAHAM LINCOLN」GEORGE McGOVERN　二〇〇九年　Henry Holt Co. LLC

「ABRAHAM LINCOLN」JAMES M. McPHERSON　二〇〇九年　Oxford University Press

「Black Officer in a Buffalo Soldier Regiment
The Military Career of Charles Young」Brian G. Shellum　二〇一〇年　University of Nebraska Press

「日本史小辞典」日本史広辞典編集委員会　二〇一〇年　山川出版社

「世界史年表・地図」亀井高孝ほか　二〇一一年　吉川弘文館

「日本史年表・地図」児玉幸多　二〇一一年　吉川弘文館

「沖縄県史　各論編5　近代」沖縄県文化振興会史料編集室　二〇一一年　沖縄県教育委員会

「古代の社会と人物」松尾光　二〇一二年　笠間書院

「倭寇　海の歴史」田中健夫　二〇一二年　講談社

「世界の歴史」近藤和彦ほか　二〇一四年　山川出版社

「高校世界史」木村靖二ほか　二〇一四年　山川出版社

「日本史A」佐々木寛司ほか　二〇一四年　清水書院
「日本史B」荒野泰典ほか　二〇一四年　清水書院
扇祭り（熊野那智大社の例大祭）　Wikipediaフリー大百科事典

（この本は、書き下ろし作品です）

【著者プロフィール】
高江洲 歳満（たかえす・としみつ）

1934年、東京生まれ。北京で育つ。終戦後、両親の故郷である沖縄に帰国。中央大学法学部法律学科卒業。米国テュレーン法科大学院修士課程修了。那覇地検、福岡地検で検事を務める。退官後は弁護士として活動。96年から米国ワシントン州シアトルでも弁護士として活動している。

誤国 ―“辺野古”に至る琉球・沖縄の事件史―

2016年1月15日　第1刷発行

著　者 ――― 高江洲歳満
発行者 ――― 原田邦彦
発行所 ――― 東海教育研究所
〒160-0023 東京都新宿区西新宿7-4-3 升本ビル
電話 03-3227-3700　FAX 03-3227-3701
発売所 ――― 東海大学出版部
〒259-1292 神奈川県平塚市北金目4-1-1
電話 0463-58-7811
組　版 ――― 鹿嶋貴彦
印刷所 ――― 中央精版印刷株式会社

月刊『望星』ホームページ――― http://www.tokaiedu.co.jp/bosei/
 ISBN978-4-486-03794-1 C0021